本著作基金项目支持：
辽宁省教育厅人文社会科学项目《丹东边镜地区中朝经济合作与法律研究》
（编号：ldxy2017009）

国际区域经济合作研究

GUOJI QUYU JINGJI HEZUO YANJIU

全丽阳　著

中国纺织出版社有限公司

内容提要

本书从国际区域经济一体化的定义、发展现状、类型、主要理论基础与研究方法出发，探讨了全球化与区域经济一体化之间的关系，分析了欧盟、北美自由贸易区、东盟等主要区域经济一体化组织的成立背景、模式及特征，并结合最新数据资料研究了这些经济一体化组织的效应。

本书可供从事国际区域经济研究的人员参考阅读。

图书在版编目（CIP）数据

国际区域经济合作研究 / 全丽阳著. -- 北京：中国纺织出版社有限公司，2020.9

ISBN 978-7-5180-7908-7

Ⅰ. ①国… Ⅱ. ①全… Ⅲ. ①国际经济一体化—研究 ②区域经济一体化—研究 Ⅳ. ① F114.4

中国版本图书馆 CIP 数据核字（2020）第 179761 号

策划编辑：范雨昕　　责任编辑：胡　蓉
责任校对：王蕙莹　　责任印制：何　建

中国纺织出版社有限公司出版发行
地址：北京市朝阳区百子湾东里A407号楼　邮政编码：100124
销售电话：010—67004422　传真：010—87155801
http：//www.c-textilep.com
中国纺织出版社天猫旗舰店
官方微博 http：//weibo.com/2119887771
北京玺诚印务有限公司印刷　各地新华书店经销
2020年9月第1版第1次印刷
开本：710×1000　1/16　印张：14.75
字数：243千字　定价：98.00元

前　言

随着经济全球化和信息技术的发展，国际经济与贸易活动的环境、内容和方式都发生了重大变化。国际经济与贸易活动的内容不仅包括商品的跨国流动，还包括服务、技术以及知识的跨国流动，这些跨国流动比过去规模更大、程度更高，同时也伴随着大量的劳动和资本的国际流动。对于国际经济与贸易方式，电子商务、电子结算等新的技术手段的出现和发展大大地减少了国际贸易的交易成本，提高了国际经济与贸易活动的效率，也使许多非贸易产品和服务变得可贸易。国际贸易产品提供者不仅需要考虑东道国经济、政治和法律的影响，也必须考虑社会的、环境的，甚至伦理因素的影响。今天的跨国企业比过去任何时候都需要承担更多的社会责任，也比过去任何时候都将受到国际组织和贸易伙伴国相关规则的约束。

自20世纪80年代至今，世界范围内的区域经济一体化趋势愈演愈烈，形成自第二次世界大战以来的第三次“一体化”高潮。即使是1995年世界贸易组织的成立也并未使这一趋势减缓，其原因在于：在很大程度上，经济全球化的目标与各国经济发展不平衡的现实之间的矛盾决定了区域自由贸易协定的必要性。

究竟“区域经济一体化”会不会取代多边贸易体制？各国参与区域经济一体化的现状如何？世界主要区域经济一体化组织的成立背景、特征、模式及趋势如何？“区域经济一体化”过程中经济体内部和经济体外部的国家有何利弊得失？为此，本书试图对区域经济一体化现象进行尽可能全面、科学的剖析，以便从中发现规律，这对于我国更好地参与区域经济合作具有重要意义。

本书从国际区域经济一体化的定义、发展现状、类型、主要理论基础与研究方法出发，探讨了全球化与区域经济一体化之间的关系，分析了欧盟、北美自由贸易区、东盟等主要区域经济一体化组织的成立背景、模式及特征，并结合最新数据资料研究了这些经济一体化组织的效应。

本书理论论述全面、科学，概念阐述正确，数据资料丰富翔实，并能结合当前实际剖析热点问题。当然，由于自身能力有限，书中难免存在不足之处，欢迎各位专家、学者批评指正。

著者

于辽东学院

2020年7月8日

目　录

第一章　全球化与区域经济一体化

近几十年来，随着科技革命和市场经济向纵深发展，经济全球化成为当今世界经济发展的主要趋势。在此进程中，各国的生产要素组合不断地突破国界的限制，在全球范围内实现资源的最佳配置方式和配置效率。特别是20世纪90年代以来，随着冷战的终结和世界贸易组织（WTO）的诞生，经济全球化进入了一个全新阶段，不仅形成了真正意义上的世界市场，而且出现了统一的、有约束力的国际经济规则。与此同时，全球性的区域经济合作也呈现前所未有的大发展，以进一步推进全球化和规避经济全球化的风险。目前，世界上大多数国家都已加入一个或多个区域经济一体化组织，成为世界经济的重要组成部分。国际区域经济一体化的发展改变了世界资源配置的方向和利用方式，进而影响着一体化内部各国的经济发展和经济主体的福利状况。

第一节　全球化现状

一、全球化的新发展

尽管《韦氏词典》首先在1961年纳入“全球主义”（globalism）这个新的词条，但学术界直到20世纪80年代才开始认识相关概念的研究价值。1985年，T.莱维特在其《市场的全球化》一文中，用“全球化”来说明“商品、服务、资本和技术在世界性生产、消费和投资领域中的扩散的经济现象。乔治·华盛顿大学政治学和国际关系学教授阿西姆·普拉卡什和印第安纳大学政治学教授杰佛里·哈特认为：全球化包含经济和非经济的诸多方面，但经济的全球化比非经济的全球化更加明显。经济全球化是一系列导致要素、中间与最终产品以及服务产品市场的经济活动跨越地理界限形成统一整体，并使跨国界价值链在国际循环中地位不断上升的过程。

国际货币基金组织在1997年5月发表的《世界经济展望》中提出：全球化是指跨国商品与服务交易及国际资本流动规模和形式增加，以及技术的广泛传播使世界各国经济的相互影响性增强。从广义上讲，全球化所产生的福利效应基本上同古典经济学强调的专业化以及通过贸易扩展市场所带来的效应相类似。

在全球化发展过程中，起决定作用的因素是生产力。[1]随着生产力的提高，经济国际化的程度也不断提高，到达一定高度，就进入全球化阶段。这是一个经济发展的自然过程，具有客观规律性。而经济全球化又反过来有力地促进了生产力的提高和经济的发展。

在新时期，知识经济的发展则成为经济全球化的主要动力。科技革命是推动经济全球化的主要动力。第二次世界大战以来，尤其是近20年来，以信息技术为核心的科技革命，一方面造就了大批新的高科技产业群，另一方面又不断地渗透到旧的工业体系中去，从而使经济过程和经济产出中的知识和技术含量不断提高，经济发展过程中知识和技术的贡献率不断提高。据经济合作与发展组织（OECD）的报告，其主要成员的高技术产业产值已超过国内生产总值的50%，世界经济知识化的倾向日益明显。

全球化发展的新特征主要表现在以下几个方面。

1. 全球贸易自由化推动世界性的经济增长和发展

乌拉圭回合谈判的完成和世界贸易组织的成立，是世界经济一体化的历史性标志，它把当代的国际贸易以及与国际贸易有关的各个领域都纳入了多边贸易体制的轨道。作为国家市场的主要标志，关税壁垒逐渐失去了其国内市场的保护功能，40%的制成品贸易成为免税贸易。服务贸易和技术贸易将以更快的增长速度超过商品贸易，成为世界市场的主要贸易方式。[2]从1990年到2016年全球贸易增长率连续26年超过世界经济的增长率，国际贸易由此成为带动各国经济增长的主要动力。

---

[1] 经济合作与发展组织．打造区域竞争力战略与治理[M]．北京：科学出版社，2018：35.

[2] 尚元．国际经济合作[M]．成都：西南财经大学出版社，2018：68–69.

2. **世界范围的产业结构调整使各国经济之间的相互依存和相互融合的趋势越来越明显**

从根本上而言，经济全球化是一场以发达国家为主导，以跨国公司为核心的世界范围内的产业结构调整。这一次产业结构调整不仅反映在一些产业的整体转移，更重要的是同一产业的某一生产环节的转移。世界范围内的产业结构调整，一方面，是在发达国家之间通过跨国公司之间的相互交叉投资、企业兼并在更大的经济规模基础上配置资源、开拓市场、更新技术，从而实现了发达国家间的技术和资金密集型产业的升级；另一方面，发达国家把劳动和资源密集型产业向发展中国家转移，特别是把这些产业，包括高新技术产业中的劳动密集型生产环节向发展中国家转移。[1]一方面，国际分工的这种格局导致了国际产业梯度转移，产生了从发达国家到新兴工业化国家再到发展中国家的产业传递链条：发达国家发展高新技术产业，生产高附加值产品，把资本密集型产业转移到新兴工业化国家，新兴工业化国家设法把劳动密集型产业转移到发展中国家，而自己主要从事资本密集型产业和部分技术密集型产品的生产，广大发展中国家则主要从事劳动密集型产品的生产和初级产品的生产。另一方面，一个国家或地区国际分工地位的提升，不仅表现为产业层次的高度化，更表现为在产业链条或产品工序所处地位及增值能力的提升上。

3. **跨国公司成为经济全球化的主要载体**

以跨国公司为载体，通过国际投资形成生产、研发与销售全球化的结合，成为经济全球化的一个新趋势。第三次科技革命使国际分工体系有了深入的发展，由单一的部门间垂直型分工模式发展成垂直型和水平型相结合的分工模式，跨国公司的全球经营战略使之成为国际分工的主要组织形式和微观载体，国际分工也越来越多地表现为跨国公司的内部分工。跨国公司的全球经营使国际贸易逐步内部化，国际经济关系转变为企业内部的依赖与合作关系，使以产品价值链为纽带的跨国生产体系逐步建立。[2]目前，在世界范围内，借助于跨国公司及其分支机构间形式多样的联系，一种以产品关系和国际分工取代商品贸易和不涉及控制权的资本流动，成为

---

[1] 孙久文．中国区域经济发展报告（2017）：新时代区域协调发展的理论与实践[M]．北京：中国人民大学出版社，2018：98-99．

[2] 中国人民大学中小企业国际合作案例中心．中国中小企业国际合作案例[M]．北京：中国人民大学出版社，2016：122．

国与国之间经济联系的纽带，加深了生产的全球化程度。

4. 科技和经济的发展对经济全球化影响日趋加速与扩大

以信息革命为代表的第三次科技革命推动了世界经济由物质经济转向信息经济，经济发展动力由资金、物质和人力为主转向以技术、信息和资金为主。技术进步在经济增长中的贡献由20世纪初的5%～20%上升到现在的70%以上，已经在各种生产要素中上升到第一位，国民经济比以往任何时候都更加依赖于知识的生产、扩散和应用。科技水平成为衡量一国生产力的主要因素之一，知识密集型的高新技术产业成为新的经济增长点。以美国为例，新兴产业如计算机、通信、航空、航天、金融服务业已经成为美国最主要的支柱产业，高新技术产业对美国经济增长贡献率达60%以上。[1] 信息技术为跨国公司在世界范围内生产和经营提供了更便利的条件，使跨国公司可以更好地从事国际贸易与全球营销活动，不仅节约了交易费用，还提高了企业的整体素质和经济效益。

二、全球化发展的基本矛盾

根据古典贸易理论，经济全球化应是全球福利增进的过程，各国都可以从中获利。因为经济全球化扩大了世界市场的规模，促进了国际分工和国际竞争，提高了资源配置的效率。但是，在现实经济生活中，市场经济本身的机制特征和各国结构调整过程的复杂性使经济全球化的发展过程也蕴含着巨大的风险。

（一）由于经济实力和发展水平的差距及现有的国际经济秩序，全球化的利益并未在发达国家和发展中国家之间公平分配

首先，经济全球化本身是一个市场机制自然浸透的过程，是通过竞争机制来促进经济效率的提高。突出表现为生产要素逐步从低效率的国家和地区转移到高效率的国家和地区，从而提高世界总体的资源利用效率，使各国经济联动性增强。因此，全球化对处于不同发展阶段国家的影响是截然不同的。发达国家在资金、技术、人才和管理等方面都占据明显优势，是全球化最积极的推动者和最大受益者。发展中国家虽然可能获得一定的外资、市场、先进技术和管理经验，加快经济发展，但是经济主权和经济安全却面临着巨大压力和严重挑战，尤其是经济落

[1] 赵儒煜，尹小平．国际经济理论问题探索[M]．长春：吉林大学出版社，2016：355.

后的国家。

其次，经济效率的获得一般要通过市场机制作用的发挥。一个健全的市场是由公开的、负责任的政府用明智的、受限制的手段来管理的。由于经济发展的过程与产业结构调整的过程是一致的，在比较优势未发生变化的情况下，一个参与国际分工的国家就必须进行有效的结构调整量。如果不能进行有效的结构调整，那么该国的经济利益就会在全球化市场力量的冲击下受损。这就要求各国政府在市场经济的条件下具有高度的宏观经济的管理能力，去引导国内经济利益的重新分配，而发展中国家的政府和企业往往并不具备这样的能力或条件。

（二）除了直接的经济贸易利益冲突之外，经济全球化还会引起国家间的经济政治冲突

首先，从全球范围来看，跨国公司作为全球化经济的主体与政治实体国家主权之间将会产生深刻的矛盾。跨国公司向“无国界”公司的深化发展会引起母国经济的空心化，同时跨国公司进入东道国并成为当地经济的主导力量后，也会引起对当地经济以及政治控制权的斗争。而且跨国公司利用不同国家的税收、利率、法律取得高额利润，必然要引起各国司法财政和行政体制的改革。

其次，在全球化过程中获得利益的发达国家和丧失利益的发展中国家之间的对立将更加严重。而且全球化生产引起落后国家内部经济的衰退和失控，可能激化这些国家的内部矛盾而导致动乱和战争。少数取得跳跃式发展机遇的新兴工业化国家与力图保持其原有市场份额的发达国家之间也将会产生持久的利益不一致和冲突。

经济全球化的实现是立足于贸易与投资的自由化以及全球经济秩序的确立与管理。自由化的作用在于使资源分配合理化，使各项生产要素能发挥最大的效用。然而，目前经济全球化的进程仅仅着重于自由化的拓展，由发达国家主导的国际经济组织一味地要求发展中国家加速落实自由化的措施，而未能针对各国发展程度的差异建立一套公平合理的制度，这使得以输出原料和初级产品为主要贸易活动的第三世界国家在国际经济关系中无可避免地被推至边缘地带，而那些在全球工业品市场占有一席之地的国家则因自由化所带来的好处而发展更加迅速。[1] WTO西雅图会议及坎昆会议的失败不仅将这些问题表面化，也令人意识到，经济无国界化造成的问

[1] 刘伟，张辉．全球治理：国际竞争与合作[M]．北京：北京大学出版社，2017：21.

题如果不加以妥善解决，极有可能衍生出新的不安与动荡。

（三）经济全球化下，国家内部和国际社会都出现了不同程度的治理危机

全球化经济先于或快于全球化政治进程的出现，就会产生全球化过程的混乱现象。“冷战”刚结束时，多数发展中国家的政府和人民把全球化视为重要的经济增长机制，不切实际地对其期待过高。随着全球化的深入，人们对经济全球化的看法渐趋全面。近年来，世界各地出现了一连串大规模的反全球化浪潮，虽然观点、立场不同，但基调是对全球化所带来的相关问题的批评、忧虑以及对未来全球化方向的呼吁。而联合国、世贸组织、世界银行、国际货币基金组织等国际机构并不具有超国家主权，难以承担对全球化的治理职能。各种区域组织也往往只具有协调功能。虽然当前的欧洲联盟达到了较高的一体化水平，能够比较好地协调各成员的利益，但是这需要各成员的政治、经济、文化的同质同构以及长时期的利益融合才能达到。在全球性治理机制尚未形成、超国家主权未能获得基础的情况下，全球化的发展将会引起世界政治经济纠纷。

第二节　国际区域经济一体化历程

最早的区域经济一体化组织可以追溯到1241年成立的普鲁士格城邦的“汉撒同盟”，1862年，普鲁士等德国北部邦国又在此基础上成立了德意志关税同盟（Zollverein），这为1870年俾斯麦统一德国创造了经济基础。1910年，南非、博茨瓦纳、莱索托、斯威士兰等英国殖民地国家成立了“南部非洲关税同盟”。为应对20世纪20~30年代的“大危机”以及随之爆发的“货币战”和“关税战”，1920年比利时和卢森堡建立了关税同盟。1932年英联邦成员签订了《渥太华协定》，成立了“英联邦特惠关税区”。这些早期的世界经济区域自由贸易的实践活动为现代区域经济一体化的发展奠定了基础。

现代的区域经济一体化开始于“二战”以后，苏联的解体和柏林墙的倒塌改变了原东欧区域经济的格局，南联盟战争、“9·11事件”和新海湾战争不但改变了中东区域经济的格局，更引发了老欧洲与新欧洲的矛盾。俄罗斯石油东输线路的中日之争和朝鲜半岛的核危机也将改变东北亚区域经济的格局：所有这些变化都使人们将视角转向经济全球化与区域经济一体化的矛盾上来。按规定，WTO

成员方（之前是GATT缔约方）均需要报告其参与区域贸易协定（regional trade agreements，RTAs）的情况。在1948~1994年间，GATT共收到124个RTAs成立的通知；而从1995年WTO成立以来，又有超过240个涵盖商品和服务贸易的区域贸易协定成立。[1]

几乎所有的国家都参加了至少一个区域贸易协定，一些国家参与了很多协定。每个国家平均参加了6个区域贸易协定，东亚国家签署的区域协定较其他国家少。而发达国家参与的区域贸易协定较多，平均每个国家参与了13个协定，约有45个发展中国家与发达国家签署了双边互惠协定。东欧、北非和拉美地区大部分地区的区域贸易协定还较少。南部非洲尚没有与发达国家签署双边协定。

一、区域经济一体化第一次发展浪潮：20世纪40年代末至70年代

（一）“二战”后国际区域经济一体化发展的背景

1．“冷战”时期的战略联盟

第二次世界大战后，以苏联、美国两个超级大国为主导的东西方两大军事集团的对峙，构成了世界政治、军事、经济的基本格局和世界形势的主旋律。

战后初期，苏联控制着前东欧地区，对邻近的西欧国家构成军事上的威胁。而元气大伤的西欧国家，在经济实力下降的同时，政治结构以及社会结构都受到经济衰退的影响，以至于引发了社会的动荡。另一方面，美国在两次世界大战中经济实力大大增强。出于对苏联和前东欧国家蚕食西欧的担心，美国趁西欧亟须援助和保护之机，以“马歇尔计划”援助和建立北大西洋公约组织为手段对欧洲进行经济、政治和军事渗透和控制。面对美苏对欧洲的控制与激烈争夺，西欧国家认识到需要联合起来，建立共同市场，才能保护成员的经济与政治利益。正是这种政治、经济上的自我保护意识导致了欧洲的联合，促成了欧洲经济共同体的建立。

2．国际分工的不断深化

在20世纪50年代科技革命的推动下，生产力迅速提高，国际分工不断深化，越来越多的国家的经济发展依赖于国际市场。各国经济相互依赖，在客观上也要求拆除贸易壁垒实现自由贸易，建立共同市场，甚至要求进行国家之间的经济政策协

---

[1] 高建明．WTO的实践[M]．天津：天津科学技术出版社，2011：125-126.

调。[1]并且，国家之间的经济联系越密切，组建一体化经济组织的国家就越能获得共同的经济利益。

随着国际分工的深化发展，专业化大生产要求扩大市场范围，因此共同市场这种较高形式的经济一体化组织形式首先出现在生产力高度发展而国内市场又相对狭小的欧洲地区。

3. 发展中国家发展民族工业的需要

“二战”之后，原殖民地国家纷纷独立。因此，如何发展民族工业以改变落后的单一经济结构成为大多数发展中国家所面临的共同问题。

为了摆脱发达国家对发展中国家的经济控制，发展中国家纷纷采取了进口替代和适当的贸易保护主义措施，并且加强发展中国家间的经济合作，以解决经济发展和市场狭小的矛盾。区域经济一体化为发展中国家发展民族工业提高国际竞争力提供了手段和途径。因此，回顾20世纪60~70年代，发展中国家组建的区域经济一体化组织在数量上占有绝对的优势。

（二）国际区域经济一体化第一次发展高潮

国际区域经济一体化的第一次高潮出现在20世纪40年代末至70年代。它首先从欧洲开始，以1948年成立的荷比卢经济联盟为开始，1958年成立的欧洲经济共同体为标志，以后又发展到拉丁美洲和非洲。[2]在此时期所建立的区域经济一体化组织主要是以“北—北”型和“南—南”型为主。

20世纪60年代后，区域经济合作的浪潮蔓延发展到了发展中国家和地区，许多发展中国家为了改变自身在旧有的政治经济格局中的不利地位，大力发展南南合作，也先后成立了一些区域经济集团。

在拉丁美洲，从20世纪50年代初至70年代先后成立了6个区域经济集团，即拉美自由贸易协会（LAFTA）、中美洲共同市场（CACM）、加勒比自由贸易协会（CARICOM）、拉普拉塔河流域协定组织（LPBO）、安第斯条约组织（Andean Pact）和拉丁美洲经济体系（LAES）。

其中，拉美自由贸易协定是为了实现拉美独立运动的杰出领袖玻利瓦尔早在19世纪提出的“美洲主义”的理想，在1959年阿根廷著名经济学家普雷维什的倡导

[1] 王松．国际区域经济合作探索[M]．北京：北京工业大学出版社，2013：68-69.

[2] 裘松春．区域经济一体化研究[M]．长春：吉林大学出版社，2008：33.

下，旨在通过订立自由贸易和共同市场协定来摆脱拉美国家市场狭小和先天不足的缺陷，扩大内部贸易，增强拉美工业化动力以发展民族经济。1960年2月，巴西、墨西哥、阿根廷、智利、秘鲁、巴拉圭和乌拉圭七国签署了《蒙得维的亚条约》，组成了“拉美自由贸易协会”。之后，哥伦比亚、厄瓜多尔、委内瑞拉和玻利维亚陆续加入，形成11国集团。[1]但由于其没有确定的关税同盟目标，区域内的一些国家又组建了“次区域经济集团”，导致一体化进程极其缓慢。

中美洲共同市场成员包括危地马拉、尼加拉瓜、洪都拉斯、萨尔瓦多、哥斯达黎加和巴拿马，于1962年8月正式成立。中美洲共同市场从关税同盟直接起步，取得了较大的成绩。但由于内部市场规模有限导致合作的领域较窄，又加上萨尔瓦多、洪都拉斯两国的边境冲突和尼加拉瓜的内乱以及石油危机，到了70年代末，中美洲共同市场逐渐陷入停滞状态。

在非洲，区域经济合作组织也如雨后春笋，竞相成立，掀起了一轮区域经济集团的高潮。同时，中东和东南亚地区也分别组建了“阿拉伯共同市场”（ACM）和东南亚国家联盟（ASEAN）。

二、区域经济一体化第二次发展浪潮：20世纪80年代中期以来

（一）第二次浪潮的兴起

20世纪70年代开始，各国经济普遍陷入衰退或低速增长，刺激了贸易保护主义的兴起。很多一体化组织陷于停滞或解体之中。但进入80年代，各国又试图通过扩大市场以推动经济的恢复和增长。于是国际区域经济一体化浪潮再度兴起，形成了以欧盟的统一大市场为先导，以北美自由贸易区和亚太经合组织为两翼，以亚非拉众多发展中国家和中东欧国家组建的中小区域集团和跨洲自由贸易协定为后续，兴起程度更深、范围更大的第二次区域经济一体化浪潮。

此时期国际区域经济一体化的重要成果和标志是欧洲的经济货币联盟（EU）、北美自由贸易区（NAFTA）和亚太经合组织（APEC）的建立。在这一时期，欧洲经济共同体迅速扩大，直至过渡到1993年的欧盟，并在1995年成员扩大到15个。2002年11月18日，欧盟15国外长在布鲁塞尔举行会议，决定接受中东欧10个

[1] 冯宗宪．国际贸易理论、政策与实务[M]．西安：西安交通大学出版社，2014：87.

国家于2004年5月1日正式加入。2007年初，保加利亚和罗马尼亚也正式加入欧盟，这样，欧盟迅速扩展为具有27个成员的集团。与此同时，美国也开始参与和主导区域自由贸易协定，1989年1月1日《美加自由贸易协定》正式启动，随后墨西哥的加入使北美自由贸易区于1994年1月1日正式生效，带动了整个世界的双边区域自由贸易协定的蓬勃发展。1989年11月亚太经合组织（APEC）的成立标志着亚太区域经济合作进程的全面启动，同时也带动了跨洲界的一体化经济组织的建立。

发展中国家也纷纷建立了各自的区域经济一体化集团。在美洲地区，“拉美一体化协会”（LAIA）在“拉美自由贸易区”的基础上于1980年8月正式签订了第二个《蒙得维的亚条约》，为次区域经济集团和双边自由贸易协定提供了保护和方便，推动了美洲地区一体化的进程。同时，中美洲共同市场、安第斯条约组织、加勒比自由贸易协会在80年代后期以来重新恢复了活力。并且又新组建了南方共同市场、南美共同体和三国集团。非洲和亚洲地区也出现了众多的区域经济集团组织。

独联体国家和中东欧国家也在此期间组建了各自的经济一体化组织。1991年12月，俄罗斯、乌克兰、白俄罗斯、摩尔多瓦、阿塞拜疆、亚美尼亚、哈萨克斯坦、乌兹别克斯坦、吉尔吉斯斯坦、塔吉克斯坦和土库曼斯坦11个苏联加盟共和国签署了《关于建立独立国家联合体的议定书》等6个文件，正式宣布独联体的成立。

在中东欧地区，随着冷战结束和欧洲两极对垒格局的崩溃，欧盟趁势提出向中东欧地区扩展的战略意图，准备适时填补苏联解体和经济互助委员会解散后所出现的“真空地带”，以实现统一欧洲的梦想。1994年12月，欧盟埃森首脑会议决定加快接受中东欧、南欧及地中海地区国家的进程。同时，中东欧地区的双边自由贸易谈判也在如火如荼地展开。1991年2月匈牙利、波兰、捷克、斯洛伐克建立的“维谢格拉德集团”和1992年6月成立的“黑海经济合作区”也是这一时期区域经济一体化的主要成果。

此外，东南亚国家在1992年签署协议启动了东盟自由贸易区（AFTA）的进程。

在此阶段中，区域自由贸易安排特别是双边自由贸易协定（FTA）大量涌现。据WTO官方统计，到2007年12月，全球的自由贸易协定已超过730个，其中有590个是在1995年1月1日WTO成立之后备案的，而且大部分属双边自由贸易协定性质。[1]除蒙古以外，WTO的所有成员都是两个或多个区域自由贸易协定的当事方。除了数量激增之外，亚洲、美洲、欧洲、非洲和中东地区都诞生了许多新的自由贸易区域，跨洲际的一体化经济组织也在持续发展。

（二）20世纪80年代中期以来国际区域经济一体化发展的背景

1. 世界经济多极化和国际政治格局的改变

“二战”结束初期，美国以其强大的经济实力确立了在资本主义世界经济中心的地位。由于美元的特殊地位以及美国发达的资本主义经济，国际商品、国际资本的流动都以美国为中心。然而，到了20世纪80年代，随着欧洲、日本经济的崛起，美国渐渐失去了在世界经济中的绝对优势。以德国、法国和日本为核心的欧洲和亚洲内部的国际商品、资本的流动，部分代替了世界经济对美国的依赖，区域内相互间的经济关系得到了更为充分的发展，为区域经济一体化的形成和发展提供了经济基础。

进入20世纪90年代，随着“冷战”结束，国际政治经济总体上也由对抗逐步走向对话和合作。军事和意识形态因素在国际竞争中的地位下降，经济和技术因素地位上升。世界各国不仅把发展经济作为国家战略的主要目标，而且在处理对外关系时，也以经济利益作为衡量的主要标准。与此同时，美、日、欧之间在经济、贸易、科技等领域的矛盾和竞争日益升级，为争夺市场和经济势力范围，那些具有资源优势、市场优势和地缘优势的发展中国家成为发达国家争夺的经济战略要地。

2. 多边贸易体制的重重矛盾

关贸总协定自1948年11月生效之后，发动了八轮贸易谈判，为世界贸易的发展奠定了坚实的基础。到了乌拉圭回合（第8轮谈判），内容不仅涉及关税和非关税壁垒，而且纳入了农产品市场开放，与贸易有关的知识产权保护、争端解决机制、出口补贴与反补贴等多个议题。关贸总协定的缔约国从建立初期的23个增加到20世纪80年代中期的100多个成员。谈判议题和成员数量的不断增加，使协议的达成更为困难，越来越多的国家对多边贸易体制的信心下降，转而寻求能够在短期内达成协议、涉及更多的贸易领域的区域经济合作。

目前，世贸组织已有150个成员，囊括95%以上的全球贸易，并企图建立一套更完

---

[1] 范少言．丝绸之路沿线区域合作研究[M]．西安：陕西科学技术出版社，2018：59.

善的贸易体制。然而因成员众多且发展程度不一，多边谈判要达成协议也日趋困难。

由于各国发展水平差异很大，发展中国家和发达国家的冲突日益明显，再加上“反全球化”势力的崛起，通过WTO多边贸易框架达成经济全球化的途径势必困难重重，越来越多的国家意识到多边贸易体制的局限性和通过易谈判、易见效的区域经济合作融入世界经济的重要性。

3. *拓展国际发展空间以促进国家的经济增长*

参与区域经济一体化的成员之间的贸易壁垒大幅削减，这样就为成员内部的商品和服务流动性的提高带来了极大的便利，扩大了市场。而市场的扩大又可使得成员企业能够享受到规模经济的效果，进而提高劳动生产力，促进经济的增长。由于历史原因，墨西哥长期拒绝与美国在贸易上的合作。到20世纪80年代后期，由于西班牙、葡萄牙加入欧共体后经济的蓬勃发展，墨西哥消除了对发展中国家与发达国家组成区域经济集团的担心和疑虑。其国内舆论也纷纷认为完全有可能利用北美自由贸易协定带给墨西哥“更多的投资、更多的就业、更好的产品质量、更好的消费选择”，以摆脱经济的困境，实现经济的快速增长。[1] 于是经过14个月的谈判，1992年8月12日，墨西哥和美国、加拿大三国共同签署了“北美自由贸易协定”，并于1994年1月1日正式生效，形成了一个拥有3.6亿消费者、每年国民生产总值超过6万亿美元的世界上最大的贸易集团。

4. *市场经济体制在全球的确立*

20世纪90年代以后，区域经济一体化的制度基础——市场经济体制已为世界大多数国家所接受。苏联解体后，计划经济国家先后开始了向市场经济体制转化的进程。俄罗斯、东欧国家实行了以私有化为核心的市场经济转型，中国也在向社会主义市场经济转型。即使是传统的市场经济国家也在不断地改革本国的市场经济体制，以适应不断变化着的经济形势。世界经济的市场化为不同社会制度的国家开展全面的经济合作、进行区域经济一体化创造了必要的制度前提。

5. *欧盟的示范作用刺激了区域经济一体化的蓬勃发展*

欧洲联盟（EU）在实践中取得了巨大的成功，提高了欧洲在世界经济、政治中的地位，证明了区域经济联合的优越性与必要性。21世纪以来，欧盟统一的大市

[1] 王志明，乔桂明．国际经济学[M]．上海：复旦大学出版社，2015：255.

场所取得的业绩、超国家干预和协调给欧洲带来的经济稳定，[1]失业问题的缓解和货币联盟对欧盟经济发展的贡献等，都为世界其他地区的区域经济合作带来了积极的示范作用。

另外，在国际贸易中，对一国最大的刺激莫过于其主要贸易伙伴与其他国家组建区域经济一体化组织，因为这将可能改变贸易伙伴国的对外贸易的方向和策略，从而激发该国也积极投身于区域经济合作中以避免贸易损失。并且，一个国家参与的一体化经济组织越多，就越可能享受到更多的贸易优惠待遇。

6. *世界各国经济竞争加剧*

随着欧盟政治经济力量的不断强大和日本经济的复苏，美国、欧盟、日本之间的经济竞争日趋激烈。实现区域经济一体化有利于形成区域范围内的规模经济，从而形成集团竞争力。特别是在国际竞争加剧，贸易摩擦不断升级的情况下，在国际贸易谈判和摩擦争端的解决中，集团的力量筑起了共同的壁垒来保护区域整体的利益，增强了谈判的力量和争端解决的能力。欧盟在历次的多边贸易谈判中以整体的力量保护了成员的利益。[2]东盟自由贸易区和南方共同市场等发展中国家的联合体在大区域经济一体化谈判和多边贸易谈判中同样保证了小国的利益。

欧洲经济一体化的目的之一就是谋求通过一体化形成同美国相当的集团竞争力，在政治经济等各方面与美国抗衡。日本也开始大力倡导和推动亚洲经济一体化的进程，以寻求该地区经济的主导权。美国也在不断地扩展与拉丁美洲的经济联系，以打开拉美市场，并组建以自身为中心的、以北美自由贸易区为基础的，最终囊括整个西半球的美洲自由贸易区。

第三节　区域经济一体化与世界经济

目前，全球贸易的1/3以上都是在各个区域经济一体化组织内部进行的。区域经济合作对世界贸易和经济发展的影响越来越大，主要体现在以下几个方面。

---

[1] 张立．全球经济治理中的新兴经济体合作[M]．北京：时事出版社，2018：32.

[2] 张立．全球经济治理中的新兴经济体合作[M]．北京：时事出版社，2018：54.

一、区域经济一体化内部的影响

区域经济一体化对成员自身的影响主要是积极的，但也有一定的消极作用。

（一）促进了集团内部贸易的自由化并促进贸易的增长

区域经济一体化组织成立后，通过消除关税和非关税壁垒，形成区域性的统一市场，加强了区域内商品、劳务、技术和资本等生产要素的自由流动，加深了成员在经济上的相互依赖程度，推动了成员内部贸易的发展，使集团内部贸易在成员对外贸易总额中所占的比重显著提高。

在全球自由贸易难以实行的情况下，区域经济一体化无疑为小范围内资源的合理利用和配置提供了可能。由于成员之间生产要素能更大程度地自由流动，这就为区域一体化内部厂商实现规模经济提供了条件。厂商规模经济的取得和提高使得国民收入水平提高，从而直接增加了市场容量。这一结果带动了区域经济一体化成员贸易规模的扩大。

（二）改变了国际贸易的地区分布格局

区域经济一体化组织成立后，通过削减或免除关税、取消贸易的数量限制等非关税壁垒，形成区域性的统一市场。由于区内成员间的贸易环境比区外贸易环境好得多，从而使贸易更多地趋向于区域内部，集团内部贸易在成员对外贸易总额中所占的比重明显提高。

（三）促进了国际贸易商品结构和产业结构的改善

区域经济一体化的建立使生产要素能够在集团内部自由流动，内部各国间的商品、资本、人员和服务可以像在一个国家一样畅通无阻而不存在障碍，使资源在更大的范围内优化配置。在当代世界经济的竞争中，科学技术的研究和开发成为各国竞争的焦点，同样也促进了区域内部科技的一体化进程，为各国生产力的提高提供了必要的条件。并且，区域经济一体化所创建的自由贸易区和共同市场给内部企业提供了重新构建生产函数和提高竞争能力的机会和客观条件。[1] 通过兼并和企业间的竞争，促进了生产效率的提高，从而实现了产品结构和产业结构的高级化。

---

[1] 陈勇．新区域主义与东亚经济一体化[M]．北京：社会科学文献出版社，2016：36.

对于发展中国家来说，发展区域经济一体化可以充分利用区域内的资金、技术、设备和各种资源，逐步改变单一的经济结构，提高本国的产业结构和产品的竞争力。近年来，发展中国家如拉美经济一体化组织中60%的机器、运输设备，35%的化工产品和40%钢材都是从区域内获得的。这也说明，发展中国家随着工业生产水平的提高，对西方发达国家的依赖程度正在逐步降低。

（四）增强和提高了区域集团在世界贸易中的地位和谈判力量

关税同盟和经济联盟等形式的经济一体化，加强了成员一致对外的力量，使得原来一些单个经济力量比较薄弱的国家以整个集团的形式出现在世界经济的舞台上，显著提高了其经济地位。由于经济地位的上升和竞争能力的加强，加重了这些国家在国际贸易谈判桌上的分量，在一定程度上维护了本身的贸易利益。

欧共体在1958年建立关税同盟时，6个成员的经济实力同当时美国这个经济大国相比仍存在着极大的差距。其国内生产总值之和仅相当于美国的40%，黄金外汇储备只有美国的55%，出口贸易和美国相近。但到1979年时，欧共体9个成员的生产总值已达23800亿美元，超过了美国的23480亿美元，出口贸易额是美国的2倍以上，黄金储备比美国多5倍以上。同时，在共同农业政策下，欧共体农产品自给率大大提高，粮食贸易已由进口变为出口。在世界农产品的市场上，欧共体已成为美国强大的竞争对手。[1] 在关贸总协定主持的历次多边贸易谈判中，欧共体以统一的声音同其他缔约方谈判，大大增强了自己的谈判实力以达到维护自身贸易利益的目的。

（五）集团内部成员（地区）的经贸政策的自主权受到约束

在区域经济一体化建立之前，各成员的贸易政策具有自主性，完全由自己决定和实施；形成经济一体化集团后，区域性的国际协定约束了各成员的某些经济主权，区域性的国际协调渗透到各成员经贸政策的制定过程之中。例如，区域成员的进出口管理体制、外汇体制、产业政策及其他相关政策的制定，都要遵守区域性的贸易规则，承担相应的义务。随着一体化程度的不断深化，各成员（地区）的经济政策的自主性将越来越低。

---

[1] 刘伟，张辉．全球治理：国际竞争与合作[M]．北京：北京大学出版社，2017：123.

二、区域经济一体化外部的影响

区域经济一体化对区域外非成员的经贸活动也有一定积极影响。这主要表现为：区域性集团实现内部经济一体化后，其成员自身会增强经济活力，促进经济加速发展，扩大对外需求，从而在一定程度上促进了世界贸易总量的增长。这就为各国经济发展提供了更多的机遇，即产生“收入溢出效应”。[1]

然而，区域性经济集团一体化内外有别的各项经济政策对区外的非成员更多的是不利影响，主要表现为以下几方面：

（一）加大了对区域外的贸易歧视，产生贸易转移效应

国家区域经济一体化扩大内部贸易是以牺牲与一体化外非成员的部分贸易额为代价的，导致了区外非成员本可以进入区内的商品和劳务受到贸易保护主义的打击，反映了其固有的排他性和歧视性。随着一体化的深化和扩大，世界范围的贸易保护主义将随之加强，恶化了国际贸易的环境。尤其是区外发展中国家的贸易环境更是雪上加霜，增大了向一体化内部出口的成本，使这些国家的产品出口更加困难。

区域内部成员间的自由贸易协定，使得一成员原本从区域外较低生产成本的成员进口转向到区域内较高生产成本的成员进口，由此产生了贸易转移效应，导致该成员部分福利的损失。对内自由贸易，对外保护贸易的双重做法将可能使成员的产业国际竞争力降低。

（二）改变了国际直接投资的地区流向

由于贸易转移的影响，原来以出口方式进入市场的区外跨国公司，因受到歧视而改为以直接投资取代出口，在一体化区域内部直接生产，从而绕开进口国的关税与非关税壁垒，保护以前通过出口占领的市场。这是因为，虽然区域一体化并没有提高非成员商品的关税率，但由于成员内之间取消关税，会使区外的跨国公司与一体化成员的跨国公司相比处于竞争劣势。只有投资于区域集团内部以享有国民待遇，才能使区外跨国公司的劣势得以消除。显然，流入的外国直接投资是从世界其

[1] 吴乔一康，吴兴南．区域经济发展的创新路径[M]．北京：社会科学文献出版社，2018：58．

他地区潜在的投资转移而来的。[1] 所以，一体化区域内外国直接投资的增加意味着一体化区外的投资规模相应下降，从而改变了国际直接投资的地区流向。

国际资本大量流入区域性经济贸易集团内部，以寻求安全的“避风港”和突破集团内部的贸易壁垒。这样，广大的发展中国家发展经济贸易急需的资本不能引进，加剧了其国内资金短缺的矛盾，阻碍了其经济贸易的发展和竞争力的提高，使南北经济差距进一步扩大。美国对欧共体直接投资的增加与减少与对发展中国家的投资同步进行。

（三）不利于全球贸易体制的推进和完善，增加了多边贸易谈判的复杂性

国际区域经济一体化的发展将使若干个实力相当或接近的区域性经济集团出现在世界经济的舞台上，可以预计，在他们之间合作与竞争并行不悖。这样，现在的国家之间的协调将转化为区域集团之间的国际经济协调。由于经济集团有着错综复杂的利益格局，任何一种国际协调都不可能完全符合各国的经济利益。因此国际协调将受到重重阻力，不能完全或顺利地贯彻。

据统计，目前WTO几乎所有的成员都参加了一个或多个区域经济一体化组织，其中WTO框架下的最惠国待遇条款和区域经济一体化组织的对区外国家实行的差别待遇存在的排斥性，将使WTO主张的自由的、非歧视的贸易原则受到极大的挑战，导致WTO的多边贸易谈判越来越困难，时间越拉越长，从而受到阻碍。

第四节　区域经济一体化发展趋势

传统的区域经济一体化主要局限于邻近的国家通过削减关税来实现自由贸易，其目的主要是为了降低贸易成本，通过贸易自由化来促进区域内部经济的发展。进入20世纪90年代以后，随着自由贸易协定（FTA）数量的急剧增加，区域经济一体化出现了一些新的趋势。其突出特点就是区域经济一体化与经济全球化并行发展，在开放性的区域经济一体化中，区域化与全球化可以趋于一致。区域经济一体化不仅有利于区域内部的国家或地区的经济发展，同时也是世界经济全球化发展的推动

[1] 杨养锋. 生态集成制造系统：区域循环经济理论与实践. 北京：科学出版社，2018：66.

力。具体说来，有以下几个方面的特点。

一、跨区域的经济合作迅速增加

20世纪90年代以前，实现区域经济一体化的成员之间在地理上基本是连成一片或者是邻近的。形成贸易集团的主要动力是为了对付其他更为强大的贸易集团或伙伴，保证多边谈判和进入出口市场的讨价还价能力。欧盟（EU）、北美自由贸易区（NAFTA）和东南亚国家联盟（ASEAN）的自由贸易协定基本上都是在邻近的国家或地区展开的。

进入21世纪后，跨区域的经济合作迅速增加，仅欧盟与墨西哥就达成了五个自由贸易协定，其他的还有日本与墨西哥、韩国与智利的自由贸易协会等。[1]除此之外，欧盟与海湾阿拉伯国家合作委员会（GCC）、南方共同市场与欧盟这样的区域合作组织之间的区域经济合作也正在谈判和探讨之中。跨区域的经济合作迅速增加反映了世界经济全球化的步伐随着区域经济一体化的发展而加快，不同区域之间经济一体化的正面效应在不断增加。

跨区域的经济合作为各自区域内部的国家进入对方的市场提供了便利条件。欧盟与墨西哥缔结自由贸易协定（FTA）的主要目的之一就是为其区域内部的企业借道墨西哥打入北美自由贸易区提供条件。在跨区域经济合作中也形成了一批像新加坡、墨西哥、智利这样的国家，他们与多个国家和地区签订了自由贸易协定，而且跨越了不同的一体化组织的区域范围。[2]以墨西哥为例，墨西哥自1994年和美国、加拿大组成北美自由贸易区以来，一直在加快与世界各国签订自由贸易协定的步伐。1995年与哥伦比亚、委内瑞拉建立了“三国集团”（G3）自由贸易区，2010年以后又与以色列、日本、欧盟等国家和区域经济集团签订了一系列区域自由贸易协定。目前，墨西哥与其他国家达成的双边自由贸易协定达到了30多个。

二、区域经济一体化的规模不断延伸和扩大

20世纪90年代以来，世界经济区域化、集团化发展的一个新动向就是不断地由次区域的贸易投资自由化推向整个区域，即向大洲经贸合作的方向发展，以尽可能

---

[1] 吴殿廷，吴昊．区域发展产业规划[M]．南京：东南大学出版社，2018：352.

[2] 张立．全球经济治理中的新兴经济体合作[M]．北京：时事出版社，2018：121.

地促进发达国家和发展中国家的优势互补，促进区域内国际和地区经济不断走向融合，实现资源与生产要素在更大的市场范围内的有效配置。

2001年在加拿大魁北克召开的美洲34国首脑会议上，与会国家再次表明尽快组建美洲经济一体化集团的决心，并且正式确认了2005年底启动美洲贸易集团。

1967年7月1日，随着《布鲁塞尔条约》生效，欧共体正式诞生；1993年11月1日，根据内外发展的需要，欧共体正式易名为欧洲联盟；1994年1月1日，《欧洲经济条约》生效，世界最大的市场——欧洲经济区成立。欧盟现有27个成员国。

在东亚地区，除了东盟自由贸易区、日本和新加坡经济合作伙伴协定等一些次区域自由贸易区之外，以东盟10国和中国、日本、韩国为中心的“10+3”东亚区域经济合作正在向着纵深方向发展。通过所有东亚国家的共同努力，东亚经济共同体正在努力建设。而且，在东盟与东北亚国家经济不断融合的基础上，最终可能实现以东亚为主的亚洲自由贸易区。

三、区域经济一体化的合作领域不断扩展

在传统的区域经济一体化中，经贸合作大多数都停留在降低货物贸易的关税和取消非关税壁垒上。而这也正是关贸总协定（GATT）和其后的世界贸易组织（WTO）长期以来致力于全球自由贸易的手段。目前，除了一部分没有加入WTO的国家，大多数国家的关税水平都已经很低，发达国家的平均关税已经降到了5%以下，发展中国家的平均关税也降到了10%左右的水平。在这种背景下，仅从降低关税中获得贸易自由化的优势已经非常有限。再加上随着经济全球化的展开，劳动力和资本的流动越来越活跃，服务贸易的发展势头迅速上升。而有关服务贸易、劳动条件、投资政策、知识产权和农产品等贸易问题在WTO框架内的多边谈判不断受到阻挠，要在不断扩大的成员之间达成共识，进而上升为WTO的相关规则并不是一件容易的事情。

为了弥补WTO规则的不足，利用地理位置的邻近、经济发展阶段的相似以及产业互补，现阶段的区域经济一体化组织充分利用了双边谈判时间短、涉及的主题范围灵活的特点，不断地把合作范围扩大到WTO规则之外的领域。1914年以前，除欧盟之外，双边自由贸易协定（FTA）绝大多数仅涉及货物贸易。近年来，双边FTA的内容不仅包括服务贸易、知识产权，而且还包括了环境标准、投资、农业、竞争政策、劳动力流动等敏感领域的内容。例如，EU与墨西哥的FTA包含了投

资、竞争政策的条款；美国与以色列的FTA包括了电子商务、环境、劳动等有关内容；日本和新加坡经济合作伙伴协定突破了传统货物和服务贸易的范围。除了免除进出口关税和放宽双方的投资限制外，还包括在贸易保障措施、服务贸易、投资规则、经济合作的加强等一系列领域以及人才交流上进行密切合作。

在很多例子中，区域经济一体化都表明政治和经济同样重要，有着欧共体之父之称的Robert Schuman和Jean Monnet就认为，法国和德国通过贸易和投资的整合将会产生共同的经济利益，从而削弱历史上曾经的对立局面。

今天，发达国家和发展中国家之间协定的产生，使得发达国家面临更为复杂的关系，这主要是因为其外交政策、商业原则和发展政策与发展中国家均有所差异。贸易政策是欧盟外交政策的重要组成部分。美国和欧盟寻求的区域自由贸易协定内容远远超越了简单的关税减免内容，他们还希望协定在服务业的开放、无形资产保护、劳动力健康、环境标准等各方面都有所规范。

发展中国家积极寻求订立区域自由贸易协定的一个目的是希望确保市场进入，尤其是像欧盟、美国这样的大市场。对于大多数的发展中国家而言，通过最惠国待遇或单边优惠计划，制造业产品已经成功进入了这些市场，然而为了将来不被排除在一些合作之外，尽管在与发达国家的区域自由贸易协定通常都将农产品以及一些政治敏感的产品排除在外，发展中国家仍然希望与发达国家签订区域自由贸易协定。❶

签订区域经济一体化协定的另一个主要目的是为了通过外部的协议以及政治承诺促进内部的改革。墨西哥在NAFTA的作用下为了吸引外商投资，开始了国内金融市场的改革。发展中国家之间的协定反映了其政治改革的愿望。经济整合常常都是从政治改革开始的，如20世纪80年代的南方共同市场的建立是希望缓和阿根廷和巴西之间的军事对立状态。南非发展共同体的建立是为了改善南非的分裂状态，现在也朝着建立自由贸易区的方向发展。一些观察家认为，非洲的关税同盟和自由贸易区在冲突解决方面的作用与促进贸易自由化的作用一样大。最后，印度和巴基斯坦之间的关系自南亚自由贸易协定签署后得到了一定程度的缓和。❷ 现有的对区域

❶ 马学礼．东亚经济合作中的区域公共产品供给研究：以贸易投资合作为例[M]．北京：人民出版社，2018：244.

❷ 经济合作与发展组织．打造区域竞争力战略与治理[M]．北京：科学出版社，2018：176.

贸易协定的研究认为，区域贸易协定促进了贸易流动的同时在解决地区冲突方面也发挥了巨大的作用。

四、区域贸易协定的重叠使管理过程越来越复杂化

区域贸易协定的一个显著特点是协定的重叠性和交叉性，贸易协定的管理被无数的规则所束缚。不同的贸易协定往往会使管理程序（如关税手续、技术标准、原产地原则等）混乱，从而提高了公司和政府的成本。这种复杂化程序的问题破坏了发展中国家促进贸易的努力。

当一个国家参加多个区域贸易协定时，常会复制其他贸易协定的条款。如亚萨哈拉—非洲地区，有一半的贸易关系受自由贸易协定约束的同时也受到其他协定的约束。在其他地区重叠的贸易协定在协定总数中占有相当高的比例。

自1990年后，各国之间订立的错综复杂的双边贸易协定越来越显示出“轮轴—辐条”结构（hub-and-spoke structure）。在“轮轴—辐条”结构的贸易体系中，单个国家和外围国家签署的协定建立了广阔的市场，这些协定可能会忽视辐条国的利益，而更加有利于轮轴国。

五、区域内贸易比重日益提高，但优惠性贸易的重要性却日益下降

区域自由贸易区内的贸易随着区域贸易协定的增加而增加，世界1/3的贸易都是发生在区域自由贸易区成员间。不考虑欧盟区域内的贸易，区域贸易区内的双边贸易的增长率与区域贸易协定的增长速度相同。

随着区域贸易协定的增加，优惠贸易的重要性大大降低，这表现在一些国家（特别是经合组织）已经大幅削减了其关税税率。2017年欧盟约有60%的商品为零关税，美国零关税商品比例虽略有降低，但总体反映了乌拉圭回合框架下多边贸易自由化的影响。

对于许多发展中国家签订的区域贸易协定而言，情况略有不同，因为发展中国家的低关税商品比例较小。2017年巴西约有15%商品为零关税，印度为2%。拉美国家在区域贸易协定中约有88%为优惠性贸易，在中东和北非地区，该比例约为83%。[1] 尽管如此，大多数国家参与区域一体化的指导思想和目标还是发生了很大

[1] 经济合作与发展组织．打造区域竞争力战略与治理[M]．北京：科学出版社，2018：35．

的改变，保护主义和内向性质的特征已大为收敛，取而代之的则是促进与国际经济接轨，参与国际经济秩序，增强区域集团谈判能力和竞争能力。

六、世界经济一体化是区域经济一体化的必然趋势

各国参加经济一体化的动因在于一体化的可获利性。随着世界经济的发展，一体化可获利的经济条件不断产生，必然将导致世界经济一体化不断演化推进。但是，由于世界经济发展的地区不平衡性以及特定时间因素的影响，一个经济体通过一体化获利所需要的经济条件和地理范围必然不同，这就导致了目前在世界经济领域存在的以WTO为框架的倡导全球性经济一体化和以地区主义所推动的区域经济一体化两种形式并存推进的现象。

由于在局部实现经济一体化相对容易，可以达到较高的程度，因此区域经济一体化的发展可以为全球性的世界经济一体化提供参考和示范作用。不仅如此，经济全球化的背景下，当代的区域经济组织以明显的开放性为新特征，目标已经从相对封闭的经济堡垒转向了通过地区贸易的自由化增强本国经济竞争力，更多地占有世界性的国际市场。[1]这导致各个国家与区域经济一体化组织之间、各经济一体化组织之间不断进行横向联合、互相渗透，既竞争又相互妥协，组织与组织之间的磋商逐渐取代了国家与国家之间的谈判。通过组织之间的协定，贸易壁垒在越来越广泛的范围内消除，引导世界经济的自由化。

20世纪90年代以来，区域性一体化经济组织的发展范围已不仅局限于某一地区邻近的国家和地区，而是一方面在本地区内部不断延伸和扩大，另一方面在积极寻求与其他地区的国家和经济体加强经贸合作的可能性，形成了“非排他性、非封闭性”的“开放的地区主义”。1989年亚太经合组织（APEC）的成立成为“开放的地区主义”跨洋越洲经济联盟的先导。至今其21个分别参加了一个或多个一体化经济组织的成员覆盖了亚洲、美洲、大洋洲、欧洲，成为目前最大的区域经济一体化组织。虽然，当前由于APEC成员众多、幅员辽阔，成员在社会制度、经济体制、经济发展程度等诸多方面存在着巨大的差异，公开论坛和首脑会议的非正式性和组织的非制度性，导致近期APEC区域经济合作发展陷入了停滞、徘徊的局面。但

---

[1] 金瑞庭．举棋定向：中国对外经济合作新思路研究[M]．北京：经济科学出版社，2017：77.

是，以“开放的地区主义”为合作原则的APEC对WTO的多边贸易体制起到了重要的推动作用，它所推动的投资自由化和便利化、经济技术合作，对世界经济的一体化必将发挥有益的补充作用。

在以贸易自由化为代表的全球经济一体化艰难探索的同时，区域一体化活动以特定区域内经济发展水平接近、文化背景相似、社会政治经济体制相融的地区为突破口，率先尝试建立区域的多边自由贸易体制，并以此为基础不断地吸收周边国家加入，扩展区域的范围，最终由区域间的融合实现全球经济一体化。

第二章　区域经济一体化的特征

经济全球化和区域经济一体化是世界经济发展的两个主要趋势，特别是进入21世纪以来，各种类型的区域经济贸易集团组织遍布世界各地，对世界政治经济格局产生了全方位、多层次的影响。区域经济一体化和贸易集团化已成为当今世界经济贸易发展的重要趋势之一。本章将以此对区域经济一体化的内涵、类型和特征三个方面作较为详细的介绍。

第一节　区域经济一体化内涵

一、区域经济的内涵

区域经济是以地理共性、资源或经济结构的相似性组成的经济关系。在经济活动与一定的地理位置复合的区域内，各组成部分有着较高的近似性，与区域外部存在着明显的差异。他们可以拥有共同的资源，如江河资源、海洋资源，也可以有较接近的文化背景，或类似的生产方式与生产条件。也就是说，区域经济是依据经济的自然联系而构成的经济层次，在市场的作用下，以分工、交换、协作方式形成的联系相对紧密的生产要素与企业群体。在区域经济内部，生产要素和企业都不同程度地受着区域经济内部特征的影响，反过来也决定着区域经济的性质。

二、区域经济一体化的概念

区域性贸易集团和经济一体化组织，是对地区内部成员间相互降低和消除贸易壁垒，甚至建立起商品、资本、劳务和人员自由流动的统一大市场，对区域外部成员则采用种种显性或隐性的保护措施进行排斥，从而在国际上形成“大区域进入壁垒”“小区域进入壁垒”和“特定国家的进入壁垒”并存的这样一种复杂而又多层次化的既开放又保护的格局。但是迄今为止，区域经济一体化并没有一个公认的内涵。人们多是从“经济一体化”（economic integration）这个角度对其进行界定。

“一体化”（integration）的含义是“综合、结合”，它源于拉丁integratio，原意为“更新”“修复”（renovation）。根据《牛津英语辞典》（*Oxford English Dictionary*）记载，Integration于1620年第一次在出版文献中被赋予“将各部分结合为一个整体”的含义。[1]该词在不同的地域有不同的表达方式，但内涵是相同的。如在我国台湾和香港地区被译为“整合”，在日文中为“统合”，在我国大陆则多以“一体化”出现在文献中。

“一体化”这个词在经济学范畴中运用则构成“经济一体化”。20世纪初，它主要表示一种产业组织状况及变化，即主要指厂商通过协定，卡特尔、康采恩、托拉斯、兼并等方式联合而成的工业组织，它可分为竞争者之间合并的“水平一体化”（horizontal integration）和供需双方结合的“垂直一体化”（vertical integration）。20世纪50年代后，该词才用于表示将各个国家独立的国民经济逐步结合成为更大范围经济的一种活动进程，由它派生出来的术语很多，如区域经济一体化、地区经济一体化、国际经济一体化、世界经济一体化、全球经济一体化等。但在经济学文献中，“经济一体化”以及由它衍生出来的有关“一体化”的术语，均没有明确而又统一的界定。不同的学者从不同的角度对“经济一体化”有不同的解释。

首届诺贝尔经济学奖获得者荷兰经济学家丁伯根（Jan Tinbergen）认为：经济一体化就是将阻碍经济最有效运行的有关人为因素加以消除，通过相互协调和统一，创造最适宜的国际经济结构。

德国经济学家W.若普克认为：一体化是这样一种局势，在这种局势下，各国之间的贸易关系可以像在一个国家经济内部存在的那样自由和有利可图。

美国国际经济学家林德特（Peter Lindert）和金德尔伯格（Charles Kindleberger）认为：经济一体化可以指宏观经济政策的一体化和生产要素的移动以及成员体之间

[1] 陈勇. 新区域主义与东亚经济一体化[M]. 北京：社会科学文献出版社，2016：25.

的自由贸易。一体化是通过共同的商品市场、共同的生产要素市场或两者的结合，达到生产要素价格的均等。

詹姆斯·米德（James Meade）认为：一体化是达到一种联盟状态的过程，其不仅要消除各成员体经济单位之间的歧视，而且要形成和实施协调的和公共的政策，其范围应足以保证实现主要的经济与福利目标。

美国经济学家贝拉·巴拉萨（Bela Balassa）在1961年提出的关于“经济一体化”的含义被经济学理论界广泛引述并得到公认。他指出：一方面，两个独立的国民经济之间，如果存在贸易关系就可认为是经济一体化；另一方面，经济一体化又指各国经济之间的完全联合。经济一体化既被定义为一个过程（a process），又被定义为事物的一种状态（a state of affairs）。作为一个过程，它包含着旨在消除不同国家经济单位之间的歧视；作为事物的一种状态，它表示各国民经济之间不存在各种形式的歧视。

1976年霍兹曼强调，一体化是成员间相似产品和同类要素价格一致化的状态。也就是说，经济一体化是成员间在有关便利的制度支持下货物、服务和要素流动无障碍的状态。这一认识实质上将区域经济一体化的讨论由关税同盟进一步引向了共同市场层次。[1]曼尼斯和素迈的研究则将经济一体化与产业部门融合、政策和行政的统一联系起来。

1988年马洛和蒙蒂斯强调了经济一体中传统经济地理因素的重要性。派内克的研究则指出了一体化同开放经济及经济相互依赖等观念的差别。

我国学者对经济一体化也有诸多研究和结论，如徐宝华在1996年提出的：经济一体化是指两个或更多的国家为促进经济发展，通过预定的方式和手段，有步骤、分阶段地消除它们之间所存在的经济政策的差别待遇，最终建立一个更大的经济区域或空间的活动。

赵儒煜认为：所谓的经济一体化，是指各国经济在社会化大生产和国际分工不断向纵深发展的推动下，由经济往来走向经济合作制之经济融合的过程。

对此，也有许多学者从制度性一体化和功能性一体化角度进行阐述。认为前者是指通过一定的条约和协定，建立起某种超国家的组织形式的一体化。后者是指在

---

[1] 喻常森．南太平洋区域一体化和区域合作[M]．北京：社会科学文献出版社，2018：24.

现实经济领域中，由于人们之间的经济活动关系日益密切而导致市场扩大、各种贸易壁垒的消除所形成的一种客观的融合。[1] 制度性一体化和功能性一体化是当代世界经济中同时发展的两个趋势，二者互为因果。功能性一体化的发展来自生产力提高和世界经济进步的内在要求，当它发展到一定阶段时，必然要求制度性一体化给予进一步的保障和促进；制度性一体化则会加深功能性一体化的程度，进而要求成员方之间采取各种消除贸易壁垒、实现生产要素自由流动的经济政策。功能性一体化是制度性一体化的前提和外在形式，制度性一体化则是功能性一体化的结果和内在机制。一般说来，功能性一体化是实际需要，而制度性一体化是实现这种实际需要的制度保证。因此，大多数区域经济集团都是两者一起发展的，但是也有制度性一体化落后于功能性一体化的，主要是采取了较为松散的论坛方式，以自愿单边行动计划和集体行动计划为主进行功能上的一体化进程。

从以上的论点可以看出，一体化组织有下列特征：

①它是国家出面并让渡部分权力而形成的超国家的权力机构；

②它是地区性的；

③初期是市场一体化，然后逐步过渡到生产和发展的一体化。

总之，区域经济一体化的定义是随着实践的发展而演进的，所表达的内涵应在于：首先，区域经济一体化最显著的标志是成员之间关税等贸易障碍的消除；其次，谋求最佳的国际生产分工是区域经济一体化的根本原则；最后，区域经济一体化的出发点是使每一个成员都能获取比单独一国时更大的利益。

综合上述的概念和特征，我们可以对区域经济一体化给出一个比较完整的定义。

区域经济一体化（regional economic integration），是指在世界范围内由国家出面结合而成的、区域性的、目的在于实现市场一体化乃至生产和发展一体化的各种国际经济组织的形成和发展的过程。

区域经济一体化往往通过条约的形式，组成各种类型松散或紧密的经济联合，建立起超国家的决策和管理机构，制定共同的政策措施，实施共同的行为准则，规定较为具体的共同目标，实现成员的产品甚至生产要素在本地区内自由流动，促进

[1] 王灵桂．亚太地区发展与合作-中外联合研究报告[M]．北京：社会科学文献出版社，2018．56．

地区性的专业分工，从而发挥规模经济效益，不断提高成员的经济福利。它也要求参加一体化的国家让渡部分国家主权，由一体化组织共同行使部分的主权，实行经济的国家干预和调节。❶ 国际经济一体化一般是以地区经济合作为核心内容，逐步向其他领域扩展。

国际区域经济一体化，并不是按通常的双边或多边协定进行的国际经济合作和经济协调，它要求打破国界，实行紧密的国家合作和国际调节，并必须建立起一整套共同机构。这也正是经济一体化组织区别于其他国际组织的特点，如“经济合作与发展组织”（OECD）、“77国集团”“24国集团”等都只是国际的协商组织，不宜称为国际经济一体化组织。又如，两国或多国合资经营某个企业，实行铁路联运等，因为他们的职能局限在某个具体领域，也不能称为经济一体化组织。

第二节　区域经济一体化标准和分类

区域经济一体化是一种客观的经济过程，一体化组织则是它的载体。不同的学科、不同的学者对区域经济一体化组织的形式有大致相同而又有差别的表述。但总体来讲，有以下三种分类方法。

一、以经济一体化组织的发展程度或水平为标准分类

按照贸易壁垒取消的程度、商品及服务自有化程度，以及在产业、财政、金融、政治等方面的联系程度，将区域经济一体化组织划分为：优先贸易安排、自由贸易区、关税同盟、共同市场、经济联盟和完全经济一体化六种类型。这也是被众多学者承认并普遍应用的表述方式。

（一）优先贸易安排

优先贸易安排（preferential trade arrangements），指在成员之间通过签署优先贸易协定或其他安排形式，对其全部贸易品或部分贸易品互相提供特别的关税优惠，对非成员之间的贸易则设置较高的贸易壁垒的一种区域经济安排。

---

❶ 商务部研究院．国际发展合作之路：中国对外援助40年[M]．北京：中国商务出版社，2018：129-130.

优先贸易安排属于最低级和最松散的一种区域经济一体化组织形式。其特点是以商品特惠关税待遇为主要手段，最典型的例子是英国与其联邦成员于1932年建立的“大英帝国联邦特惠区”。东南亚国家联盟（ASEAN）成员在1977年签订了在成员间实施的特惠贸易安排的协议，并在此基础上发展经济一体化。[1]由于优先贸易安排一体化的发展程度较低，现在许多区域经济集团大多直接以自由贸易区为起点进行经济一体化。

（二）自由贸易区

自由贸易区（free trade area），是指在两个或两个以上的国家或行政上独立的地区经济体之间通过达成自由贸易协议，相互取消进口关税和非关税壁垒，但对非成员方仍保留独立的贸易保护措施而形成的一种经济一体化组织。

自由贸易区是一种较为松散的区域经济一体化组织。其最重要的一个特征是一体化组织内部的自由贸易。在此，商品可以自由地输出和输入，成员方之间相互取消商品贸易的障碍，真正实现商品的自由流通，成员经济体内的厂商可以像在国内一样进行自由贸易，但是它严格地将这种贸易待遇限制在成员方之间。

自由贸易区的另一个重要特征是区内不设共同对外关税。各成员经济体均可保持独立的对外关税结构，并按照各自的税目和税则对非成员方商品征收进口关税。在此，一体化组织内部的自由贸易并不妨碍各成员经济体针对非自由贸易区成员方（或第三国）采取其他的贸易政策，自由贸易区成员经济体也并不按照共同的关税对非成员方商品征收进口关税。

但随之而来的问题是，在执行自由贸易政策时很难分清某种产品是来自成员方，还是来自自由贸易区外的非成员方或第三国。[2]因此容易导致出现这样一种情况：来自自由贸易区外的商品从对外关税较低的成员方进入自由贸易区市场后，再转而进入关税水平较高的成员方，从而造成较高关税成员税收流失和对外贸易政策失效。为了解决这一问题，自由贸易区通常采取“原产地原则”。基本内容是只有产自成员经济体内部的商品才享有自由贸易及免征进口关税的待遇。一般来说，所谓原产地商品，是指商品价值50%以上是在自由贸易区内部成员方生产的。有些区

[1] 孙杰. 合作与不对称合作：理解国际经济与国际关系[M]. 北京：中国社会科学出版社，2016：97.

[2] 陈泽明. 区域合作通论[M]. 上海：复旦大学出版社，2015：263.

域经济一体化组织对某些敏感产品的原产地规定更加严格，要求商品价值的60%，甚至75%以上产自成员方时才符合原产地规则的规定。

自由贸易区最典型的例子是1960年由英国、澳大利亚、丹麦、挪威、葡萄牙、瑞典、瑞士（芬兰在1961年也加入了该协定）等国倡导建立的欧洲自由贸易联盟（EFTA），另一个典型例子是由美国、加拿大、墨西哥在1994年建立的北美自由贸易区（NAFTA）。2001年11月5日，我国倡导形成的“中国—东盟自由贸易区”（CAFTA）也属于此列。

（三）关税同盟

关税同盟（customs union），是指在自由贸易区的基础上，两个或两个以上成员方通过签署协议，彼此之间减免关税，并对非成员方实行统一的进口关税或其他贸易政策措施的一种区域经济一体化组织。

比之自由贸易区，关税同盟的不同之处是成员在相互取消进口关税的同时，设立共同对外关税，成员经济体之间的商品流动无须再附加原产地证明，它把区域经济一体化的进程又向前推进了一步。

关税同盟的构想最早是由19世纪德国经济学家李斯特提出的，1862年普鲁士等德国北部邦国成立的“德意志关税同盟”和“二战”后成立的欧洲经济共同体均是此方面的著名案例。作为较高层次的区域经济一体化组织，它规定成员之间实行共同的对外关税，强调以整体的力量参与国际市场竞争，实际上是将关税的制定权让渡给区域经济一体化组织。它不像自由贸易区那样，只是相互之间取消关税，而不作权利让渡。因此，关税同盟对成员经济体的约束力比自由贸易区大，已具有一定的超国家性质。

从经济一体化的角度看，关税同盟也具有某种局限性。随着成员之间相互取消关税，各成员的市场将完全暴露在其他成员厂商的竞争之下。为保护本国的某些产业，各成员往往采取一些更加隐蔽的措施，如采用非关税壁垒来保护本国的厂商。尽管关税同盟成立之初已经明确规定取消非关税壁垒，然而非关税壁垒措施没有一个统一的判断标准。因此，关税同盟包含着鼓励成员增加非关税壁垒措施的倾向。同时，关税同盟只解决了成员之间边境上的商品流动自由化问题。当某一成员商品进入另一个成员境内后，各种国内限制措施仍然构成了自由贸易的障碍。因此，解决这一问题的最好办法是向“共同市场”迈进。

（四）共同市场

共同市场（common market）是指在两个或两个以上的成员方之间，不仅完全取消了关税和非关税壁垒，建立了共同对外关税，实现了自由贸易，而且还实现了服务、资本和劳动力等生产要素的自由流动。

共同市场最典型的例子是20世纪70年代的欧盟，或者说欧洲共同市场，它于1957年在西德、法国、意大利、比利时、荷兰、卢森堡六国倡导下经过十几年的努力才得以形成。作为比自由贸易区和关税同盟更高一级的区域经济一体化形式，共同市场的主要特点是成员之间不仅实现了商品的自由流动，还实现了生产和服务的自由流动。在此，服务贸易的自由化意味着成员之间在相互提供通信、咨询、运输、信息、金融和其他服务方面实现自由化，没有人为的限制。资本的自由流动意味着成员的资金可以在共同体内部自由流出和流入。劳动力的自由流动意味着成员之间要实施统一的技术标准：统一的间接税制度，并且协调各成员之间同一产品的课税税率，协调成员方市场管理的法规以及实现成员学历的相互承认等。

共同市场的建立需要成员让渡多方面的权利，包括进口关税的制定权、非关税壁垒，特别是技术标准的制定权、国内间接税税率的调整权、干预资本流动权等。这些权利的让渡表明一国政府干预经济的权利在削弱，而区域经济一体化组织干预经济的权利在增强。[1]然而，由于各成员经济有差别，统一的干预政策往往难以奏效，超国家的一体化组织的干预能力也是有限的。因而成员方之间生产要素自由流动的中介——货币——的统一就显得尤为必要了。

（五）经济联盟

经济联盟（economic union），是指在成员方之间不但废除了贸易壁垒，建立了统一的对外贸易政策进口关税制度，实现了商品生产要素的自由流动，而且在协调的基础上，各成员方还制定和执行了许多共同的经济政策，并采取某些统一的社会政策和政治纲领，从而将一体化的程度从商品交换扩展到生产、分配乃至整个国民经济的一种区域经济组织形式。

经济联盟的主要特征是成员方之间在形成共同市场的基础上，进一步协调它们之间的财政政策、货币政策和汇率政策。一些超国家的机构（如议会和中央银行）

---

[1] 姜峥睿. 合作与摩擦：中美贸易关系发展研究[D]. 长春：吉林大学，2017.

开始出现并行使职能。由于货币往往与财政政策、货币政策和汇率政策等宏观政策密切交织在一起，当这些政策的协调达到一定的程度，以致需要建立成员共同使用的货币或统一货币时，经济联盟又称为经济货币联盟。

经济联盟与共同市场最大的区别是各成员方必须把更多的经济主权移交给超国家的机构统一管理，这意味着各成员不仅让渡了建立共同市场所须让渡的权利，更重要的是成员让渡了使用宏观经济政策干预本国经济运行的权利。而且成员不仅让渡了干预内部经济的财政和货币政策、保持内部平衡的权利，也让渡了干预外部经济的汇率政策、维持外部平稳的权利。[1] 这些政策制定权的让渡对共同体内部形成自由的市场经济、发挥“看不见的手”的作用是非常有利的。

经济联盟的一个例子是1948年建立的荷比卢经济联盟，另一个完全经济货币同盟的例子就是当今的欧盟（European Union）。

（六）完全经济一体化

完全的经济一体化（complete economic integration），是指成员在实现了经济联盟的基础上，进一步实现经济制度、政治制度和法律制度等方面的协调，直至形成统一的经济体的一体化组织形式。如果说其他五种形态是经济一体化过程的中间阶段的话，那么完全经济一体化就是经济一体化的最终和最高阶段。

完全经济一体化的特征是形成一个类似于国家的经济一体化组织。就其过程而言是逐步实现经济及其他方面制度的一体化。从结果上看，完全经济一体化的形式主要有两种：一是邦联制，其特点是各成员方的权利大于超国家的经济一体化组织的权利，例如：欧盟；二是联邦制，其特点是超国家的经济一体化组织的权利大于各成员方的权利。联邦制的国际经济一体化组织类似于一个联邦制的国家。

以上六种经济一体化的形式——优先贸易安排、自由贸易区、关税同盟、共同市场、经济联盟和完全经济一体化，是处于不同层次上的国际经济一体组织。根据它们让渡国家主权程度的不同，一体化组织也从低级向高级排列。但是这里并不存在低一级的经济一体化组织向高一级的经济一体化组织升级的必然性。各成员方可以根据自身的具体情况决定经过一段时期的发展是停留在原有的形式上，还是向高一级经济一体化组织过渡，关键是各成员方需要权衡自己的利弊得失。

[1] 王灵桂．亚太地区发展与合作：中外联合研究报告[M]．北京：社会科学文献出版社，2018：134.

二、按一体化的范围分类

（一）部门一体化

部门一体化（sector integration），指区域内各成员的十种或几种产业（或商品）的一体化。如1952年建立的欧洲煤钢共同体与1958年建立的欧洲原子能共同体就属此类。

（二）完全一体化

完全一体化（overall integration），指将区域内各成员的所有经济部门加以一体化。欧洲经济共同体（欧洲联盟）就属此类。

三、按参加国的经济发展水平分类

（一）水平一体化

水平一体化（horizontal integration），又称横向一体化，是由经济发展水平相同或接近的国家所形成的经济一体化形式。从区域经济一体化的发展实践来看，现存的一体化大多数属于这种形式，如欧洲经济共同体、中美洲共同市场等。

（二）垂直一体化

垂直一体化（vertical integration），又称纵向一体化，是由经济发展水平不同的国家所形成的一体化。如在1994年1月1日建立的北美自由贸易区（NAFTA），将经济发展水平不同的发达国家（美国、加拿大）和发展中国家（墨西哥）联结在一起，使建立自由贸易区的国家之间经济上具有更大的互补性。

第三节　区域经济一体化的内在理解

传统的区域经济一体化主要局限于邻近的国家和地区间通过削减关税来实现自由贸易，其目的主要是为了降低贸易成本，通过贸易自由化来促进区域内经济的发展。到2017年12月，全球的自由贸易协定已超过700个。这种始于20世纪90年代的全球区域贸易协定大量涌现的经济现象被许多学者称为“新区域主义”。除了数量激增之外，亚洲、美洲、欧洲、非洲和中东地区都诞生了许多新的区域自由贸易安排，跨洲的一体化经济组织也在持续发展。

区域经济一体化数量的急剧增加存在着经济上和政治上的因素。经济因素主要可以列举出向海外市场的扩展和国内改革的推进。政治因素则可以列举出FTA缔结方之间政治和社会的关系进一步紧密，以及这些成员对地区的影响力扩大。缔结协定的谈判就是在这些多方面因素的背景下进行的，各个FTA的内容反映了缔结方相互间多种多样的情况。

一、区域经济一体化的特征

作为区域经济一体化的载体和结果，在当前仍能有效运转的四五十个区域经济集团中，既有像“欧盟”（European Union）这样高度成熟的地区经济一体化组织，也有中国与“东南亚国家联盟”（CAFTA）这样刚刚开始搭建的自由贸易区；既有像曾经的“欧洲经济共同体”这样纯粹的“北北”合作组织，也有如“南方共同市场”“欧佩克”这样纯粹的“南南”合作组织，还有“北美自由贸易区”（NAFTA）和现在的“欧盟（27国）”这种发达国家与发展中国家混杂的“南北”合作组织。[1]

亚太经合组织（APEC）近年来大力推广“开放式地区主义”这一概念，将“地区”二字的含义解释为远远超出亚太经合组织各成员的地理疆界，并建议亚太经合组织在此原则下采取非互惠的四步方案。

首先，最大限度地推进单边贸易自由化。其次，承诺在区域内以最惠国待遇原则实施自由化时，继续对非成员方削减贸易壁垒。再次，愿意在双边互惠的基础上对非成员方适用亚太经合组织的自由化措施。最后，任何亚太经合组织成员方均有权单方面以有条件或无条件最惠国待遇原则对非成员方适用亚太经合组织的自由化措施。

尽管区域经济一体化在组织形式上越来越扑朔迷离、纷纭杂乱，但是这些区域经济集团还是具有许多共通的特性。

（一）成员和地区资格的区域性

典型的区域经济集团总是首先在相邻或相近国家和地区建立起来，并不断沿“同心圆”规律向外拓展的，即便是后续加入的成员也多是同一地区的地理上的邻

[1] 高须虎六. 各国合作事业[M]. 杨智，译. 郑州：河南人民出版社，2016：22.

近国家或者在经贸、经济体制上、文化习俗上极其相近的国家和地区。近年来，随着“跨区域经济集团”和“跨区域双边自由贸易区”的涌现，以上特征已不甚鲜明。

（二）区域经济一体化组织的内部开放性

各区域经济集团虽然在合作形式、合作规模、合作程度、合作范围、合作机制等方面存在着差异性，但是在实践上都在推行内部成员间的全面降低关税、取消非关税壁垒，实现商品的自由流通，并放宽内部的投资限制，促进地区的资本和其他生产要素的自由流动，从而达到改善资源配置、降低生产成本、互相得益的目的。

（三）区域经济一体化组织对外的排斥性

区域经济集团建立的目标是为了形成一个封闭性的经贸集团，以集团的力量抢夺国际市场，对外实行共同的关税，并利用天时（周边关系、市场自然联合）、地利（地缘政治、资源禀赋）与人和（政治经济制度和文化习俗相近）的有利条件，实施种种显性和隐性的贸易保护主义措施来约束、限制与集团外非成员国家和地区的经贸关系的发展。但是随着1992年亚太经合组织推行“开放性地区主义”原则和1995年世界贸易组织（WTO）全球多边贸易自由化体制确定以来，这一特征也在开始模糊化。

（四）区域经济一体化组织的利益放大性

区域经济一体化的根本出发点是谋求使每一个成员方能获得比单独一方更大的利益。对每一个成员而言，他们之间降低关税、削减非关税壁垒的目的不仅仅是顺应生产要素自由流动的内在要求，而且按照规模经济原理，从最佳的国际生产分工出发，实现了资源的优化配置，提高了效率，增强了与区域外国家或经济集团对抗的实力。

二、区域经济一体化的实质

（一）区域经济一体化是通向未来的“世界经济一体化”的一个必经阶段

区域经济一体化是“二战”后第三次科技革命所推动的社会生产力大发展的必然结果，也是“二战”后国际分工不断深化的必然结果。区域经济集团在“二战”后的蓬勃发展表明，生产力发展在客观上要求打破国家地理边界对资源配置的限制，要求地理上邻近的国家在经济上相互联系、相互依赖、相互渗透，实现对资源的跨国配置以及对宏观经济和市场运行规则的国际联合调控。在此过程中，一体化与主权国家对国民经济控制权的冲突、不同经济发展水平国家合作的障碍、更深层次的文化与意识形态障碍等都使世界经济一体化的进展步履维艰。

未来的世界经济是走向全球一体化的经济，它所显示的发展方向是全球范围的商品贸易、生产要素流动、资源优化配置、金融投资的自由化和财政、金融体制的分工协调，即构成一个类似于放大了的国民经济的运行体制。这就决定了世界经济一体化将面临重重障碍。但世界经济发展的客观趋势决定了一体化是必由之路。在以贸易自由化为代表的世界经济一体化艰难探索的同时，以特定区域，即经济发展水平接近、文化背景相似、社会政治体制相融的地区为突破口，率先尝试建立区域的多边体制，并以此为基础不断地吸收周边国家，从而以区域的经济一体化为样板。并在全球区域经济一体化走向成熟的基础上，较为顺利地实现全球经济一体化。因此，可以说正是世界经济的发展要求在区域范围内率先进行一体化经济功能和体制的培育，为世界经济一体化作阶段性准备。[1]

日本青山学院大学国际政治经济系山本吉宣教授认为，以FTA为中心的区域贸易自由化不断发展，说明其正在从WTO的多边谈判中夺取政治能源、吸引人们注目。还有一种有力的观点认为FTA不符合GATT与WTO的大原则——无差别原则，因此在政治上也可能引起较大的问题，但是FTA或PTA（特惠贸易协定）并非与WTO的框架相矛盾，不会成为多边谈判的绊脚石（stumbling block）。另外，采用多国之间达成的协议结果来调整各国不同的经济利害关系是非常困难的。两个国家之间，或者地区内的国家比较容易达成协议。

从这个意义上说，区域经济一体化及其载体区域经济集团是通向未来的“世界经济一体化”的必经阶段，是经济全球化透过现实的“三棱镜”折射后的产物。“世界经济一体化”则是区域经济一体化的结果和最终目标。相较于“世界经济一体化”及其影响下关贸总协定和世贸组织所推行的多边投资贸易自由化体制而言，区域经济一体化及区域经济集团具有更多的现实性和可行性。

（二）区域经济一体化是一种次优选择

世界经济一体化是一个逐渐趋同、融合的过程，区域经济一体化则是在谋求已有趋同基础上的区域内融合。由于存在着对区域外非成员方的歧视和一般均衡分析

[1] 孙杰．合作与不对称合作：理解国际经济与国际关系[M]．北京：中国社会科学出版社，2016：144.

下的福利损失，尽管区域经济一体化的目标不是最优的制度安排，但因为其存在着动态和局部福利的增进，更易促进区域内成员方局部福利的全面提高。因此，区域经济一体化往往被视为次优。同时，正因为世界经济一体化面临种种障碍，障碍相对较小的区域经济一体化也就顺理成章地成为世界经济一体化发展过程中的一种次优选择。

成功的区域经济一体化实践所显示的前提条件首先是经济发展水平接近，意味着区域内商品生产成本接近；其次是历史上经济交往密切，商品交流障碍小，功能性一体化程度高；再次是区域组织基本循着由少数到多数逐步吸收周边国家的步骤扩展；最后是社会形态文化一致。从当前情况看，经济条件相近是形成区域经济集团的所有约束条件的核心。发达国家的区域经济集团组织比较成功，而发展中国家则困难重重，雷声大雨点小，目标多于行动。

国际著名经济学家萨尔瓦多（Dominick Salvatore）认为，区域经济集团贸易效应公认的条件是：

①共同体或贸易集团成员间原有的关税壁垒越高，贸易创造效应就越大；

②共同体或区域集团共同对外关税的壁垒越低，贸易转移的损失就越小；

③共同体或区域经济集团成员越多，经济规模越大，低成本生产者产出下降的可能性越大；

④共同体或经济集团由两个工业国组成比一个工业国和一个农业国组成具有更大的专业分工效应和贸易创造效应产业内贸易；

⑤关税同盟成员地理范围越近，贸易创造效应越大；

⑥成员与潜在同盟成员贸易和经济关系越密切，关税同盟福利效应越大；

⑦与贸易转移有关的商品成本差异（伙伴国与第三国比较）越小，贸易转移规模和派生损失就越小；

⑧成员与贸易创造有关的成本差异越大，贸易创造的规模就越大。[1]

但是地区主义毕竟是一种次优选择，从其选择学派的观点来看：区域经济集团的组建作为一种公共产品，它需要花一系列成本，如集体行动的成本和组织管理的成本等。正如奥尔森在《集体行动的逻辑》一书中论证的大集团的无效性和

[1] 裘松春．区域经济一体化研究[M]．长春：吉林大学出版社，2008：354．

小集团的成功性一样，成员的行为是自利的，成员集体行动的考虑是取决于其“成本—收益”及其产品外溢性程度的。在此，经济一体化往往被视为一个集团的组建过程。如果该集团边际产出是基于边际个体成本与边际个体收益的均衡考虑，而不是基于边际个体成本与边际集团收益的均衡考虑，这时公共产品产出供应将面临短缺。而这一影响经济一体化目标实现的公共产品供应短缺问题在集体行动中是普遍存在的，因为公共产品的个体收益与集团收益的差距始终是存在的，成员行为的自利性也是不可避免的，同时这种供应短缺的程度也是随集团状况的不同而有所差异的。[1] 首先这种公共产品供应的短缺程度与集团成员数量正相关，成员数量越多，个体收益与集团收益的差距就越大，供应短缺程度也就越大；其次，这种公共产品供应的短缺程度同集团成员间规模差距反相关，规模差距越大，个别成员（大国）规模也就越接近于集团总规模，该成员的个体收益同集团总收益越接近，供应短缺程度就越小；最后，经济一体化的组织成本是集团中成员数量的一个单调递增函数，成员数量越多，组织成本越高。于是，整个经济一体化集团的成败与否，就决定于集团成员数量和集团成员间相对规模的差距。

因此，对于WTO、IMF这一类全球性经济集团而言，成员个体数量多而相对规模小，集体行动成本和组织管理成本就大，无法指望成员会出于自利的激励而为创造公共产品做出贡献，成员更愿充当“免费搭车者”，从而降低公共产品的产出水平，降低这类组织成功的可能性。因此，达成全球性经济贸易集团尽管是最优的，但在现实中却很难实现。而在规模相对较小的区域经济集团中，由于成员数量少，相对规模大，组织成本低，并且由于个别成员规模很大，有能力承担绝大多数集体行动成本，单方面提供公共产品，减少了“免费搭车”现象，从而成为具有可操作性的次优选择。

（三）区域经济一体化同时也是一个矛盾体

在区域经济集团内部，自由贸易和保护贸易是一对既相互排斥又相互依存、既相互斗争又相互促进的矛盾体。从有利于自由贸易的角度看，区域经济一体化集团的建立使联合起来的集团经济实力得到加强，在国际贸易谈判中能以统一的声音同非成员方谈判，敢于同任何一个大国或集团抗衡。并且随着其贸易流向与投资流向

[1] 高建明．WTO的实践[M]．天津：天津科学技术出版社，2011：287．

的改变、贸易规模与投资规模的扩大，还会使国际贸易格局发生变化。但是我们又要看到，区域经济一体化无论是成立的目的，还是其所制定的政策与措施，都充满矛盾。

以美国为中心的西方发达资本主义国家在"二战"后构建的布雷顿森林体系曾试图为世界制定一套规范，完全消除国家间在资本、劳动力、商品、服务等要素自由流动配置上的障碍，但是成效甚微。人类几千年以来就存在的政治、文化、宗教、民族等方面的差异性和资源禀赋、经济发展水平的高低都不是旦夕之间就能消除的。无论是国际货币基金组织（IMF）在解决现代金融危机方面的束手无策，还是关贸总协定在推动"东京回合"谈判和"乌拉圭回合"谈判上的低效率，或是WTO在启动新一轮全球贸易谈判方面的旷日持久，都显示很难找到一个能够为大家都接受的方案，一揽子解决问题的可能性不大，实现人类大同还是一个遥远而美好的梦想。

因此，邻近的国家由于经济发展水平比较相近，政治、文化、宗教背景具有某些共同性，利益共同点比较多，互相比较了解，可以节省谈判成本，容易达成交易。在他们之间先进行一些区域内部整合，消除贸易壁垒，因而比较相互开放市场，以形成一个区域性经济集团，这有利于形成地区范围内的规模经济，扩大市场，从而增强在国际市场上的谈判力，保护自己的商品不受歧视。区域性经济集团成立后，可以通过贸易创造效应，提高集团内的经济运行效率和社会福利，使其内部贸易比重提高，提高集团对外集体竞争力，造成集团外国家面临日益狭小的国际市场和日益强化的国际竞争，从而在客观上迫使集团外的国家急切地投身于营造自己的地区集团，例如欧洲自由贸易联盟的组建。[1] 这样，区域经济一体化在其发展过程中就必然会表现出种种不同程度的排他性，主要表现如下：

（1）对集团内成员减免关税，但对集团外国家来说，即使其原来的关税水平没有改变，相对关税水平却被提高了。因此地区主义的盛行必然导致集团内国家贸易条件得到改善，而集团外国家的竞争力却相对下降了。由于市场规模是有限的，对集团内成员开放市场，减少贸易壁垒，就必然意味着集团外国家进入这个市场的困难增加。

---

[1] 南仲信．国际经济合作[M]．北京：经济科学出版社，2015：256．

（2）在一个地区的国家形成集团后，势必使集团内外国家的经济实力对比出现变化，从而迫使许多集团外国家面临两难选择：要么被迫接受不利的贸易条件，要么违背自由贸易初衷，给贸易保护主义火上加油，营造自己的经济集团，如美国从推崇全球自由贸易转向组建北美自由贸易区（NAFTA）即是如此。

（3）区域性经济集团在实施共同贸易、财政、货币和汇率政策，甚至启动单一货币之后，大大降低了集团内企业的投资风险、运营成本和交易成本，却进一步提高了集团外企业进入这个地区市场的门槛。

当然，由于区域经济一体化与世界经济一体化之间还存在一个漫长的历史过渡阶段，在主权国家趋于消亡之前，区域经济一体化将在很长时间内作为一种次优选择存在。随着世界经济的发展，区域经济一体化与世界经济一体化的关系在一个时期内将以竞争为主，在另一个时期内将以互补为主。没有竞争就没有互补，竞争扩大了互补的内涵，互补则又进一步扩大了竞争的层次和范围，进而形成一个相互转化、互促互容的格局。为此，必须借助多边贸易体制的“法律与实践宽容”、双重成员资格等规则与纪律及其审议程序，对区域经济一体化排他性贸易保护主义倾向加以规范和约束，为世界贸易自由化注入活力与生机，进而加速区域经济集团与多边贸易体制的融合，最终实现世界经济一体化。

第三章　区域经济一体化的基础理论

区域经济一体化（regional economic integration）现象已成为当今世界经济的一大显著特征之一。从其内涵或本质特征上看，国际经济一体化的基础是市场经济在所有成员内的充分发展；其核心是各成员国内社会再生产过程的交叉渗透形成各成员整体上的社会再生产；其主要手段是生产资本和交换的一体化；其步骤或过程一是消除相互间的各种产品或要素的歧视，二是创造某些合作因素进行积极合作；其内容不仅涉及生产领域，还包括流通、金融、科技和文化领域；其一体化程度高低的决定力量是市场机制；其主导力量是各成员政府及跨国公司；其推动力量则是以信息技术为主导的技术进步；其动机是各成员凭借各自的相对优势，通过不断整合而达成的一体化行为，在共同的目标下获得各成员单方面行动却不能获得的经济利益；[1] 其最终状态是各成员形成一个统一整体，这个整体已模糊了各成员之间的主权；其产生的根源是制度安排和制度创新的结果。

世界区域经济一体化趋势日益强化并彻底改变了世界经济和贸易的格局以及各国制定国际政策的基础。因此，这一现象一经产生就引起了各国政府和学者的广泛兴趣和关注，相继取得了一系列研究成果，并逐步形成了一套独立的国际一体化经济学理论体系。

自从维纳（J. Viner）于1950年的现代关税同盟理论成为经济一体化理论的核心以来，欧洲经济一体化的实践就拉开了世界范围内的区域经济一体化理论研究的序幕。1969年第一届诺贝尔经济学奖获得者——荷兰经济学家丁伯根在1954年第一个提出经济一体化的定义，宾德又在1969年指出经济一体化就是消除成员经济部门

[1] 刘新智．开放型区域经济发展理论研究[M]．北京：科学出版社，2016：29．

间的歧视，制定和实施共同政策的过程。巴拉萨于1973年则将经济一体化定义为既是一个过程，又是一个状态。作为一个过程，一体化意味着取消国家间的经济歧视，强调了动态性质；作为一个状态，一体化则意味着国家间不存在各种经济歧视，强调了静态性质。[1] 1976年马克西莫娃从政治经济学的角度诠释区域经济一体化为国家经济间发展深层次且稳定的生产分工关系的过程，是具有同类社会经济体制的国家群体框架内的国际经济实体的形成过程，这一经济一体化过程显然由统治阶级所操纵，因而也是一个商品政治化的过程。同年，霍兹曼将区域经济一体化引向共同市场层次，认为一体化是一个成员间相似产品和同类要素价格一致化的状态。同在1976年，曼尼斯和索迈将经济一体化同产业部门的融合、政策和行政的统一联系起来，使区域经济一体化的研究有了新意。到了1988年，马洛和蒙蒂斯开始强调传统经济地理因素的重要性，而派内克则进一步提出了一体化与开放经济及经济相互依赖的观念的差别性。进入21世纪，整个世界发生了翻天覆地的变化。国外学者纷纷开始转向研究全球化经济一体化与区域经济一体化的矛盾。

第一节　区域经济一体化理论体系

一、国际区域经济一体化理论体系的构成

国际区域经济一体化的理论体系是个复杂而综合的体系，对于这一理论体系的构成有不同的架构方法。

（一）英国经济学家彼得·罗伯逊（Peter Robson）的理论架构

彼得·罗伯逊按照国际经济一体化的组织形式对这一理论体系进行了架构：即国际一体化理论体系由自由贸易区理论、关税同盟理论（以产品市场一体化为研究对象）、共同市场理论（以产品市场一体化和生产要素市场一体化为研究对象）、经济同盟理论（以产品市场一体化、生产要素市场一体化和政策一体化为研究对象）和完全经济一体化理论（以经济一体化和政治一体化为研究对象）构成。其

[1] 刘国胜. 国际经济合作与地方经济发展研究[M]. 北京：知识产权出版社，2016：69.

中，以产品市场一体化为研究对象的关税同盟理论是核心理论，它是其他理论分析和形成的基础。

如果对上述每一理论再细分，则每一理论又可分为以单一产品或单一要素为研究对象的局部均衡理论、以多产品或多要素为研究对象的一般均衡理论。其中，局部均衡理论主要研究单一产品市场一体化后的均衡条件及其产生的影响。具体地说，就是通过建立一个1×3模型（即一种产品三个国家——本国、成员、非成员模型）来分析单一产品或要素市场的一体化给各成员、各非成员乃至整个世界的生产、消费、资源配置、经济增长速度、对外贸易等国民经济各方面带来的各种静态的和动态的影响。一般均衡理论则主要研究多种产品或要素市场一体化后总的均衡条件及其相互影响。[1] 具体地说，就是把1×3模型扩展到2×3，3×3，2×4，…，$m\times n$（即m种产品或要素、n个国家）模型，力求找到所有经济一体化都适用的普遍规律。这种架构方法体现了传统的一体化理论形成的历史路线，概括了所有对经济一体化的研究内容。

（二）按照区域经济一体化的内在逻辑对其理论体系的架构

我国学者陈岩按照经济一体化的内在逻辑对国际一体化理论体系重新进行了架构。他认为，国际区域经济一体化经济学的理论体系应由贸易一体化理论、对外直接投资理论、金融货币理论和一体化的政治经济学四大支柱理论构成。其中，贸易一体化理论又由完全竞争和不完全竞争的一体化贸易理论组成；一体化的对外直接投资理论由引入外国厂商的关税同盟的福利理论、一体化条件下的邓宁国际生产折中理论和一体化条件下的对外直接投资理论等构成；一体化的金融货币理论由不完全货币联盟的汇率理论和完全货币联盟的金融货币理论构成；一体化的政治经济学则主要由贸易一体化的公共选择博弈论分析和对货币一体化中权利分配的分析构成。

这一架构方法实际上也是以产品市场一体化和要素市场一体化这一逻辑思路为主线，其优点是体现了从政治经济学、制度经济学、博弈论等不同角度对经济一体化现象的研究，也突出了国际经济一体化的一些前沿性研究课题和成果。

---

[1] 陆军．区域发展中的财政与金融政策工具[M]．长春：吉林出版集团有限责任公司，2016：98．

（三）以区域经济一体化组织对整个世界的影响力为线索架构

这种思路是以各种国际性经济一体化组织对整个世界的影响力的大小为线索，以目前所有国际经济一体化研究成果所围绕的研究主题为依据。按照这种思路，国际一体化经济学的理论体系由“大国”一体化模式理论和“小国”一体化模式理论两大支柱理论构成。

“大国”一体化模式理论以对世界影响力大的“大国”一体化组织为研究对象，它由发达国家的经济一体化理论（如以欧盟为研究对象的一体化理论）和发达国家与发展中国家共同参与的经济一体化理论（如以北美自由贸易区、亚太经合组织等为研究对象的一体化理论）组成；“小国”一体化模式理论以对世界影响力较小的“小国”一体化组织为研究对象，它由发展中国家的经济一体化理论组成（如以东盟为研究对象的一体化理论）。如果以区域经济一体化的程度不同来分类，上述三类理论又都分别可以分为一体化程度较低的自由贸易区理论、关税同盟理论和一体化程度较高的共同市场理论、经济同盟理论和完全经济一体化理论五大理论。如果对上述每一理论再细分，则每一理论又可分为局部均衡理论、一般均衡理论和以考察一体化最终成效为目的的成效评估理论。[1] 成效评估理论主要是对各种一体化的成效进行估测的方法研究，目的是为了准确而实证地测算出一体化对各国生产、消费、经济增长率、经济增长速度、国民经济、外贸等种种方面的贡献和影响。

这种架构方法目的是为了突出完全的市场经济国家间的经济一体化和不完全的市场经济国家间的经济一体化的不同，使经济一体化理论体系更具系统性和逻辑性。

总之，国际区域经济一体化经济学的理论体系是一个复杂而系统的综合体系，对于同一种形式的经济一体化往往可以从制度经济学、福利经济学、政治经济学、实验经济学、计量经济学、博弈论等多个角度加以分析，[2] 因此上述各种理论体系的架构方法都只是从某一个角度对国际区域经济一体化现象进行的描述。

---

[1] 曾云．外贸外经：国际经济技术合作．京山年鉴，2017：343-344．

[2] 张幼文．世界经济学[M]．上海：立信会计出版社，2003：33．

二、区域经济一体化理论的研究脉络

（一）区域经济一体化的产品市场理论

1. 古典经济学家亚当·斯密（Adam Smith）、大卫·李嘉图（David Ricardo）、弗里德里希·李斯特（Friedrich List）和McCulloch对关税互惠利弊的初步探索

最早对产品市场一体化的利弊这一问题进行研究的是古典经济学家亚当·斯密和大卫·李嘉图，他们分别于1776年和1832年探讨过两国之间关税互惠条款对两国福利带来的利弊。李斯特从贸易保护的角度对建立关税同盟的必要性进行了阐述。他认为：国家为了追求自己的利益，在某一时期可以与意向及利益关系相同的那些国家结盟，以反抗在这些方面同他们相冲突的国家，而且预见到，“自然的趋势迫使法国和德国现在不得不从事于建立一个欧洲大陆联盟以对抗英国的优势地位。不久的将来，也将迫使英国不得不建立一个欧洲联盟以对抗美国的优势地位”。1862年，世界上第一个区域经济一体化组织——“德意志关税同盟”（Zollverein）成立后，McCulloch就曾对德国关税同盟缔结的条款中关于同盟内自由贸易的利弊问题进行了详细的研究，得出的一致的结论是：两国间实行关税互惠可以使两国都获利，但也可能使两国遭受损失。❶ 他并没有明确地指出所谓的“获利”和“遭受损失”的具体含义，而且在理论研究方面也带有偶然性，缺乏定量的系统分析。但尽管如此，他们的研究为国际区域一体化经济学理论的形成奠定了思想基础，他们提出的关税互惠给两国带来的所谓“利益”和“损失”正是后来国际区域经济一体化理论中的两个重要的基本概念——贸易创造和贸易转移的原始来源。

2. 雅各布·维纳（Jacob Viner）对古典经济学家理论成果的继承和发展

在上述对关税同盟理论的初步探讨之后的一百多年内，区域经济一体化理论的发展极为缓慢。这一方面与这段时期各国实行的严格的贸易保护主义政策有关，另一方面是两次世界大战阻碍了国际区域经济一体化的顺利发展。随着20世纪50年代各种不同形式的区域性和次区域性国际经济一体化组织在世界范围内的迅速兴起，国际区域经济一体化现象再度引起学者广泛的兴趣。❷ 这期间，美国经济学家雅布·

❶ 郝家龙. 融资环境与区域经济发展研究[M]. 长春：吉林出版集团有限责任公司，2016：67.

❷ 杨养锋. 生态集成制造系统：区域循环经济理论与实践[M]. 北京：科学出版社，2018：53.

维纳1950年出版的《关税同盟问题》标志着国际区域一体化理论的正式形成。

维纳将区域经济一体化的定性分析发展为定量分析，明确了古典经济学家亚当·斯密、大卫·李嘉图和McCulloch提出的关税互惠给两国带来的所谓“利益”和“损失”的具体含义。他首次提出了“贸易创造效应”和“贸易转移效应”这两个一体化经济学中最基本而又最重要的概念，并以此建立了评价和衡量关税同盟资源配置效果和福利作用的准则——维纳准则，用于考察关税同盟产生的所有贸易创造效应和贸易转移效应的差额。如果贸易创造效应大于贸易转移效应，该关税同盟就有利，反之则不利。[1] 值得一提的是，维纳认为，关税同盟的建立，不管是否使每个成员都获利，非同盟国的福利肯定是受损的，所以他认为关税同盟不是一种帕累托改进，而只是一种次优政策的特例。

3. 约翰逊（Johnson）、米德（Meade）、科登（Corden）、蒙代尔（Mundell）和巴拉萨（Balassa）等众多学者对关税同盟理论的拓展

维纳的关税同盟理论问世后，约翰逊、米德、科登等众多学者在肯定其重要意义的同时，也指出了维纳关税同盟理论的缺陷。他们指出：首先，关税同盟理论本质上只是一种静态分析，其得出的种种对关税同盟产生的影响也都只是静态效果或短期效果，他没有考虑经济一体化长远的、动态的影响，因此维纳准则也是不完整的；其次，维纳的关税同盟理论是一种局部均衡理论，不能代替多产品市场的一般均衡情况，所以维纳准则是缺乏实际意义的；再次，关税同盟理论只适用于完全由发达国家（完全的市场经济国家）组成的经济一体化组织，而对非市场经济或不完全市场经济国家组成的经济一体化不适用，其理论的实际指导意义有限；最后，维纳的理论是建立在一系列严格的假设条件之下的，而这些假设条件与现实状况相差甚远，因而其适用范围非常狭窄。为此，他们对关税同盟理论进行了拓展。

（1）约翰逊（Johnson）在1965年指出，贸易创造效应除了包括一体化产生的生产效应，还应当包括消费效应，即一体化后各国的产品价格会随着成员相对便宜的产品涌入而下降。消费者因此获得了消费金剩余，产生了消费效应。

（2）米德（Meade）认为，关税同盟贸易创造效应和贸易转移效应都只是针对低效率成员而言的，而对于高效率成员，这两种效应并不适用。高效率成员在一

[1] 吴维海．新时代区域发展战略[M]．北京：电子工业出版社，2018：173．

体化后，其低价产品会占领整个一体化市场，其贸易量会大大增加，从而获得一个贸易扩张效应（trade expansion effect）。米德提出的这个贸易扩张效应对低生产效率的成员同样是适用的，因为低效率高成本成员加入关税同盟后，国内市场的价格降低以及通过对外贸易可以不断得到满足的供给条件会刺激总的国内需求的增加，从而获得贸易扩张效应。显然，维纳分析的经济一体化的利益，除了贸易创造效应外，还应加上贸易扩张效应。

米德在关税同盟理论的基础上形成了自由贸易区理论。他认为自由贸易区同关税同盟一样在区内实现了产品市场一体化，但它不像关税同盟那样要求各成员实行统一的对外关税，它允许各成员保持自己原来对非成员的贸易歧视。他通过一个1×3模型分析了自由贸易区的组成给各国带来的影响。因为自由贸易区有着关税同盟所不同的特征，所以二者产生的各种影响也就不同。❶ 按照米德的分析，这种不同的最大之处就在于自由贸易区会产生“贸易偏斜”（indirect trade deflection）现象：当区内高关税成员的需求弹性非常大，以至于其国内价格一旦降低，需求量就大增，从而造成区内供不应求时，这时，低关税成员就会用区外进口产品向高关税国出口。❷ 于是原本须以较高进口关税才能进入高关税国的区外国家产品，现在通过区内低关税国的转手便可以以低关税进入高关税国。正因为自由贸易区中存在着间接贸易偏斜，所以米德得出了自由贸易区不如关税同盟的结论。为了消除这种“贸易偏差”，自由贸易区往往要求区内实行“原产地原则”，米德的自由贸易区理论正是自由贸易区采用“原产地原则”的理论依据。

（3）科登（Corden）对关税同盟、自由贸易区的内部经济——规模经济效应进行了最早分析。按照维纳和米德的分析，低效率成员在一体化后可能获得贸易创造效应和贸易扩张效应两种利益，遭受贸易转移效应一种损害，高效率成员只获得了贸易扩张效应。❸ 科登认为，高效率成员从经济一体化中获得的利益远不止如此。高效率成员在一体化后，其低价产品占领了整个或大半一体化市场，其大大增

❶ 王艳红．区域经济格局演变中的中国自由贸易区战略研究[M]．天津：南开大学出版社，2018：264.

❷ 黄艳．跨国公司环境责任国际法律规制[J]．合作经济与科技，2018（21）：188-189.

❸ 刘光溪．互补性竞争论：多边贸易体制与区域集团[M]．北京：经济日报出版社，2017：241.

加的贸易量和生产量会使高效率成员的边际生产成本递减，从而获得一个成本递减效应（the cost reduction effect）。这个效应不同于维纳的贸易创造效应，因为它产生于国内供给资源得更加便宜。同时高效率国的消费者也可以因本国产品成本减少、价格下降而获得利益。所以成本递减效应也包括了生产和消费两种效应。

科登强调，并不是任何情况下高效率成员在一体化后都能获得成本递减效应，这还要考察各成员一体化之前的生产状态。如果一体化之前，高效率成员由于某种产品的生产效率低于世界市场上的最高效率而从世界市场进口来满足本国的需求，那么一体化之后，就不得不停止进口转而用自己相对低效的生产来满足整个一体化市场的需求，它所获得的成本递减效应也会被所谓的贸易抑制效应所抵消。贸易抑制效应（trade suppression effect）即指原本自己不生产的高效率成员由于用较贵的本国生产替代了从较便宜的同盟外国家的进口而遭受的福利损失。规模经济效应的出现显然对维纳准则进行了修订，即衡量关税同盟效果好坏的准则除了贸易创造效应和贸易转移效应外，还要补充贸易抑制效应和成本递减效应。

（4）蒙代尔（Mundell）放松了关税同盟理论中世界市场的价格是固定不变的假设前提，最早分析了世界市场价格受关税同盟建立的影响下的贸易条件效应。按照蒙代尔的分析，如果关税同盟的建立会影响其对世界其他国家的进口需求，关税同盟与世界其他国家之间的贸易条件将出现改进的趋势重叠，这种贸易条件的改进将部分或全部抵消贸易转移带来的福利损失，抵消幅度与进口产品价格下降的程度紧密相关。[1] 换句话说，关税同盟的建立必定使自身利益增加而世界其他国家的福利受损。

但是伍顿（Wooton）在1986年指出，关税同盟的建立并不会必然使其他非成员的福利受损，关税同盟建立后，将使同盟内各成员的实际收入增长，这会增加同盟内国家从同盟外国家的进口量，从而使同盟外国家的福利增加，部分抵消因贸易条件恶化而带来的福利损失。[2]

（5）巴拉萨（Balassa）对关税同盟的动态效应进行了分析，提出了关税同盟的生产效率提高效应。他认为关税同盟一旦形成，一个比原来大得多的市场便随之出现，而这个市场显然只有生产成本相对较低的成员才能获得它。因此，巴拉萨认

---

[1] 高冉．浅论国家经济主权原则[J]．法制与社会，2018（28）：5-6．

[2] 张立．全球经济治理中的新兴经济体合作[M]．北京：时事出版社，2018：261．

为在这种比较利益法则的作用下，必然促使各成员和各非成员提高自己的生产效率。高生产效率成员对经济利益的追逐将促使它们更加不断地提高生产技术和效率，以期其产品具有更强的竞争力来保住其市场份额；而从低效率成员来看，一体化后其失去了国内大量市场，该国为了收回失去的市场，就会致力于生产成本的节约。[1]同样，对各非同盟国而言，关税同盟的建立必定使其与关税同盟成员之间的贸易量大大减少，非同盟国为了在贸易量减少的情况下仍保持其利益不变，就只能力求提高其产品的生产效率，使其同样的投入通过生产效率的提高获得更多或更有效的产出。因此，关税同盟的建立对各国都产生了一个生产效率提高的影响。

（二）区域经济一体化的要素市场理论

一般来说，产品市场和要素市场是相互影响的，那么这两个市场是怎样互相影响的？消除了自由流动障碍的产品市场和要素市场将怎样影响各国的福利？这些问题就是共同市场理论所要分析的主要内容。但由于各国国内企业技术的创新能力是不一样的，加之许多市场的功能也没有所有理论分析时所假设的那样完美，所以从目前共同市场理论的研究成果看，分析产品市场一体化和要素市场一体化的相互影响的理论成果较少，大多数这方面的理论仍只分析要素市场一体化带来的收益。这方面的代表成果就是西托夫斯基、德纽、米德、伍顿等人的共同市场理论。

1. 西托夫斯基（T. Scitovsky）和德纽（J. F. Deniau）的共同市场理论

西托夫斯基和德纽认为，建立共同市场的最大目的就是要通过资本和劳动力从低边际产品向高边际产品的自由流动来达到一个更有效的生产资源的配置。而生产要素的市场一体化理论就是要讨论要素市场一体化到底要进行到什么程度才能使区域内各要素的收益相同、区内利益的分配达到均等。

他们首先分析了生产要素的流动效应，认为允许劳动力和资本等生产要素在共同市场内自由流动的直接结果是劳动力和资本等要素的价格在各成员内趋于一致或完全达成一致。这种价格的集聚或完全均衡效果会改变各成员内相关利益群体的福利。[2]劳动力要素市场一体化的直接结果是一部分劳动力丰裕的低工资成员方中的劳动力流入劳动力相对稀缺的高工资成员方内，这种流动会改变劳动力和各成员雇

---

[1] 杜奇华，卢进勇．国际经济合作理论与实务[M]．北京：北京师范大学出版社，2017：68.

[2] 郭晓琼．国际经济新局势下上合组织国家经济发展与区域贸易合作[J]．欧亚经济，2018（5）：93-111，128.

主的福利。其一，从低工资方流入高工资方的劳动力因获得较以前更高的工资而获得福利的增加。高工资成员方的劳动力因外来劳动力竞争加剧造成工资下降而福利下降。其二，留在低工资方的劳动力因本国劳动力外流，竞争减少而获得福利增加。其三，高工资成员的雇主因本国劳动力供给增加而获得福利增加，低工资成员雇主因本国劳动力供给减少而遭受福利减少。

资本要素市场一体化的直接结果也是一部分资本丰裕的低利率成员方中的资本流入资本相对稀缺的高利率成员方内，这种流动会改变不同利益群体的福利。其一，低利率成员的储蓄者因资本流入高利率成员获得较以前更高的利息而获得福利的增加。高利率成员的储蓄者因资本从低利率成员的流入获得较以前更低的利息而遭受福利损失。其二，高利率成员的投资者因外来资本增加造成本国利率下降而福利增加。低利率成员的投资者因本国资本外流造成本国利率上升而遭受福利损失。

只要两成员的劳动力或资本拥有者存在不同的流动偏好等因素，取消要素的流动障碍也可能会使两成员的要素资源配置更有效。西托夫斯基和德纽等人还认为，生产要素市场的一体化不仅仅只会产生上述价格集聚或完全均衡效应，还会产生其他很重要的福利效应（这些福利效应对不同的国家是不一样的，因此会引起各成员之间的福利分配争议）。

（1）所有成员的总福利在一体化后都会上升（这是各种要素自由流动效应的结果）。

（2）当要素市场一体化后，收入在不同行业的分配将发生变化。在低工资、低利率的成员中，总收入中的劳动收入比资本收入要少，而高工资、高利率的成员中，劳动收入比资本收入要高。这就解释了为什么贸易联盟都比较欢迎外来投资，而反对国内资金向外投资。当然，这种效应只有当市场功能完善时才会发生。

（3）一体化还会引起政府收入因国际资本的税收而产生变化。如果高利率成员对外国资产增税，该成员可以获得收入。如果这个收入超过了低利率国的净收益，低利率成员遭受净损失。

（4）共同市场可以加速关税同盟动态效应的实现。

（5）要素市场一体化会产生维纳效应。这种效应不再是贸易创造效应和贸易转移效应，而是劳动力和资本流动的创造和转移效应。

（6）要素市场的一体化最有可能通过提高各金融团体的竞争力或发挥其规模经济效益提高产品质量等来实现一体化的动态效应（与产品市场一体化相比）。当然，资本市场封闭的国家的银行业会遭受损失。但是，运用金融资产的所有行为都会获利，这个获利会少于跨国企业的获利，但比还没有进入外国市场的贷款者获利要大。

（7）要素市场一体化还有空间上的集中效应。在金融市场发展的高级阶段，不仅超额的供需会转移到金融中心，而且借款者和贷款者也会将他们的所有活动移到这个中心来。这个效应对资金市场一体化方式的选择会产生相当大的影响。小国如果与大国形成市场一体化将比小国之间的一体化更有利。

2. 伍顿（Wooton）、米德（Meade）对产品市场和要素市场的相互影响的分析

大多数政府都希望通过产品和资本的流动来使产品和要素市场的价格均等化。但资本的自由流动与宏观经济政策的制定有着密切的关系，而各国政府又不愿意放弃自己的自主权，所以，一般来说各国政府宁愿进行产品贸易而不愿意采取资本流动政策。

伍顿、米德认为可以从贸易壁垒的福利效应中找到一个较理想的选择。他们将前面的产品市场一体化分析放在一种各国间资本可以自由流动的条件下进行拓展，得出了如下结论。

第一，在允许资本自由流动的条件下，不取消关税会使关税同盟的经济遭受损失，这也就是关税同盟为什么要向共同市场发展的原因之一。

第二，如果取消关税并允许资本自由流动，则采取配额和自动出口配额措施的成本将大大减少（这也可以解释为什么这些贸易措施在20世纪80年代经济较宽松的条件下还仍然在各国普遍存在的原因）。

（三）政策一体化理论

巴拉萨（Balassa）认为共同市场在实现了产品市场一体化和要素市场一体化之后，再实现政策一体化似乎是顺理成章的事。经济同盟便是在共同市场基础上发展起来的，它不仅实现了产品市场一体化和生产要素市场一体化，而且还实现了政策一体化。[1] 经济同盟理论的目标就是要在分析单一产品市场、生产要素市场和政策三者都实现一体化后的相互关系的基础上分别对产业政策、货币政策、社会政策、财政政策和汇率政策等的一体化对各成员的影响进行分析，并分析各国政策的差异

[1] 李倩．国际经济技术合作：对外直接投资．福建年鉴，海峡出版发行集团福建人民出版社，2017：261.

给各国贸易量大小、生产要素的流动和社会福利等方面带来的负面影响的程度和损失程度。

巴拉萨对产业政策、货币政策、社会政策、财政政策和汇率政策等的一体化对各成员的影响进行了分析。他认为总体来说政策一体化程度高低决定了政策一体化可避免各成员因政策的差异而给贸易量的大小和生产要素的流动带来的负面影响的大小，从而决定了可避免的各国福利损失的大小。

（四）完全的经济一体化理论

欧内斯特·哈斯（Ernest Haas）的“外溢”理论的核心观点就是发达国家的经济一体化能够自动“溢出”政治一体化。[1]哈斯还为此设计了经济一体化“溢出”政治一体化的条件，从而比较详细地研究了一体化的规模大小、成员间的交往频率、政府作用的程度等因素与经济一体化程度高低之间的关系。区域经济一体化组织不仅实现了经济一体化，还实现了政治一体化，因此研究完全的经济一体化的首要任务是研究经济一体化和政治一体化二者之间的相互关系。

哈斯的理论显然为急于实现政治联盟的欧洲国家一开始就建立一个经济一体化程度很高的欧共体提供了理论依据，同时他的理论也与当时一些政治家的实际战略思想相接近，因而哈斯的理论在国际区域经济一体化理论体系中占有很高的地位。

但是许多学者（如霍尔曼、凯瑟等）认为哈斯理论中没有包括某些相关变量，而且根据欧共体的实际情况，经济一体化并不容易“自动溢出”政治一体化。他们认为，政治一体化的产生只能是主动的政治决策的结果，而不单纯是经济压力的结果。不过也有许多学者认为，哈斯的理论不管结论如何，作为一种学派，哈斯把制度结构分析和政治过程的研究相结合，也不失为一种研究方法。

第二节　关税同盟理论

世界经济的发展日益凸显了区域经济一体化的趋势。追溯世界经济的发展历程，可以看出，尽管不同区域经济一体化组织的形成和发展都有其特殊的背景和条

---

[1] 喻常森. 南太平洋区域一体化和区域合作[M]. 北京：社会科学文献出版社，2018：256.

件，但总的来说，区域经济一体化是一种经济运行规律在当今世界的表现。而关税同盟又是区域经济一体化中比较成熟和稳定的一种形式，它对内实行贸易自由化，对外筑起统一的贸易壁垒，充分显示了贸易集团内外有别的特征。因此，关税同盟理论（Theory of Customs Union）被认为是区域经济一体化理论的核心。

一、传统的关税同盟理论

关税同盟理论是以贸易创造效应和贸易转移效应来说明贸易集团的主要经济影响的。其理论渊源可上溯到19世纪德国经济学家李斯特的保护贸易理论，因为关税同盟实质上是集体保护贸易。而系统提出关税同盟理论的主要是美国普林斯顿大学经济学教授维纳（Jacob Viner）和李普西（Richard G．Lipsey）。1950年，维纳在其著作《关税同盟问题》中鲜明地提出：关税同盟的经济效应在于贸易转移（trade diversion）和贸易创造（trade creation）所取得的实际效果。关税同盟理论应主要研究关税同盟形成后，关税体制的变更即对内取消关税、对外设置共同关税的问题及国际贸易的静态和动态效果。这突破了传统观点中关税减让、贸易自由化对经济具有积极作用的论点，并从此将关税同盟理论从定性分析发展到定量分析阶段。

维纳的关税同盟理论使用的是局部均衡分析方法。在模型中，它假设世界上有A、B、C三个国家：A国是主要的分析对象，B国是和A国结盟的国家，C国代表关税同盟外的国家。为分析简化，假设A国是一个小国，它的进出口不会影响世界市场价格。按照维纳的说法，完全形态的关税同盟应具备三个条件：

①完全取消各成员之间的关税；

②对来自成员以外地区的进口设置统一的关税；

③通过协商方式在成员之间分配关税收入。

因此，关税同盟有着互相矛盾的两种职能：对成员内部是贸易自由化措施，对成员以外则是差别待遇措施。当所实施的关税同盟具备对内取消关税、对外设置统一税率、成员方共同分享关税收入的条件时，关税同盟将会产生静态的经济效应与动态的经济效应。

（一）关税同盟的静态效应

关税同盟的静态效应（static effects of customs unions）主要是指贸易创造效应（trade creating effect）、贸易转移效应（trade diverting effect）及其所带来的福利效应（welfare effect）。

维纳在分析关税同盟的静态效应时，基于以下两个假设。

第一，关税同盟形成前和建立后，所有的关税同盟成员均为充分就业。根据这一假设，分析的重点在于资源重新分配的福利效果。在充分就业下，成立关税同盟后，可能出现以下两种情况。

①关税同盟成员均未生产某种产品，故关税同盟建立以后，仍然从同盟外的国家进口，不会出现贸易转移的问题。

②关税同盟成员之一或所有成员均生产某种产品，但效率不高。故在关税同盟形成后，该项产品的进口从世界上生产效率最高、成本最低的国家转向同盟内生产效率不高、成本较高的国家，出现贸易转移。

第二，所有产品的需求完全缺乏弹性，没有消费替代的可能，产品的消费比例固定；供给完全弹性，规模报酬不变，生产成本固定。

1. 贸易创造效应

贸易创造效应（trade creating effect）是指缔结关税同盟后，因成员之间相互减免关税而带来的同盟内部的贸易规模扩大与生产要素重新优化配置所形成的经济福利水平提高的效果。在此，贸易创造表现为由于关税同盟内实行自由贸易后，产品从国内成本较高的企业生产转往成本较低的成员生产，从而使进口增加，新的贸易得以“创造”。其效果是：

（1）由于取消关税，每一成员由原来生产并消费本国的高成本、高价格产品，转向购买其他成员的低成本、低价格产品，从而使消费者节省开支，提高福利。

（2）提高生产效率，降低生产成本。从每一成员看，扩大的贸易取代了本国的低效率生产；从同盟整体看，生产从高成本的地方转向低成本的地方，同盟内部的资源得以重新优化配置，提高了要素的利用效率。

同时，在关税同盟缔结之前，各国都对来自境外的商品征收较高的关税以限制其进口，这样就过度地保护了以较高成本生产的国内企业和产品，导致既不能提高生产要素的产出率，又损害了消费者利益。[1] 建立关税同盟后，由于在成员之间取消了关税，使部分原属本国企业以较高成本生产的产品转向同盟内以较低成本生产的其他成员的产品，这样不仅进出口双方国家都可以重新优化配置资源，提高生产

[1] 尚元．国际经济合作[M]．成都：西南财经大学出版社，2018：65．

要素的产出率，而且进口国家的消费者可以购买到价廉物美的商品，同时降价还可以扩大消费量。为此出口国家可以扩大出口，增加国民收入。因此说，贸易创造从生产（重新优化配置资源和提高生产要素的产出率）与消费（购买价廉物美的商品和扩大消费量）两方面提高了福利水平。

关税同盟的贸易创造效应的大小主要取决于以下因素：

（1）原有的关税水平越高，关税同盟使进口商品价格下降的幅度就越快，从而它扩大贸易量的作用便越大；

（2）该国供给和需求弹性越大，同等量的削减关税对供给量和需求量的影响就越大，即它对扩大贸易量的作用就越大；

（3）其他成员方的生产效率越高，即它的生产成本与该进口国的成本差距越大，取消关税对扩大贸易量作用就越大；

（4）一国在参加贸易集团之前贸易自由化的程度越低，它参加关税同盟后贸易量的增加幅度就会越大；

（5）成员方的经济结构越相似，关税同盟的贸易创造效应就越大。❶ 反之，如果该国与其他成员方有较大的结构差异，自己完全不生产某种进口商品，那么取消关税只能从扩大需求量方面增加贸易量，关税同盟的贸易创造效应就会较小。

2. **贸易转移效应**

贸易转移效应（trade diverting effect）是指缔结关税同盟后，由于对内减免贸易壁垒，对外实行保护贸易而导致某成员从世界成本最低的国家进口转向同盟内成本最低的国家进口所造成的整个社会财富浪费和经济福利水平下降的效果。❷ 在此，贸易转移表现为由于建立了关税同盟，成员之间的相互贸易取代了成员与非成员之间的贸易，导致从外部非成员较低成本的进口转向从成员较高成本的进口，发生了“贸易转移”。其效果是：

（1）由于关税同盟，阻止从外部低成本进口，而以高成本的供给来源代替低成本的供给来源，使消费者由原来购买外部的较低价格商品转向购买成员的较高价商品，导致增加了开支，造成福利损失；

---

❶ 岑树田．国际经济技术合作：对外承包工程和劳务合作．广西年鉴，2017：160–161．

❷ 杜晓郁．经济全球化调整期的东亚区域经济合作研究[M]．北京：对外经贸大学出版社，2016：29．

（2）从全世界的角度看，这种生产资源的重新配置导致了生产效率的降低和生产成本的提高。

由于这种转移有利于低效率生产者，使资源不能有效地优化配置，结果使整个世界的福利水平都降低了。因为在关税同盟缔结之前，每国对来自任何国家的同种产品征收同等税率的关税，因而成本最低的国家就可获得贸易机会。而建立关税同盟后，则因受关税同盟制约，贸易首先转由向同盟内成员进口，倘若该成员出口商品成本不是世界上最低的，则不仅同盟中的进口利益受损，而且从世界范围看，也不利于生产要素和资源的优化配置，从而产生了消极的消费效应和消极的生产效应，导致福利水平下降。

贸易转移效应及其所造成的福利损失的大小主要取决于以下因素：

①原有关税水平越低，关税同盟对非成员的贸易歧视程度越低，由此而产生的贸易转移的可能性越小；

②成员在关税同盟建立之前的贸易往来越密切，贸易转移的余地便越小；

③关税同盟的成员越多，贸易转移的可能性越小；

④成员与非成员之间的成本差异越大，贸易转移所可能带来的福利损失便越大。

3. **福利效应**

20世纪60年代，约翰逊（H. G. Johnson）最早应用局部均衡模型发展了维纳的关税同盟理论。他用模型形象地展示了贸易创造和贸易转移的成因，并清楚地解释了在完全竞争条件下，消费者、生产者以及国家的福利得失。

一般来说，贸易创造效应是关税同盟的主要经济效应，它的积极作用明显超过了贸易转移效应的消极影响。但就其所带来的福利效应而言，不同国家的生产者和消费者并不是相同的。

对于不同出口国来说，组成关税同盟后，高成本出口国出口增加，产量上升，贸易创造效应明显大于贸易转移效应，福利效应增加；而低成本出口国则会减少出口和产出，其福利也必然因贸易规模缩小而下降。

对进口国来说，则会出现消费者福利改变，而生产者福利增加的现象，但其净福利是否增加，还取决于如下几个因素的影响。

（1）进口国供需弹性的大小。进口国的供给价格弹性和需求价格弹性越大，其贸易创造减去贸易转移所带来的净福利效应就越大。

（2）进口国原有的关税水平的高低。组成关税同盟前，进口国的关税税率越高，则组成关税同盟后，其贸易创造减去贸易转移所带来的净福利效应就越大。

（3）高、低成本出口国出口价格的差别。两类出口国的价格越接近，则其贸易创造减去贸易转移所带来的净福利效应就越小。

事实上，关税同盟成立后，同盟国之间彼此废除关税，不仅要导致国与国之间替代的进口转移，而且引起国内产品的相对价格发生改变，从而导致国内产品之间的消费替代，并不是如维纳所假设的产品消费比例不变。所以，在关税同盟成立后，由于同盟国之间互相取消关税而产生如下替代效果。

（1）关税同盟内部取消关税后，会发生国与国之间的替代的进口转移。其对关税同盟成员福利水平的影响以贸易创造与贸易转移效果两者谁大而定。

（2）关税同盟成员之间废除关税，发生国与国之间的进口转移之后，成员国内的产品交换比率发生改变，即进口的价格变得相对便宜，发生产品之间替代的消费变化，导致福利水平的提高。

关税同盟静态福利效果的大小，取决于以下因素。

①同盟前关税水平越高，同盟后的贸易创造效果越大，社会福利效果越高。

②关税同盟成员的供给与需求弹性越大，贸易创造效果越大。因为建立同盟后，进口品的国内价格下跌，如果供给与需求弹性越大，则生产减少越多，消费增加越多，贸易创造效果越大。

③关税同盟成员与非成员成本差异越小，贸易转移的损失越小。

④关税同盟成员的生产效率越高，贸易创造效果越大，关税同盟后社会福利水平越有可能提高。

⑤关税同盟成员对非成员出口品的进口需求弹性越低，非成员对关税同盟成员进口品的出口供给弹性越低，则贸易转移的可能性越小；非关税同盟成员对成员出口品的进口需求弹性越低，对成员进口品的出口供给弹性越低，关税同盟成员对非成员的贸易条件改善可能性越大。

⑥关税同盟成员对外关税越低，贸易转移的可能性越小。

⑦参加关税同盟的国家越多，贸易转移的可能性越小，资源重新配置的利益就越大。

⑧关税同盟前成员彼此间的贸易量越大，或与非成员之间的贸易量越小，关税同盟后贸易转移的可能性越小，福利越可能提高。

⑨一国国内贸易的比重越大，对外贸易比重越小，则参与关税同盟获利的可能

性越大，福利越有可能提高。

⑩关税同盟成员的经济结构的竞争性越大、互补性越小，关税同盟成立后福利水平越有可能提高。即经济发展阶段相似的国家成立关税同盟的贸易创造效应比较大，而经济发展差距很大的国家则不宜结成关税同盟。

以上所进行的只是静态分析，没有考虑到关税同盟的动态效应。但是，它的基本结论和简化的分析方法仍然具有一定的借鉴意义。

（二）关税同盟的动态效应

在维纳提出上述关税同盟理论之后，库珀、马塞尔、约翰逊、林德、科登和琼斯等经济学家纷纷指出，维纳在研究关税同盟时，只研究了同盟组建所产生的静态效应，忽略了对其所产生的动态效应的研究。他们认为关税同盟的动态效应的研究比静态效应更重要。但是，目前对动态效应的研究基本上还局限在定性的分析，定量研究还远不成熟。关税同盟产生的动态效应包括：促进专业化生产、提高生产效率；实现规模经济，降低生产成本；改变国际贸易地位，优化贸易条件；加强国际竞争，提高生产效率；推动科技进步，促进生产要素流动等。概括起来，主要表现为以下几个方面。

1. 增加出口效应

在前面分析关税同盟的静态效应时，只讨论了一个进口国加入关税同盟前后的福利影响和变化。实际上，在现实中，一国参加关税同盟不仅能够带来一定的商品进口量的增加，还会带来出口量的增加，对于一个希望参加关税同盟的成员方（特别是小国）而言，它加入的初衷往往不是关税同盟能给它带来多少进口的好处，而是看关税同盟能否扩大其产品的出口市场。从动态角度来看，关税同盟将给成员带来更多的出口机会，形成一种增加出口效应，从而带来更多的福利。

加入关税同盟对那些国内市场狭小的国家来说，可以利用区域内市场扩大出口，增加出口收入，达到带动经济发展的目的，具有很重要的现实意义。同时，加入关税同盟对这些小国来说，也不失为一种对抗大国增强影响力的好的选择。

2. 规模经济效应

规模经济有内部规模经济与外部规模经济之分。简单来讲，内部规模经济是指厂商采用一定的生产规模而取得经济上的利益，即生产要素的规模经济；外部规模经济则是指关税同盟的区域规模的大小。两者互相依赖，相互影响。

对那些国内市场狭小或严重依赖对外贸易的国家而言，建立关税同盟最大的动态效应是它能带来规模经济效应。关税同盟建立以后，在排斥非成员方进口的同时，也为成员方相互之间增加商品出口创造了条件。所有成员方企业可以在扩大了的区域市场内增强对非成员方企业的竞争实力，并不断扩大生产规模，降低成本，获得内部规模经济效益。[1] 当然必须指出的是，未加入关税同盟的小国通过向世界其他国家出口商品，也能克服国内市场狭小的缺点，取得规模经济的好处，但决不会像加入关税同盟这样获得全面的好处。例如，像比利时和卢森堡这样的国家，在加入欧盟之前已有许多主要工业部门的企业规模已经可以和美国企业的规模相比，在加入欧盟之后，各成员生产的产品种类大为减少（因为同盟内专业化分工程度加强），同时产品单位成本降低，各国企业得到了进一步的发展和壮大。而且，随着关税同盟的建立，有可能刺激非成员在关税同盟成员内建立生产设施，以绕开强加在非成员产品之上的歧视性贸易壁垒，这就是所谓的保税区或自由贸易区。[2] 近年来美国公司在欧洲的巨额投资，就是不愿被欧洲统一大市场这种迅速增长的市场排除在外的一种表现。

规模经济效应的另一个好处是利用市场扩大的外部规模经济来刺激投资和应对越来越激烈的竞争。对区域规模大小的衡量没有统一的指标，不同的人采用不同的衡量标准，如人口指标、地理范围、国民生产总值、市场大小等。关于外部规模经济，巴拉萨（Balassa）是这样阐述的：假定其他条件不变，则关税同盟越大，对世界总体潜在利益越大，关税同盟国间市场越大，带给这些国家和世界的利益就越大。一个较大的区域规模，一般拥有较大量的区域生产要素，在区域经济一体化的影响下，必然会诱发资本、劳动力、技术、自然资源等生产要素的集聚和扩散，使资源得到重新配置，通过开发新的技术、开拓新的市场等手段，提高要素之间的替代程度，降低产品的边际成本，获得外部规模经济效应。

3. *促进竞争效应*

建立关税同盟的第三个动态效应是促进竞争效应。经济学家西托夫斯基（T. Scitovsky）认为，竞争的加强是影响欧共体发展的最重要因素。他认为在关税同盟形成前，各成员多已形成了垄断的市场结构，长期以来几家企业瓜分国内市场，攫

[1] 赵儒煜，尹小平．国际经济理论问题探索[M]．长春：吉林大学出版社，2016：53.

[2] 唐海燕，李秀珍．加快转变我国对外经济发展方式的战略思考[J]．华东师范大学学报：哲学社会科学版，2018，50（4）：139-145，176.

取超额利润，阻碍技术进步；建立关税同盟后，各国企业均面临其他成员同类企业的竞争，由此促进了商品流通，打破了独占，经济福利得以提高。也就是说，经济一体化组织的形成伴随着同盟内部关税的废除，使贸易与生产要素的移动在同盟内部实现了自由化，从而使同盟内部各成员厂商面临更加激烈的竞争，更使得同盟成立前受关税保护的生产者以提高劳动生产率来增强产品竞争力。随着生产的不断发展，人们的收入水平不断提高，使得市场与消费随之扩大，形成大市场→竞争化→规模化→消费增加的良性循环。这是因为高额关税会促进垄断，使一两家大公司统辖为数较多而效率低下的小生产者，他们宁愿用高价来排挤小企业也不肯提高产量。如果关税较低，大公司为了抢占有利的竞争地位，不得不增加研究与开发投入，促进技术进步。小企业也会因此进行联合和合并，降低成本，提高生产效率。

但是还有一些学者对此持有异议，他们认为随着区域经济一体化的发展，贸易壁垒会消除，内部市场将扩大，人们将易于获取生产的规模经济，从而产生垄断，导致经济效益和福利下降。

一般说来，区域经济集团的建立加强了市场竞争，摧毁了原来各国受到贸易保护的市场，提高了市场的透明度，从而导致资源配置效率改善，增强了比较价格作为相对稀缺性指标的可靠性。即使在寡头垄断的市场结构下，在产品差异和规模经济存在的条件下，市场竞争也将限制或削减寻租、串谋等滥用非市场力量所带来的社会成本，并将刺激公司改组和产业合理化，推动先进技术的广泛使用。

4. *刺激投资效应*

建立关税同盟的第四个动态效应是刺激投资效应。关税同盟成立后，成员市场变成统一的大市场，具有如下刺激投资效应。首先，由于商品自由流通的范围得以扩大，大大加强了对成员内部的投资者和非成员投资者的吸引力，从而使企业投资增加，投资环境得到进一步的改善。其次，由于同行业竞争的加剧，为了提高竞争能力，厂商一方面必须扩大生产规模，增加产量，降低成本，另外必须增加投资，更新设备，提高装备水平，改进产品质量，并研制新产品，以改善自己的竞争地位。再次，由于研究与发展的固定成本将在更广的市场范围内加以分摊，统一的大市场还会提高创新的利润率，增加投资机会并促进规模经济的实现。最后，由于竞争引起的企业重组和技术改进也将进一步提高投资的效率。[1] 由于关税同盟成员方减少了从同盟外的进口，迫使非成员方为了避免贸易转移的消极影响，绕到成员方内部直接进行投资设厂，就地生产和销售。这一点被认为是近年来美国到欧盟国家投资激增的主要原因。

但是，也有一些学者认为，关税同盟建立后，由于受到贸易创造效应影响的产业会减少投资，而且外部资金投入会使成员的投资机会减少，降低投资收益率等原因，关税同盟内部的投资不一定会增加，上述效应并不存在。

5. 资源配置效应

建立关税同盟的第五个动态效应是资源配置效应。关税同盟成立后，市场趋于统一，资本、劳动力、技术等生产要素可以在成员间自由流动，提高了要素的流动性。在要素价格均等化定律的作用下，技术、劳动力和资本从边际生产力低的地区流向边际生产力高的地区，从而人尽其才、物尽其用，并增加就业机会，提高了劳动者素质。资源的优化配置还能促使企业家精神在关税同盟成员方之间传播和发扬，导致管理创新和制度创新。[2] 这些都将使生产要素配置更加合理，提高要素利用率，降低要素闲置的可能性，从而实现资源的最佳配置。

二、现代关税同盟理论

维纳的关税同盟理论在全球自由贸易思想支配下，给我们提供了一个局部均衡的分析框架，它所关注的是单个市场的均衡。而在当今的世界经济体系中，这种局部均衡分析方法显露了一定的局限性。如同盟国间必须遵循指定的贸易模式，没有考虑政府在政策制定上存在的外部和内部限制，没有考虑本国的政策决定可能会对伙伴国和世界其他地区产生的影响等。正是由于维纳理论存在着上述局限性，一些经济学者在对关税同盟的静态效应和动态效应的研究不断深入和完善的情况下，提出了一些以区域经济一体化实践的发展为依据的较为完善的区域经济一体化理论。

（一）米德等考虑“消费效果”的关税同盟的“次优理论”

米德（Meade）的研究开创了现代关税同盟理论的先河。他认为维纳的理论不

[1] 田红彬，张占东. 国际经济与贸易学院　合作与交流. 河南财经政法大学年鉴，中州古籍出版社，2016：72.

[2] 薛荣久. 国际贸易[M]. 成都：四川人民出版社，2010：61.

能提供一个准确的标准来估计结成关税同盟的净损益情况，这主要因为维纳没有考虑“消费效果”，即在形成关税同盟以后，相对价格的变化将影响消费结构。维纳的分析只有在所有产品的价格弹性均为零时才成立，这显然与经济现实不符。以贸易转移为例，如果东道国的某种商品的需求是有弹性的，在建立关税同盟以后该商品的相对价格下降，那么该种商品的需求将上升，从伙伴国的该种商品的进口量也会上升，这种贸易扩张给东道国带来的是来自商品消费所增加的福利，可能足以补偿由于贸易转移效果带来的损失。❶ 这种“消费效果”的大小，自然要取决于对于东道国消费者而言的该种商品的边际效用的大小。对于东道国来说，加入关税同盟后，还有因内部关税削减带来的税收损失。

米德的分析框架中不再只有三个国家、两种商品，而是多个国家、多种商品，他更依赖于宏观经济政策来保证全面的均衡。他认为，价格与国际贸易条件在获得和保持国际贸易与国际收支平衡中起着中心作用。同时，他把分析重点放在整个世界的福利变化上，而不仅仅是组成关税同盟成员的福利变化。也就是说，米德已经开始认识到关税同盟对第三国以及整个世界可能产生的显著的次优效应。

李普西（Richard G. Lipsey）和兰开斯特（K. Lancastes）进一步指出，当消费效应大于贸易转移时，关税同盟成员乃至整个世界在理论上都有可能因此而提高福利，他们进一步发展了米德创立的“次优理论”。

库珀（C. A. Cooper）和马赛尔（B. F. Massel）于1965年指出，如果一个国家实行非歧视性关税削减，似乎总是比建立或加入一个关税同盟得到的福利增加要多。假如非歧视性关税削减到形成关税同盟的共同关税水平，那么此时没有贸易转移效果，只有贸易创造。这明显说明，结成关税同盟与等量的非歧视性关税削减相比，是“次优政策”。他们提出了与传统理论不同的分析框架：政府可能由于非经济的原因保护国内市场，这种保护必须要付出代价，而建立关税同盟的方式比以非歧视性的关税保护的方式所付出的代价要小。也就是说，关税同盟的成员资格可以使该国以更经济的方式获得自由贸易保护主义带来的结果。

（二）科登关税同盟的“成本递减效应”和“贸易抑制效应”

科登（Corden）将静态规模经济引入分析框架，考察单个同质产品，讨论厂

❶ 孙杰. 合作与不对称合作：理解国际经济与国际关系[M]. 北京：中国社会科学出版社，2016：24.

商内部的规模经济。假设有两个国家A国和B国；两国对该产品的成本曲线是同一的，高于进口价格，因此在建立同盟前，两国中任何一国都不向另一国出口该产品；国内市场价格又由从世界其余地区的进口成本加关税所决定；如果没有国内生产，也就不存在关税。他用“成本递减效应”（The Cost Reduction Effect）和“贸易抑制效应”（Trade Suppression Effect）来说明关税同盟建立后对A国和B国的影响。所谓“成本递减效应”是指福利的提高虽然也是源于贸易创造，但却不是来自传统意义上的进口供给转向资源利用高效率的地区，而是提高了现有资源的利用效率；“贸易抑制效应”类似于维纳的贸易转移效果，但又不完全一样。因为在这种效应下，高成本的供给被相对较低成本的来源所代替。

建立同盟前，存在三种可能性：两国同时生产、只在一国生产、任何一国都不生产。每一种情况可以简要归纳如下。

（1）如果起初两国同时生产该产品，则最初的均衡将表示如下：建立关税同盟前，A国生产并消费数量为OM的产品，并以价格P_A在国内市场销售，需要$P_W P_A$的关税水平保护本国工业。较具效率的伙伴国生产和消费数量为ON，价格为P_B，并存在较低的关税$P_W P_B$。

如果两国建成关税同盟，而且生产完全由成本条件更具优势的生产者进行，B国生产者占据了整个市场。当B国生产者供给整个同盟市场时，其平均成本降低于仅供给其本国市场时的成本，而且也低于A国生产者先前供给自己国内市场的成本。结果，共同外部关税低于起初的关税水平，两国消费者都将从同盟中获利。此时市场总需求X_U将由伙伴国以P_{CU}的价格进行生产。A国的消费增加到M'，B国为N'。

A国相对较为昂贵的国内生产，被从成本较低的B国的进口所取代。因此，价格较低的产品以自由贸易的方式在A国和B国之间流动，并使B国获得传统的贸易创造收益。这种贸易创造有两个组成部分：生产效应，来自以B国价格较低的进口取代国内价格较高的生产；消费效应，来自较低的国内价格而导致的消费增加。这两个部分分别由a和c两个区域来表示。

B国以较低的生产成本供给国内市场，这被称为“成本递减效应”（The Cost Reduction Effect）。尽管成本递减效应是与A国贸易创造的结果，但是它并非传统的贸易创造效应，因为它不仅来自低价资源从其他地区流入，而且得益于国内现有资源供给价格的下降。降低成本的收益会增加B国消费者利益。该效应也包括生产和消费两个方面：生产效应是指可以以较低的成本组织生产；消费效应是指消费者可以以较低的价格购买更多的产品，获得更多的消费者剩余。

（2）如果建立关税同盟前仅在一国进行生产，会出现两种主要的可能性。如果生产者是两国中更具效率的，比如说B国，最可能的结果是它将占领整个同盟的市场。这种情况下，A国的同盟前关税假设为0。如果B国试图占领A国市场，这不可能通过同盟内自由贸易来实现，而必须通过A国征税——通过建立共同外部关税，以增加平均保护水平来实现。两国的效应如下。

A国以从B国的进口替代了从世界其他地区的进口。这个进口必然比从世界其他地区进口昂贵，否则B国就没有必要以建立同盟的方式去争取A国的市场。结果，A国的贸易转移，较昂贵的进口取代了较便宜的进口。导致A国消费者的产品成本增加，消费数量减少，消费者剩余遭受损失。

B国以较低成本生产产品，存在成本下降效应，而且还可以以高于世界市场价格的价格将产品销售到A国，并从中获利。如果同盟前产品的生产仅在较高成本的A国生产，建立同盟后最可能的结果是现存的生产者被逐出市场，出现生产逆转。此时，A国将获得贸易创造收益，因为它可以获得较低廉的供货来源。而B国却将遭受以国内成本相对较高的生产取代从世界其他地区低价进口的损失。而且B国的新厂商以高成本供给整个同盟市场。如此由世界其他地区的进口被国内的生产取代，这即“贸易抑制效应”。就以较昂贵的资源代替价格较低廉的来源这一方面来说，贸易抑制效应类似于贸易转移效应，但是它与后者的区别在于较昂贵的资源来自国内新厂商，而非来自伙伴国。

（3）如果起初两国都不生产，同盟的建立才使得生产开始在一国进行，如B国。那么，该国生产成本必然高于从世界其他地区进口的成本（包括关税），否则在同盟建立前它就已经在A国市场上竞争了。此时，关税同盟的建立导致B国产生贸易抑制效应，A国产生贸易转移效应。

科登认为，在规模经济的条件下，不可能基于比较静态分析而预测出关税同盟将达到哪些可能的均衡状态，其结果取决于一些动态因素，包括反应的传导途径、是否在每个国家都存在着不止一家的生产者以及垄断竞争的性质。[1]因此，当规模经济出现时，贸易自由化所带来的专业化模式可能是不适当的。

---

[1] 张笑梅．国际区域经济合作绩效评价体系构建研究[D]．长春：长春工业大学，2018．

总之，在存在规模经济时，贸易创造和贸易转移的传统概念仍然与对关税同盟的评价密切相关，但是需要考虑另外两种效应，即贸易抑制效应和成本递减效应。

（三）蒙代尔等对关税同盟的贸易条件效应的分析

蒙代尔（Mundell）认为，如果关税同盟的建立不影响对世界其他地区的进口需求，同盟的贸易条件将不受影响，即便世界其他地区的供给并不是完全弹性的。否则，将出现同盟与世界其他地区的贸易条件的改进的趋势。这种贸易条件效应将发挥作用，以减少贸易转移所带来的任何损失，而且如果进口产品的价格下降到足够的程度，该效应将足以完全消除这种损失。

对于自由贸易区，贸易条件效应的结果不甚明朗。然而在关税同盟中，一体化后同盟与第三国的贸易量可能减少，除非关税水平下降。自由贸易区内贸易条件改进的程度低于关税同盟中贸易条件的改进。但是，一旦出现贸易条件效应，与关税平均化的关税同盟相比，自由贸易区将使第三国承受较小的损失。

维纳在1950年就深刻地认识到了关税同盟成员也许可以比各自独立地制订关税时更有效地影响贸易条件，这种可能的影响必然导致世界其他地区相应的损失。在其他条件相同的情况下，关税征收单位的经济区域越广，由关税引起的世界其他地区贸易条件的改进的可能性就越大。在考虑福利效应时，需要加入贸易量因素。❶因此，伍顿（Wooton）在1986年指出，在更宽泛的框架内估价关税同盟对第三国的影响时，还必须考虑其他一些因素。特别是，关税同盟对该区域实际收入的有利影响将可能增加对第三国的进口需求，因此总体来讲，那些国家也不会成为净损失者。

关于关税同盟相对于其他选择，能够带来更有利的贸易条件收益的可能性，安德特（Arndt）阐述了这一问题。他分析中的难点在于，通常潜伏着一种利益冲突，而且一般说来只有在一个成员能够说服另一国采取一种以前者利益为基础的“非最优”的政策时，才会产生收益。❷此时，一种可能的例外情况将是，关税同盟仅对每个国家都持续进口的某种特殊产品实施共同关税。在这种情况下，每个国家都可以从其他国家所采取的措施中获利。尽管有些国家不参加同盟还会得到更多的好处，但是关税同盟只有在所有相关国家都同意加入时才会真正建立起来。

关税同盟和世界其他地区的贸易条件，不仅受同盟共同外部关税的影响，而且

---

❶ 南仲信．国际经济合作[M]．北京：经济科学出版社，2015：254.

❷ 王松．国际区域经济合作探索[M]．北京：北京工业大学出版社，2013：99.

也受其他国家关税水平的影响。一般说来，其他国家对有同盟出口的产品征收的关税水平越高，则同盟与世界其他地区的贸易条件就越不利。由于关税协商可以在一定程度上改变国外关税水平，因此，关税同盟越大，它讨价还价的筹码也越大。维纳和米德都认为这是关税同盟的一个重要的方面。

（四）实证证据：贸易创造、贸易转移和贸易条件

尽管在Viner-Meade框架中的交易额和贸易条件都会影响区域贸易协定中的福利，实证研究却相对简单，交易量可以更好地分析贸易创造和贸易转移，但这就需要相关的价格数据。Crawford & Laird（2001）从6个区域性贸易协定中（APEC，MECOSUR，NAFTA，ASEAN，Andean Community）分析贸易发现，在1990~1999年间，这些区域间的交易额每年约上升7.1%，而每年从区域外国家和地区的进口额增长约6%。以欧盟为例，从成员进口与非成员进口以相同的速度增长。区域贸易协定进口额增长较快说明其经济增长的自由化以及需求的增长，表明区域贸易协定对于协定成员与非成员都有贸易创造的作用。

Gravity模型对于分析这个问题比较重要，因为该模型用计量经济学的方法估计贸易和政策影响之间的关系。但这个模型也遭到了批评，认为该模型缺乏理论基础。Frankel等（1996）分析了63个国家从1965~1992年发现区域内贸易非常显著，同时也掺杂了与区域外成员的贸易创造和贸易转移。多国的可计算的一般均衡模型（CGE）包括了必要的价格分析以估计贸易条件的影响。在这些模型中商品的原产国是不同的。区域贸易协定对非区域内商品的需求效果取决于区域内成员商品的替代弹性。Robinson&Thierfelder（2002）总结了CGE相关的文献，得出如下结论：区域贸易协定增加了参与者的福利；贸易创造比贸易转移多；在新的贸易理论下积极的福利效应会更大；成员的扩张可以获得额外的福利。

第三节　其他理论

一、大市场理论

（一）大市场理论的内容

共同市场（common market）的特点是在成员（或地区）间实行关税同盟和要

素的自由流动。也就是除了在各成员间完全废除关税与数量限制并建立对非成员的共同关税外，还取消了对生产要素流动的各自限制，允许劳动、资本等在成员之间自由流动，甚至企业主可以享有投资开厂办企业的自由。欧盟的前身欧洲经济共同体在20世纪80年代发展到这一水平。共同市场的目的就是把那些被保护主义分割的小市场统一起来，结合成大市场，通过大市场内激烈的竞争实现资源的有效配置。

系统提出大市场理论的代表人物是西托夫斯基（T.Scitovsky）和德纽（F.Denian）。与静态的关税同盟理论相比，大市场理论更具有动态性，也更注重贸易自由化。该理论主要是针对共同市场而言的，其规模经济和激化竞争的观点也比关税同盟论述的一体化要进一步。大市场理论的核心是：

①其目的是通过扩大市场才有可能获得规模经济，从而实现经济利益；

②依靠因市场扩大化而竞争激化的经济条件，实现上述目的。两者的关系是目标与实现目标的手段。

可以从以下两个方面介绍该理论的主要观点。

1. 打破分割，扩大市场范围，获得规模经济效应

在组建区域经济集团之前，各国之间推行狭隘的贸易保护政策，把国际市场分割成几个孤立的市场，企业面对的是细小且缺乏适度弹性的市场。而共同市场的形成就是为了打破贸易保护主义的短视行为，把分散的、孤立的、缺乏联系的封闭市场统一起来，实现大批量生产、专业化分工和新技术的广泛应用，进而获得规模经济利益。西托夫斯基针对当时西欧国家的企业满足于狭窄的国内市场和受保护而缺乏竞争的情况，提出了“小市场的恶性循环”命题。他认为，在狭窄的市场中，企业行为保守，新兴企业无法进入，在这样一个缺乏竞争的垄断市场中，商品价格高，社会公众缺乏购买力，因而销售量小，致使企业资本周转率降低，无法大批量生产，为获得高利润而又不得不采取高价格，这样就陷入了高利润、高价格、低资本周转率、狭小市场的恶性循环的怪圈之中。而要打破这种循环就只有在大市场内开展自由贸易以激化竞争，这样才可产生、组建大市场，进而大量生产，实现规模经济效应，并降低生产成本，从而扩大消费，提高利润，导致进入企业增多，竞争加剧，继而引起成本再下降的新一轮良性循环。

2. 激发竞争，促进经营观念与制度环境的转变

共同市场为企业获得规模经济提供了保证，但不是大市场所追求的目标。西托夫斯基认为，大市场的经济效应主要来源于激化竞争所产生的动态经济效应。大市

场的建立是为企业展开自由竞争、激活创新能力、提供服务和外部环境的，只有通过大市场激化竞争而获得规模经济才是大市场理论的核心和目标，这也是自由贸易精神的体现。这一点与关税同盟理论所认为的通过贸易转移和贸易创造产生静态经济效应是有区别的。德纽认为，大市场能使机器设备充分利用，并随着规模经济和新技术的应用，进一步激活竞争，形成价格下降、消费扩大、投资增加的滚雪球式的扩张。在这样的环境中，规模较小、实力较弱的企业将会逐渐被淘汰，只有那些大企业才能生存下来，并进入规模经济为主导的市场扩张、竞争加剧的良性循环中。

大市场理论的核心内容主要是规模经济和激化竞争。规模经济是大市场的结果，为了获得这个结果只能通过自由竞争而建立，激化竞争才是大市场的目标，并通过规模经济为激化竞争创造条件。从这点来看，大市场理论仍属于传统贸易理论的范畴，它发展和补充了维纳的关税同盟理论，反映了自由贸易的思想。

（二）对大市场理论的评价

大市场理论主要是以西欧作为研究对象，其目的是把被贸易保护主义分裂的孤立市场统一成一个大市场，通过市场的扩大和在大市场的激烈竞争，促使企业由小规模经营转向大规模经营，进而获得规模经济效应。为此，许多学者对其普遍性提出不少质疑，主要有如下几点。

（1）大市场理论所强调的扩大市场后出现的累积的动态过程并不一定要通过经济一体化的形态才能完成。只要企业家的经营方式从保守的消极的状态转变为积极进取的态度，引进先进技术、扩大生产规模，同样可以实现。

（2）即使不组成地区性的经济贸易集团，只要有世界性的自由贸易，也可以取得大规模市场的各种利益。而且就市场规模的大小而言，世界性的自由贸易远远大于地区性的经济一体化。

（3）竞争的负面效应是否被考虑进去？对于欧共体而言，在各主要参加国经济实力相差不大，且是水平分工式的相互竞争的大市场，这种近乎完全竞争市场状态下“大市场理论”能适用，但在其他类型的大市场中呢？非完全竞争市场中激发竞争的后果是怎样的？该理论能否指导本身国内市场庞大且市场化程度较高的国家（如美国）进行一体化的活动？欧共体各国国内市场狭小是事实，但以此为研究对象建立的大市场理论能解释美加墨自由贸易区的形成吗？

二、工业偏好理论

（一）工业偏好理论内容简介

库珀（C. A. Cooper）、马赛尔（B. F. Massell）和约翰森（H. G. Johnson）等学者在修正维纳的关税同盟理论过程中，提出了“偏好工业生产”的假设，并由此形成工业偏好理论。该理论遵循的是传统的比较利益的思路，从工业生产和工业品贸易（即资本品贸易而非消费品）的角度来解释一体化。其内容如下。

（1）世界上绝大多数国家在经济发展过程中，都存在优先发展现代工业的偏好。对工业产业的偏好促使这些国家以关税或其他贸易政策来保护工业生产，如高关税、出口补贴、奖出限入政策等。偏好程度相近的几个国家结成关税同盟等经济一体化组织后，就形成了地区间的国际专业分工，并通过增加互惠贸易来扩大本国的工业生产规模。

（2）各国政府都在有意识地加速工业化进程。成员一旦享受到国际专业分工的好处后就更有提高同盟的工业偏好倾向，他们往往通过直接补贴、成员间关税减免及对外贸易保护等措施引导资金向本国工业生产转移，使之获得更好的发展条件，从而进一步增加公共福利，使区域间的一体化程度越来越紧密。

工业偏好理论以比较工业生产成本为出发点，那么哪些国家比较容易结成关税同盟呢？库珀等人认为，那些有强烈工业偏好的国家一般在国际市场竞争中只有较弱的比较成本优势，但通过结盟取消相互间关税后，往往会认为本国的产品比盟国的产品更具有比较成本优势，从而进入盟国市场以扩大工业生产规模。[1]因此，根据该理论，那些具有相似工业偏好、相似工业生产成本水平、在国际市场上比较成本相对处于劣势的国家间往往倾向于形成经济一体化（如关税同盟）组织。欧盟是该理论在实践中的最好说明，相比于美、日产品，欧共体工业品生产成本优势略逊一筹，但同盟内各成员都有一些与其他成员相比有比较成本优势的工业产品，这促使他们走到一起建立区域经济一体化组织。

（二）对工业偏好理论的评价

工业偏好理论在阐述关税同盟的原因及类型方面确有独到之处，它不仅能很好

---

[1] 李倩．国际经济技术合作　承包工程和劳务合作．福建年鉴，海峡出版发行集团福建人民出版社，2017：261.

地说明欧盟的形成，对广大正处于工业化进程中的发展中国家经济一体化也具有一定的实践指导意义。因为与发达国家相比，广大发展中国家劳动效率低，技术水平差，国际市场上工业品生产成本不占优势，但他们都有强烈的工业偏好倾向。为加速经济增长，他们很需要一些同本国生产要素结构、工业生产水平相似的国家进行区域性的专业分工。同时，在世界市场上，发展中国家与发达国家仍处于一种初级工业品和制成品的国际分工体系中。所以，工业偏好理论所形成的“第二级的经济一体化”很具有实用性，毕竟发展中国家进行的经济一体化是简单工业品的国际分工。[1] 但从以上分析可看出，依据“工业偏好理论”形成的一体化具有如下缺点。

（1）两个生产要素结构、工业生产水平相似的国家进行区域性的专业分工时，是以牺牲非成员（通常在国际市场上最具有比较成本优势的）利益来保护同盟利益的。该理论具有明显的反贸易自由化倾向，也直接违背了古典经济学倡导的以比较成本为原则的自由贸易思想。依据工业偏好而缔结的经济一体化（如关税同盟）虽比全球贸易自由化更为可行、更为实际，甚至不妨看作一种次优（second best）理论的反映，但它无法推进全人类的共同福利。

（2）工业偏好理论无法解释一些最具比较成本优势的国家的区域经济一体化问题。如美、日两国，他们的工业生产成本比较在国际市场上占绝对优势，但也都在积极寻求与其他国家进行经济一体化。美国除了组建美加墨自由贸易区外，还积极在亚太经合组织中发挥作用，日本则雄心勃勃欲组建东亚经济圈，这都是工业偏好理论所无法解释的。

（3）对发展中国家进行的经济一体化而言，工业偏好理论无法解释下述疑问。当前的世界科技和经济正在发生惊人变化，主导产业和产业结构面临突变，各国间技术差距不断扩大，工业偏好理论依据的环境已发生变化，“第二级的经济一体化”能否再适用？另外，发达国家在发展中国家因工业偏好而形成的一体化进程中起什么作用，该理论是否在为发达国家应向发展中国家转移“夕阳产业”而辩护？

总之，工业偏好理论在解释一些具有比较成本优势的发达国家的区域经济一体化问题较有说服力，但在说明发展中国家的经济一体化原因时，则显得比较苍白无力。

---

[1] 国际经济合作　对外承包营业额同比下滑．芜湖年鉴，时代出版传媒股份有限公司黄山书社，2017：132.

三、协议性国际分工理论

（一）理论简介

协议性国际分工原理是由日本一桥大学经济学教授小岛清（K. Kojima）于20世纪70年代提出来的。针对在以往的经济一体化理论中，西方经济学者遵循古典经济学李嘉图等人提出的“比较利益”的思路，把“规模经济”“大市场”“激化竞争”“生产成本比较”等作为研究核心来说明一体化的经济效应，忽视了规模经济和激化竞争效应所带来的企业垄断与内部贸易扩大问题的缺陷。小岛清在其代表作《对外贸易论》中对此进行批判，并从新的角度提出“协议性国际分工原理”，用于解释区域经济一体化。

小岛清认为在经济一体化组织内部如果仅依靠比较优势原理进行分工，不可能完全获得规模经济的好处，反而可能会导致各国企业的集中和垄断，影响经济一体化组织内部分工的和谐发展和贸易的稳定。因此，必须实行协议性国际分工，使竞争型贸易的不稳定性尽可能保持稳定，并促进这种稳定。

所谓协议型国际分工，是指一国放弃某种商品的生产并把国内市场提供给另一国，而另一国放弃另外一种商品的生产并把国内市场提供给对方，即两国达成互相提供市场的协议，实行协议性分工。[1] 协议型国际分工不能指望通过价格机制自动实现，而必须通过当事国的某种协议来加以实现，也就是通过经济一体化的制度把协议性分工组织化。

（二）协议性国际分工实现的条件

由上面的分析可以看到，为了互相获得规模经济的好处，实行协议性国际分工是非常有利的，但达成协议性分工还必须具备下列条件。

（1）参加协议的国家的生产要素禀赋比率没有多大差别，工业化水平和经济发展水平相近，协议性分工的对象商品在哪个国家都能进行生产。在这种状态之下，在互相竞争的各国之间扩大分工和贸易，既是关税同盟理论所说的贸易创造效果的目标，也是协议性国际分工理论的目标。而在要素禀赋和发展阶段差距较大的国际上，由于某个国家可能陷入单方面的完全专业化或比较成本差距很大，还是听

[1] 郑亚娜. 中国国际经济合作能力的测度与国别比较研究[D]. 海口：海南大学，2018.

任价格竞争原理（比较优势原理）为宜，并不需要建立协议性的国际分工。

（2）作为协议分工对象的商品，必须是能够获得规模经济的商品。而规模经济的获得，在重工业中最大，在轻工业中最小，在第一产业中几乎难以得到。

（3）每个国家自己实行专业化的工业和让给对方的产业间没有优劣之分，否则不容易达成协议。这种产业优劣主要取决于规模扩大后的成本降低率和随着分工而增加的需求量及其增长率。

上述三个条件表明，经济一体化后共同市场必须在同等发展阶段的国家间建立，而不能在工业国和初级产品生产国这种发展阶段不同的国家之间建立。同时也表明，在发达工业国家之间可以进行协议性分工的商品范畴的范围较广，因而利益也较大。另外，生活水平和文化等方面相似的地区更容易达成协议，并且容易保证相互需求的均等增长。

第四节　新区域主义理论

一、新区域主义的发展

（一）新区域主义的内涵

20世纪80年代后期，由于两极体系对峙的缓和、欧洲单一法案的出台与实行、乌拉圭回合谈判中欧洲“以一个声音说话”导致的对欧盟“堡垒”的担心以及美国对区域经济一体化的关注等因素，使得一度停滞的区域主义重新掀起了发展的新浪潮。这一轮新的区域经济一体化发展的浪潮，与前一轮的区域经济一体化浪潮相比，不仅数量增加、范围扩大，而且内涵大大扩展，它不再局限于狭隘的安全和经济目标，而是涉及建立在地区基础上的包括人权、民主、环境和社会正义以及跨国社会和文化网络等各方面的内容。[1]此外，这一时期的区域经济一体化浪潮还出现了一些新的特点：如热衷于多边贸易的美国、日本等大国开始积极参与区域经济合作，超越传统国际政治南北关系界限分野的跨洲、跨区域的区域经济合作组

[1] 崔琪涌．非同步经济周期下宏观经济政策的国际协调研究[D]．上海：上海外国语大学，2018．

织的出现等。尤其是20世纪90年代以来，全球区域经济合作出现了一种新的趋势：在大国与小国缔结区域贸易协定的过程中，小国对大国做出了更多的让步。这种让步不仅体现在传统的关税与非关税壁垒减让领域，而且更主要体现为国内政治经济体制、法规、政策向大国靠拢。这种现象被学术界称为“新区域主义”（New Regionalism）。

在欧盟东扩和北美自由贸易区的发展进程中，就充分显示出了这种新的趋势：在大国与小国缔结区域自由贸易协定（RTAs）过程中，小国对大国做出了更多的单方面让步。而且，正在谈判中的美洲自由贸易区协定（FTAA），美国不仅要求南美洲国家对经济体制和政策做出调整，而且还要求必须符合美国的政治民主制度；东欧诸国为了加入欧盟也需要对原有的政治经济体制做出大幅调整；墨西哥、加拿大在知识产权保护、能源定价、环境保护和竞争政策方面都适应美国的要求，在北美自由贸易区的框架内做了较大的调整。

（二）新区域主义的本质

1. 新区域主义的经济因素

传统的区域经济合作理论有一系列隐含的假定，缔结区域贸易协定是一种纯粹的国际商业行为。也就是说，一是参加者的目标函数是单一的经济因素。二是所有参加国的规模是相同的。在区域贸易协定的谈判过程中，所有参加国的谈判交易能力是等同的，不会出现一方利用自身的较高谈判交易能力做出损害另一方的行为。三是谈判的结果是互惠的，成员的收益均来自贸易创造效应，而成本则是由贸易转移效应引起的。

事实上，在国际经济领域，大国经济与小国经济有很大的差异：市场规模、产业结构、发展战略、抵御外部冲击的能力、贸易战中的报复能力、参与双边与多边谈判交易能力等。[1] 因此，新区域主义首先把经济规模的差异引入区域经济合作理论中来，进而改变了传统理论的上述假定，得出了一系列新的结论。

对大国来说，由于其市场规模较大，对外部世界的依存度较低，抵御外部冲击的能力和参与国际经济事务的谈判交易能力较强，所以源于贸易创造和贸易转移的影响不大。以NAFTA为例，在它成立之前，墨西哥对来自美国出口产品所征关税

---

[1] 张玉刚，外经外贸　国际经济技术合作．锦州年鉴，辽宁民族出版社，2016：201.

税率大约为10%，而美国对来自墨西哥的产品所征的关税税率低于10%。据估计，NAFTA对美国宏观经济的影响很小，只相当于国内生产总值的1%（甚至小于季度国民收入账户的统计误差），劳动力就业的影响也就是几万人。大国参与区域经济合作的主要动力来自传统经济收益之外的非传统经济收益。

相反，在小国与大国之间的区域经济合作中，对小国来说，较小的市场规模、对外部世界的较高依存度、较弱的抵御外部冲击的能力和参与国际经济事务的谈判交易能力决定了他们参与区域经济合作的主要动力来自以获得市场准入机会为代表的经济收益。

在Perroni和Whally（2000）构建的新区域主义模型中，由于大小国家参与区域经济合作的优、劣势及目标函数存在差异，他们的成本与收益体现在不同的领域。❶ 以自由贸易区协定为例，大国在向小国开放市场的同时，也放弃了对小国实施贸易报复的权利。为了补偿大国的损失，小国必须向大国提供单方支付（side-payments）。如果没有这种单方支付，大国与小国之间就难以达成自由贸易区协定。因此，在均衡状态下，小国从自由贸易区协定获得收益的同时，也必须提供单方支付。换而言之，小国与大国签署自由贸易区协定实际上是利用单方支付购买了进入大国市场的“保险”。

当然，大国的目标函数并非仅是获得单方支付，除了传统的贸易利益之外，它还要力争扩大自身的贸易报复能力或国际谈判交易能力，以便与其他大国进行竞争。为此，区域贸易协定的形式会影响大国对单方支付的要求。在自由贸易区协定下，成员之间没有统一的关税与贸易政策。大国难以利用此种方式提高其贸易报复能力。而在关税同盟条件下，成员之间不仅取消了区域内贸易壁垒，而且存在统一的关税与贸易政策，大国（及整个区域）的贸易报复能力将因此而提高。❷ 此时，大国对小国的单方支付要求会相应降低。另外，当大国之间的贸易战风险加剧时，大国会提高对单方支付的要求。

与传统的区域主义理论相比，新区域主义理论对大国与小国之间的合作做出了更符合现实的假定和描述，其中包括：

①民族国家参与区域经济合作的目标函数是多元化的；

---

❶ 刘洋. 区域协调发展论[M]. 北京：中国市场出版社，2016：65.

❷ 经济合作与发展组织. 打造区域竞争力战略与治理[M]. 北京：科学出版社，2018：186.

②不同规模国家参与国际经济活动（不仅是贸易活动）的比较优势存在差异；

③小国需要对大国提供单方支付；

④区域贸易协定的形式会影响参加国的成本与收益等。

2. **政治因素**

新区域主义理论指出，大国参与区域经济合作的动机是多重的，除了传统的贸易利益，还追求以提高贸易报复能力及整体国际谈判交易能力为主的非传统贸易利益。在多边贸易体制占主导地位的全球化时代，我们可以把这些非传统贸易利益归结为影响国际经济规则的能力。因此，目标函数的多元化使全球区域经济合作的空间扩大了。许多区域贸易协定的签署并不完全依赖于贸易创造效应和贸易转移效应。即使纯粹的贸易利益并不明显，区域经济合作也可能会发生。

现实中，大国的许多决策并不能完全用经济因素来解释，政治因素有时同样发挥重要的作用。这里所说的政治因素并不等同于意识形态。在某种程度上可以看成非经济因素的代名词。

冷战结束之后，东西方意识形态的全面对抗结束。以美国为首的西方大国把推广西式民主制度作为其新时期国际战略的一个重要基石。一方面，西方大国利用对国际组织的控制向众多发展中国家施加压力，以改变它们国内政治经济体制。像国际货币基金组织、世界银行在20世纪90年代都曾试图利用某些发展中国家发生的金融危机完成此类使命。另一方面，西方大国运用区域贸易协定实现其政治目标的情况越来越多。因此，大国把政治因素作为参与（或组建）区域贸易协定的一个目标既是全球化发展的客观要求，也是后冷战时代西方国家主导国际格局的反映。

与传统理论只关注纯贸易目标相比，把政治或非经济目标纳入大国的决策函数之内使得人们对区域贸易协定的影响更加难以评估，因为政治收益和非传统贸易收益通常是无法量化的，甚至难以成为协定的明确条款。

二、轮轴—辐条理论

（一）理论内容

20世纪90年代以来，区域贸易协定（RTA）的数量在全球迅猛增加，过多的RTAs在某一地区相互交错重叠，可能形成的无序发展引起了人们的担忧。在巴格瓦蒂（Bhagwati）的论文中，他把各种RTA交错在一起形成的状况曾比作“意大利面碗现象”。

然而透过表面的混乱，我们可以发现一种新的更为复杂的区域贸易协定模式，即近年来区域经济一体化出现的“轮轴—辐条”（Hub & spoke）双边主义，形成了“轮轴—辐条”式新区域经济一体化模式。

该模式包括一个处于中心地位的轮轴国和多个围绕在轮轴国周围的辐条国，轮轴国与每个辐条国分别签订区域贸易协定，而辐条国之间无贸易协定。这种区域经济一体化模式的利益分配是不均衡的。与所有参与国成立自由贸易区相比，“轮轴—辐条”模式降低了成员整体的福利水平。

传统的区域经济一体化合作中各成员是基于贸易创造和贸易转移引起的利益及其分配而建立的。相比之下，“轮轴—辐条”体系的利益分配更加复杂，不平衡性加剧。其中，轮轴国处于中心地位，可以自由进入所有辐条国，在贸易和吸引投资方面处于明显的优势地位，而辐条国企业则在几乎所有市场上都处于劣势。[1] 在轮轴国市场上，虽然单个辐条国与轮轴国签订自由贸易协定（RTA）有助于辐条国自由进入轮轴国市场，但轮轴国与多个辐条国签订RTAs，降低了RTAs给每一个辐条国带来的收益；在其他辐条国市场上，各辐条国间无区域贸易协定，某一辐条国企业在另外辐条国市场上难以与轮轴国企业竞争。

“轮轴—辐条”体系外的国家在轮轴国市场上处于更加不利的地位，先加入的辐条国收益大于后加入的辐条国。因此外部国家急于加入该体系充当新的辐条，这使“轮轴—辐条”体系具有内在的自我扩张动力。每一个进入的轮轴国对辐条国进行了利益转移，伴随着辐条国数量的不断增加，“轮轴—辐条”体系的利益分配不均衡性加剧。

大国由于其经济实力和影响力较容易成为轮轴国，它与几乎所有的其他欧洲国家、地中海国家分别签订了RTAs，而这些国家间大多不存在自由贸易协定。美国也处于轮轴国地位，与加拿大、墨西哥、以色列、澳大利亚、巴林、约旦、阿曼、新加坡、秘鲁、哥斯达黎加、多米尼加、萨尔瓦多、危地马拉、洪都拉斯、尼加拉瓜有自由贸易协定。

大国的轮轴国地位通常是自然形成的并更多地考虑非经济收益，其谋求“轮轴—辐条”体系利益转移的目的不明显，小国轮轴国地位的取得通常是一种主动出击政

---

[1] 朱萍，国际经济技术合作　国际工程承包. 襄阳年鉴，长江出版传媒湖北科学技术出版社，2017：147-148.

策的结果，而一国一旦成为轮轴国，多米诺效应（Domino Effects）会进一步巩固这种地位。目前，至少有三个小国已经或正在成为区域经济合作中的轮轴国，它们是墨西哥、智利和新加坡。墨西哥1992年加入北美自由贸易区之后，已经缔结了10个区域贸易协定，包括NAFTA、智利、玻利维亚、哥伦比亚—委内瑞拉（G3）、尼加拉瓜、哥斯达黎加、欧盟、欧洲自由贸易区（EFTA）、以色列、危地马拉—萨尔瓦多—洪都拉斯（Northern Triangle）。智利是另一个轮轴国的典范。与其缔结区域贸易协定的国家（组织）包括厄瓜多尔、委内瑞拉、玻利维亚、秘鲁、南方共同市场、欧盟、加拿大、墨西哥以及美国。与前两个国家相比，新加坡正在力图成为亚洲的轮轴国。除了其本身属于东盟成员之外，它与澳大利亚—新西兰、美国、日本已经签署了自由贸易区协定，与欧盟、印度的谈判也在进行之中。此外，像南非、以色列也在努力之中。[1] 与欧洲和美洲相比，东亚由于缺乏一个强有力的主导国家和主导的一体化组织，因此东亚区域主义的发展更容易形成多个“轮轴—辐条”模式相互交织的局面，使该区域内利益分配出现不平衡。

（二）理论分析

“轮轴—辐条”模式是新区域主义关注的一个问题，对该问题的研究随着实践的发展在不断深入。1992年Kowalczyk和Wonnacott在NAFTA框架下分析了美国、加拿大、墨西哥可能形成的“轮轴—辐条”模式，其选取国家数量较少，未建立理论模型。Baldwin分别在1994年、2003年分析了“轮轴—辐条”模式对辐条国经济的不利影响，探讨了东亚合作中如何避免成为辐条国的策略，其中对利益分配的分析是在完全竞争假定下传统的维纳框架下进行的。Deltas，Desmet，Facchini在2005年从要素禀赋差异出发建立了一个三个国家的模型，指出从“轮轴—辐条”模式到自由贸易的过程中轮轴国福利下降。同年Benedicits，Santis、Vicarelli分析了欧盟东扩的影响，指出辐条国家间签订自由贸易协定可以打破“轮轴—辐条”模式，避免利益分配中的不利地位。

（1）“轮轴—辐条”模式可以提高轮轴国企业出口产量，随着辐条国数量的增加，轮轴国企业的所有市场总产量水平上升。

本国与外国签订的区域贸易协定数量增加使本国企业在本国的产量下降，但本

[1] 对外经济贸易 国际经济合作．西安年鉴，世界图书出版公司，2017：203．

国企业对贸易伙伴国的出口弥补了本国市场开放造成的损失，总产量水平仍为上升。这里，本国企业指设立在该国的所有企业，包括外资企业。所以轮轴国企业的产量增加表明了轮轴国的区域优势，围绕轮轴国而签订的一系列区域贸易协定正如“条条大路通罗马”一样，使轮轴国企业自由进入多个辐条国家，有利于轮轴国企业吸引外资，形成投资和贸易平台。

（2）“轮轴—辐条”模式可以提高轮轴国的福利水平，随着辐条国数量的增加，轮轴国的福利水平增加，其中消费者剩余增加、生产者剩余增加、关税收入减少。如果不考虑签订及管理区域贸易协定的成本，轮轴国有无限扩张辐条国数量的动力。

辐条国数量的增加可以增加轮轴国的消费者剩余，主要原因是随轮轴国市场开放程度增强，其市场的总产量增加，价格水平降低。辐条国数量的增加虽然降低了轮轴国在本国市场的利润，但由于辐条国家市场扩张，提高了轮轴国的生产者剩余。辐条国数量的增加意味轮轴国取消关税的范围增加，关税收入减少。[1] 与无区域贸易协定及单一的双边贸易协定相比，“轮轴—辐条”模式可以提高一国的福利水平，该模式形成后，轮轴国的福利水平随辐条国数量的增加而增加。消费者剩余和生产者剩余的增加可以弥补关税收入的减少。

1. **辐条国分析**

（1）辐条国与轮轴国签订的双边贸易协定可以提高辐条国企业对轮轴国的出口量，但其增加幅度小于轮轴国企业在辐条国出口的增加量。随着辐条国数量的增加，每个辐条国企业对轮轴国的出口量下降，辐条国企业在所有市场的总产量水平下降。说明先进入“轮轴—辐条”体系的辐条国收益大于后进入的辐条国。

之所以轮轴国企业在辐条国的出口量大于辐条国企业在轮轴国的出口量，是因为每个辐条国市场只向轮轴国开放，而轮轴国市场却向多个辐条国开放。各辐条国在轮轴国市场上形成竞争，其数量的增加使每个辐条国企业对轮轴国的出口减少，当更多的国家加入时，会出现轮轴国对所有国家的优惠等于无优惠。这也说明先进入的辐条国获得的出口增量大于后进入者，更多国家急于加入该体系使已进入的辐条国日益处于不利地位。辐条国企业在各市场上均处于不利地位。

[1] 余国先．外资外贸　国际经济合作．兰州年鉴，甘肃民族出版社，2017：184.

（2）“轮轴—辐条”模式降低了辐条国的福利水平，随着辐条国数量的增加，辐条国的生产者剩余降低，福利水平下降。

随着辐条国数量增加，每个辐条国的生产者剩余下降，主要源于其在轮轴国取得的利润下降。另外，每个辐条国对其他辐条国的出口小于对外部国家的出口，更多的外部国家成为新的辐条国也降低了原有辐条国在这些市场的利润。辐条国的消费者剩余和关税收入不随辐条国数量增加而改变。随着辐条国数量增加，每个辐条国的总体福利水平下降。

2. 外部国家分析

（1）随着辐条国数量的增加，外部国家的企业对轮轴国的出口下降，说明外部国家有加入“轮轴—辐条”体系成为新辐条国的动力，这使“轮轴—辐条”体系不断扩张。轮轴国与辐条国间的区域贸易协定吸引外部国家加入，产生“多米诺”效应，其主要动力是增加对轮轴国的出口。

（2）“轮轴—辐条”模式降低了外部国家的福利水平。随着辐条国数量的增加，外部国家的生产者剩余降低，福利水平下降。

3. “轮轴—辐条”模式与自由贸易区的比较

“轮轴—辐条”模式与该体系中所有国家组成自由贸易区后世界总产量和福利水平的变化比较如下。

（1）当“轮轴—辐条”模式被打破，所有国家组成一个新的自由贸易区时，原轮轴国的福利下降，每个原辐条国的福利上升。

（2）当“轮轴—辐条”模式被打破，所有国家组成一个新的自由贸易区时，世界总福利水平上升。

以上分析表明，“轮轴—辐条”模式的利益分配有明显的不均衡性，轮轴国处于优势地位；新加入的辐条国通过向轮轴国开放本国市场来获取越来越小的轮轴国的市场准入门槛；轮轴国无限扩张的动力伴随外部国家加入该体系的动力，促使这种不均衡性加剧；新加入的辐条国损害了原辐条国的利益；与自由贸易区相比，“轮轴—辐条”模式的利益分配不均衡，轮轴国取得的利益高于辐条国，同时该模式降低了世界总的福利水平。

三、区域经济一体化非传统收益理论

至此，我们可以看出，新区域主义所包含的内容并不是以显著的贸易自由化为特征的，而这恰恰是传统经济收益所不能涵盖的，因此传统的国际经济一体化理论并不能给出很好的解释。于是国内外一些学者开始从其他角度来探讨新一轮区域经济一体化的成因，除了上述“轮轴—辐条”理论之外，还提出了所谓区域经济一体化非传统收益理论。

（一）理论内容

按照非传统收益理论的形成和发展，对非传统收益理论内容的研究可以分为以下几个阶段。

1. 非传统收益理论研究的早期阶段

（1）保险效应。一方面，一些小国加入区域经济组织是为了寻求避免整体贸易战爆发给自己带来损失。另一方面，也是为了避免大国对其强加其他的贸易壁垒。如奥地利、芬兰和瑞典等国家加入欧盟之后，他们并未因此而获得更多的贸易自由化利益，反而成为欧盟预算的净贡献者。对这种行为较为合理的解释是：作为欧盟成员的身份使这些国家的利益得到了更好的保障。

（2）加入区域经济一体化组织可以锁定国内改革的进程。贸易保护主义政策的一个主要来源是国内利益集团的压力，而区域一体化协定则可以采取不同的方式限制国内利益集团的压力，从而推动本国的贸易自由化或国内体制改革的进程。如墨西哥加入北美自由贸易区（NAFTA）就是为了促进国内的经济改革。Grossman Helpman（1995）建立了分析利益集团在形成区域化方面作用的模型。[1] 这个模型解释了行业间建立竞争和游说的结果，认为自由的贸易谈判是平衡各国利益集团的一个有效的方式。在运用Grossman Helpman（1994）模型中，Kee等研究了美国赋予拉美国家国外游说和普惠制的关系。结果表明拉美地区出口商获得的回报中有50%都是缘于政治贡献。

（3）“多米诺效应”给区域化提供了进一步的动力。因为区域贸易集团规模越大，它给集团外的非成员带来的成本就越高。特别是当以WTO为框架的多边贸易自由化进程受到阻碍的时候，这种效应就为区域经济组织的建立提供了动力。Baldwin（1997）的多米诺理论可以用来分析非成员的利益集团是否对区域化产生了积极的贡献，如他认为贸易协定区域内的贸易和投资转移将产生政治经济力量，

[1] 阎逸．培育国际经济合作和竞争新优势[J]．浙江经济，2018（1）：56.

排除了其他国家加入协定或者成员创立新的贸易协定的机会。在这样的压力下，将会扩大贸易协定的规模。排除在贸易协定外将会因此加强自由化的力度，从而影响贸易或投资转移。

2. 非传统收益理论的基本形成阶段

1998年，Fernandez和Portes发表了名为《回到区域主义：对区域贸易协定的非传统收益分析》的文章，系统地提出了非传统收益理论。同年，Schiff和Winters发表了《作为外交的区域一体化》的文章，指出了区域一体化的一个重要的外部效应是改善成员的安全，并具体提出了改善成员安全的三种形式。这两篇文章的发表标志着非传统收益理论基本形成。

（1）保持政策的连贯性，提高政府信誉。经济学中的一个著名观点——具有政策制定权的政府经常受一些因素的诱导而存在改变原有政策的诱因。这种诱因将削弱政府政策的可信度，从而损害政府信誉。在改革因缺乏信誉而受阻的时候，政府必须尽力减少不确定性，要做到这一点，一种方式就是通过一项可信的、具有约束力的承诺来稳定改革，而加入区域经济组织无疑是一种强有力的外部约束。

（2）发信号机制。首先，国家发出的信号可能是立场信号。例如，如果一个国家存在两种类型的政府——自由主义或保护主义，加入区域经济组织则为政府提供了一个表明自身类型的信号，因为只有真正具有自由化意图的政府才会签署这类协定。其次，国际发出的信号可能是本国经济状况的信号。例如，如果一国希望吸引投资者投资于制造业部门，但投资者并不知道这个产业是否具有竞争力，是否值得投资，则加入区域经济组织向投资者表明该部门是有竞争力的并值得投资。[1]最后，国家发出的信号可能是政府间关系的信号。两国政府间签署区域贸易协定可能表明两国间的未来关系，这对于历史上存在纠纷的发展中国家尤为重要，因为良好的未来关系可以吸引投资。

（3）提高议价的能力。渴望增强相对于第三方议价的能力被经常用来解释为什么一些国家希望加入一个区域经济组织。同时，增强议价的能力还表现为增加对国际经济规则的影响力，对于小国来说，在一个范围较小的组织内，它的呼声更容易得到尊重，而且这种呼声可以通过一体化组织在全球谈判中放大。对于大

---

[1] 陆胜利．建设现代化经济体系　奠定现代化强国物质基础[J]．北方经贸，2017（11）：6–8.

国来讲，通过推动区域经济一体化合作获得区域内的主导权，不仅可以获得区域合作的内部收益，而且更重要的是可以获得国际经济规则制定过程中的主导权这种外部收益。

（4）建立协调一致的机制。一般来讲，是否能从贸易自由化中获益带有不确定性，而且获益的效应要在一段时间以后才能显现。贸易自由化带来的损失却是即时的、显著的，蒙受损失的产业部门也是具体的。这些因素使得反对自由贸易的人比支持自由贸易的人更难以协调，而区域经济一体化组织能把那些从自由贸易中获益的国家组织起来，使其协调行动，减少因自由贸易利益分散和不确定性所带来的负面影响。

（5）改善成员的安全。首先，区域经济一体化组织的建立有助于改善成员国内的安全。其次，通过组建区域经济一体化组织来对抗来自第三国的威胁。最后，安全威胁促使相邻的国家组成一体化组织。这从欧盟发展的历史就可以得到验证。

3. **非传统收益理论的完善和发展。**

在Fernandez，Portes和Schiff等较为系统地提出非传统收益理论之后，一些学者又对其进行了补充。如Perroni和Whalley在2000年再次从不同规模的国家加入区域经济组织的动机验证了保险效应。小国必须向大国提供单方支付以获得进入大国市场的“保险”。2001年，Andriamananjara和Schiff构造了一个小国间合作的模型并得出结论：小国之间签订贸易协定是为了提高讨价还价能力、降低谈判成本。

除了对非传统收益理论进行补充外，一些学者还提出了一些新的看法，从而使非传统收益理论更加完善。其主要观点列举如下。

（1）实现谈判收益的最大化。艾塞尔（Ethier）在1998年的研究中指出，一些国家参与区域经济合作的基本动因是为了实现国家谈判利益的最大化，一国是否选择区域一体化是该国对地区性谈判与多边谈判的成本收益比较的结果。世界贸易组织等国际经济组织由于规模庞大，各种利益关系错综复杂，要在短时间内取得较大程度的进展必然会有很大的难度，而双边的或次区域的经济组织由于参与国的沟通、协调和谈判的成本较低，可以相对顺利地启动实质性的合作进程。区域经济一体化正是通过大幅度削减内生交易费用、提高分工水平，从而促进生产力的发展。

（2）获取政治收益。一些学者认为，政治因素在一国加入区域经济组织中起了重要的作用，尤其是大国在推进区域经济合作方面越来越重视政治收益。第一，政治考虑常是区域经济一体化的前提条件。第二，区域一体化协定中开始出现越来越多的政治条款，如劳工标准、民主制度等。第三，政治考虑有时会成为某些区域组织建立的主要动机。如美国提出了与中东国家建立自由贸易区的建议，就是为了在政治上控制中东，消除恐怖主义的根源，以贯彻其全球战略。

（3）经济波动减弱效应。我国学者白当伟和陈漓高在2003年通过对北美自由贸易区（NAFTA）成立前后美、加、墨三国经济增长的比较研究发现，NAFTA成立后，三个成员之间的经济增长的相关系数增加了。它们的经济增长率均值上升的同时，经济增长的波动减弱了。据此，他们认为经济波动既然有损于一国福利，那么经济波动的减弱也可以看作区域经济一体化的一种非传统收益。

（二）对非传统收益理论的评价

1. 非传统收益理论的创新之处

首先，它提出了比传统的国际经济一体化理论更符合现实的假定和描述。传统的区域经济合作理论有一系列隐含的假定。一是参加者的目标函数是单一的经济因素。二是所有参加国的规模是相同的。三是谈判结果是互惠的。成员的收益或成本来自贸易创造效应和贸易转移效应。而事实上，大国与小国在许多方面都存在差异。在区域贸易协定缔结过程中它们的地位、作用、目标等方面都是不同的。与传统的区域经济合作理论不同，非传统收益理论认为：第一，民族国家参与国际经济一体化的目标函数是多元的，不仅是为了经济利益，有时也是为了非经济利益；第二，不同规模的国家参与国际经济一体化的比较优势存在差异，它们所追求的目标侧重点也有所差别，大国更看重对国际经济规则的影响力，而小国更关注大国市场是否始终向其开放；第三，在大国与小国之间的经济一体化中，小国往往需要对大国提供单方支付；第四，区域经济一体化的形式还会影响参加国的成本与收益。

其次，非传统收益理论丰富了国际区域经济一体化理论。传统的国际经济一体化理论是以关税同盟理论为核心，逐步由静态分析过渡到动态分析，但它忽视了区域经济一体化组织作为一种“制度创新”的约束力。[1] 非传统收益理论则指出了区域经济一体化组织的这种作用。

最后，非传统收益理论为我们研究区域经济一体化提供了新的视角。传统的国际区域经济一体化理论侧重于研究经济一体化的福利效应，而非传统收益理论则更

---

[1] 国防科技工业　国际经济技术合作．陕西工业和信息化年鉴，西安出版社，2016：181-182.

为强调新制度经济学的视角，因为非传统收益理论的部分内容可以用新制度经济学的交易成本与制度变迁理论来进一步解释。

2. 非传统收益理论的局限性

目前，非传统收益理论还不是一个系统的理论。它虽然列出了区域经济一体化的一些非传统收益，但是却没有指出这些非传统收益之间的相互联系。同时，非传统收益理论隐含着假定自由贸易和外国直接投资对所有国家都是有利的，这与现实并不一致。因为，对于发展中国家来说，贸易和投资自由化以及跨国公司都具有两面性，它们对于发展中国家的影响是复杂的。而且，从研究方法上来看，非传统收益理论主要采用描述法和列举法来说明理论的主要内容，不可能包含国家签订区域一体化协定的全部动因。

第四章 WTO的区域经济一体化实践

70年前，为了尽快弥补第二次世界大战带来的创伤，推动全球贸易自由化，振兴全球经济，并从经济基础上避免世界大战的再度爆发，各国通过国际法律的程序和形式建立了以GATT为标志的多边贸易体制。几乎与此同时，疆域相邻、政治体制相同、经济发展水平相近、文化和宗教同源的欧洲国家，为加速民族经济的复苏和人民生活水平的提高，同样以国际法律的形式开辟了区域经济一体化的道路。

到目前为止，经济全球化和区域经济一体化成为当今世界经济发展的两大趋势。区域经济一体化的最主要表现就是各种区域经济合作组织的蓬勃发展，而WTO则是推动经济全球化的重要力量。因此，分析区域经济一体化与经济全球化的关系，必须对区域经济一体化组织与GATT／WTO的关系进行系统的分析。目前学术界关于二者关系的研究存在着多种不同的观点与看法。比较有代表性的观点包括以下几种：一是认为区域经济一体化将对以WTO为基础的多边贸易体制构成威胁；二是认为区域经济一体化组织将可能取代WTO成为多边贸易体制；三是认为区域经济一体化是多边贸易体制的有利补充，二者相辅相成。那么，区域经济一体化和多边贸易体制的真正关系究竟如何？区域主义在GATT／WTO中具有怎样的法律地位？二者在实践和理论中的冲突是如何在体制上进行协调的？我们试图针对以上问题，立足于不同的具体情况，辩证地分析问题，以期能够较深入地分析探讨区域经济一体化与多边贸易体制的互动关系。

第一节 GATT和WTO

20世纪90年代伴随冷战的终结和世贸组织（WTO）的诞生，经济全球化进入了一个全新阶段。不仅形成了真正意义上的世界市场，而且出现了统一的有约束力的国际经济规则。与此同时，全球性的区域经济合作也呈现前所未有的发展。经济全球化通常以多边合作机制为基础，如世界贸易组织（WTO）及其前身关贸总协定（GATT）、国际货币基金组织、世界银行，以统一的世界市场和国际经济规则为标志促进全球生产要素和商品服务的自由流动。区域经济合作则以双边或诸边合作机制为基础，以区域内的市场统一和规则统一为标志，促进区域内生产要素和商品服务的自由流动。

一、区域经济一体化对GATT／WTO的消极影响

如果区域经济一体化把自身看成世界贸易自由化和经济一体化进程的一部分，它对外界是开放的、歧视的和非排他的，那么区域经济一体化的发展就不会威胁全球自由贸易体系的建立与发展。但事实并非如此，随着越来越多的国家被卷入区域经济一体化组织，这些一体化组织的成员发展水平不一，文化背景各异，使得这些区域经济一体化组织往往只能顾及自身的利益，甚至利用区域经济一体化组织与他国对抗，表现出了极强的排他性。这种排他性主要表现在增加了一体化组织内部的贸易量，却减少了组织外国家的贸易量。简言之，区域经济一体化在一定程度上创建了新的贸易壁垒。主要表现在以下四个方面。

（一）区域经济一体化组织的贸易转移效应违背了GATT／WTO所倡导的自由贸易原则

GATT /WTO之所以积极推动在全球建立自由贸易体制，主要原因是认为自由贸易可以使整个世界的资源得到合理配置，且通过有效的国际分工使各国都能够实现经济福利的最大化。自由贸易区、关税同盟等区域经济一体化组织，在内部取消了关税及非关税壁垒，而对非成员则继续保持原有的或统一的贸易壁垒，这样必然会造成区域一体化组织成员间的贸易迅速增长。[1] 这种贸易增长的来源包括两部分：一部分起因于贸易创造效应，即原来的非贸易品在贸易壁垒消除后变成了成员之间的贸易品；另一部分则起因于贸易转移效应，即原来从非成员的进口开始转变为从较低效率的成员进口，从而减少了最具效率的商品的生产和销

[1] 王琦．国际经济合作适用边界的影响因素与表达模型[J]．税务与经济，2017（3）：39-46.

售，扭曲了国际分工关系。这与GATT/WTO所倡导的公平的自由贸易原则是相矛盾的。

（二）区域经济一体化增加了达成多边市场开放的难度

区域经济一体化各成员让渡了对外贸易壁垒的制定权，使非成员面对的是一个贸易壁垒同样高的多国市场，从而使非成员难以寻找到打破该区域经济一体化组织市场壁垒的突破口。这最主要表现在区域一体化组织的形成大大加强了集团在多边贸易谈判中的议价的能力，从而增加了达成多边市场开放协议的难度。❶ 长期以来，欧盟的强硬立场一直是阻碍多边贸易体制在许多领域达成市场开放协议的重要原因。例如，由于欧盟的反对，农产品贸易自由化和减少农产品补贴问题的多边谈判长期以来难以取得重大进展，并且已经成为目前影响WTO多哈议题谈判顺利进行的最大障碍之一。

（三）区域经济一体化组织新的贸易壁垒措施影响了多边关税减让的积极效果

从关税水平来看，“二战”后区域经济一体化组织的迅猛发展并没有对多边自由贸易体制构成大的影响。据统计，“二战”后初期，世界各国进口关税平均水平为40%，而目前工业品的加权平均关税水平在发达国家仅为3%左右，发展中国家也下降到14%左右。然而，当前各国更倾向于采用各种非关税壁垒来保护自己的市场，一体化经济组织更是通过强化非关税壁垒来维护其成员的利益。1969~1974年欧共体的反倾销调查案件为19件，1975~1979年为55件，1980~1984年为138件，1990年到1992年6月一年多的时间就提起反倾销诉讼60件。❷ 同样，北美自由贸易区的原产地规则也成为非成员面临的一个重要的非关税壁垒。

面对非关税壁垒的泛滥，GATT在肯尼迪回合之后加大了消除非关税壁垒协商的力度，并在东京回合制定了9个致力于消除非关税壁垒的文件，但是由于有关文件的约束力有限，而且新的贸易集团间的非关税壁垒措施不断涌现，致使非关税壁垒已经成为影响全球建立开放的、自由的多边贸易体制的重大障碍。

---

❶ 陆军．区域发展中的财政与金融政策工具[M]．长春：吉林出版集团有限责任公司，2016：23.

❷ 郝家龙．融资环境与区域经济发展研究[M]．长春：吉林出版集团有限责任公司，2016：232.

（四）区域经济一体化的发展影响了各成员对多边贸易体制的关注程度

在区域经济一体化组建起和刚刚成立之后的一段时间，各成员都把主要精力放在区域一体化组织的组建原则、方式等问题上，而对全球多边贸易体制建设则采取相对冷淡和拖延的态度。欧共体的崛起和战后日本经济的迅速发展，使美国感受到了空前的国际竞争压力。国际地位的相对下降，使美国意识到越来越难以在GATT范围内的多边贸易谈判中发挥有效的协调作用，于是开始把目光转向与自己毗邻的加拿大和墨西哥。1987年美国首先与加拿大达成了建立自由贸易区的协议，1993年美国、加拿大、墨西哥三国正式签署了北美自由贸易协定。WTO坎昆会议失败以后，美国又把注意力转移到了推动美洲自由贸易区的建立上，对发展中国家强烈要求减少农产品补贴问题仍保持强硬的立场。

二、区域经济一体化对GATT / WTO的促进作用

尽管区域经济一体化对建立和发展多边自由贸易体系存在一定的消极影响，但我们不能就此认为一体化区域经济集团就是多边自由贸易体系的障碍，因为此类区域经济一体化也存在着有利于多边自由贸易体系发展的因素。

（一）区域贸易集团的贸易创造和扩大功能

区域贸易集团组织的建立和运作能够使各成员在比较优势基础上生产更加专业化，成员的一些国内产品将被其他生产成本更低的进口产品取代，从而提高了资源的利用效率，扩大了生产利益。为了尽可能降低区域经济一体化组织的对外贸易壁垒，许多非一体化组织成员积极推动多边关税减让和市场开放谈判。例如，西欧区域经济一体化每前进一步都促使美国等非成员积极地发起一轮新的多边贸易谈判。欧共体建立后不久，在美国的倡议下发起了GATT狄龙回合（1960~1961年）和肯尼迪回合（1963~1967年）两轮多边贸易谈判，大幅度降低了GATT成员之间的关税水平；东京回合（1973~1979年）是对欧共体第一次扩大成员数量的反应。[1] 1986年欧盟通过单一欧洲法案的举动，促使美国在乌拉圭回合谈判中倡导更加全面的市场开放。因此，区域经济一体化的发展使多边贸易谈判不断产生新的需求并注入了巨大的动力。

---

[1] 赵俐，王婧．跨边界次区域国际经济合作政府主导的法治思维重构[J]．新疆社会科学，2016（4）：90-95．

（二）区域经济一体化可以有效地抑制贸易保护主义

在大多数情况下，贸易保护主义政策都源于国内特殊的利益集团的压力，而区域经济一体化的发展则可能会削弱特殊利益集团对贸易政策的影响力。在关税同盟、共同市场等经济一体化组织形式下，一体化组织的决策机构统一掌握对外贸易政策的决策权。贸易政策决策权的转移可以产生以下两种抑制贸易保护主义的机制。一是“优惠淡化效应”，即随着区域一体化组织的建立，各国原有的一些特殊利益集团在整个一体化组织范围内的代表性可能会大大降低，从而削弱对制定共同政策的影响力。二是“优惠非对称性”，即由于各成员从某种贸易保护主义政策中获益不同，所以对政策主张也会存在较大的差别。因此，作为妥协产物的贸易政策可能会降低保护程度。

区域经济一体化从一定意义上说，是GATT/WTO发展并走向成熟的中间环节，有助于推动多边贸易体制向前发展。正如《新加坡部长级会议宣言》第7条对此进行了肯定：“区域性贸易协议可以进一步推进自由化，并有助于发展中国家、最不发达国家和经济转型国家与国际贸易体系成为一体。”区域经济一体化在世界经济达到一体化的条件并不成熟的情况下，进行局部条件成熟的区域经济一体化成为一种“次优选择”。[1]区域经济一体化的安排，从一定意义上说是多边贸易体制发展并走向成熟的中间环节，可以扩大GATT/WTO的调整范围并为其开辟道路。

（三）区域贸易集团为更好的全球经济合作提供了经验和基础

区域经济一体化的建立需要以组织内各成员相互开放为前提，在这种市场开放过程中，成员的政府、企业和人民都将逐渐体会到经济自由化的积极意义，并掌握应对经济自由化和进行经济结构调整的措施。其中应对经济自由化和市场开放的能力在一个小的区域范围内更容易得到。因为在这种情况下每个国家所面临的是较少的谈判对手，从而更容易达成相关协议。OECD的研究表明，达成区域性贸易协定与多边贸易协定所面临的问题基本相同，所不同的仅是问题的尖锐程度和解决的可能性。因此可以认为，区域经济一体化为各国进行市场开放和政府处理越来越复杂的国际经济问题提供了一个重要的试验场。

---

[1] 田慧芳．为全球经济治理注入中国智慧[N]. 人民日报海外版，2016-08-17.

地区性的自由贸易协定经常可以成为确定多边国际协定的基础。回顾GATT／WTO所进行的各轮多边贸易谈判，我们会发现，许多重要的议题在一些区域一体化组织内部已经得到解决，一些国家或区域一体化组织希望把有关的区域性协定上升到GATT／WTO框架下的多边国际经贸协定。例如，北美自由贸易协定的内容已经远远超出了传统意义上的自由贸易协定的范围，在外国投资的国民待遇、环境保护、知识产权保护、金融服务业开放等各方面都有了明确的规定。而这些内容最终也都成为GATT乌拉圭回合谈判以及WTO多哈回合等多边贸易谈判的中心议题和争论的焦点，并为在WTO框架下解决有关问题提供了基本经验。

因此，传统区域经济一体化对多边自由贸易体系（GATT／WTO）的影响是非常复杂的，尽管不能说区域经济一体化就是阻碍多边自由贸易体系发展的障碍，但其确实存在着制约多边贸易体制发展的因素。尽管不能简单地下结论说区域经济一体化就是多边自由贸易体系的重要推动力，但的确可以在一定程度上促进多边贸易体系的发展。这表明，经济一体化与多边自由贸易体系既存在冲突的一面，也存在一致的一面。

第二节　GATT／WTO对区域经济一体化的法律探讨

当今国际贸易自由化的两种基本的法律形式是多边贸易体制与区域经济一体化。GATT作为多边贸易体制的法律基础自建立以来，逐渐形成一套调整国际经济和贸易关系的规则和程序，经过不断的完善与发展，建立了一个多边国际贸易体制。WTO自1995年1月1日成立后，多边贸易体制从过去的“临时适用”转变为一种长久的体制，从“事实上的法律人格者”转变为“正式享有法律人格者”，从最初的一项协定和二十多项关税减让表发展为由众多法律文件构成的复杂而庞大的法律体系。[1] 同时，WTO本身又是一个不断完善与发展的体系，WTO每两年举行一次部长级会议以对国际贸易中出现的新问题、新情况进行谈判，并对原有规则的一些缺陷与不足进行审议和必要的修改[2]。

---

[1] 连威．国际经济合作的国内制度分析[J]．财经界（学术版），2016（11）：48.

[2] 裘松春．区域经济一体化研究[M]．长春：吉林大学出版社，2008：22.

区域经济一体化以贸易自由化和促进多边合作为共同目标，但形式却多种多样，按照其一体化的程度差异，可分为自由贸易区、关税同盟、共同市场、经济同盟及完全经济一体化五种。[1] 从WTO关于区域贸易协定的规定来看，可分为关税同盟、自由贸易区以及为成立关税同盟与自由贸易区所缔结的“临时协定”三类。

一、GATT / WTO对区域经济一体化的法律规定的背景

关贸总协定（GATT）在1947年正式签署时，面对当时已经存在的区域经济集团及贸易优惠安排，给定了“祖父条款”（Grandfather Treatment）地位。其内容是免除某些享有“祖父条款”地位的区域经济集团和贸易优惠安排的最惠国待遇多边义务，但其使用范围仅限于附件中列明的几个特惠区域，建议应该逐步降低直至取消这些特殊贸易优惠安排。GATT成立后就展开了对区域贸易安排的审查和监督工作。1957年10月，GATT指派了包括全体成员的委员会对欧共体《罗马条约》进行审查。在委员会内部围绕欧共体是否违反了GATT所倡导的非歧视性自由贸易原则发生了激烈的争论。在当时欧共体6国以退出GATT相威胁的情况下，GATT才不得不把区域贸易协定确认为非歧视原则的一个例外，并对GATT第24条中的有关条款进行了一次彻底修改，从而形成了GATT/ WTO关于区域经济一体化组织的有关规定。

二、GATT / WTO对区域经济一体化组织的法律规定

（一）承认关税同盟与自由贸易区作为例外的规定

作为WTO最惠国待遇原则的一种特殊例外，GATT第24条及其谅解、乌拉圭回合确定的《服务贸易总协定》（GATS）第5条和1979年东京回合所达成的《授权条款》，确定了区域经济一体化在多边贸易体制中的合法地位。

GATT第24条及《服务贸易总协定》第5条对成立区域贸易组织（主要分为关税同盟、自由贸易区两种类型）的定义、目的、涵盖范围、过渡期、结果及审议等做了明确规定，使国际社会第一次以多边条约的形式，从法律的角度对关税同盟和自

[1] 李琳. 区域经济协同发展：动态评估、驱动机制及模式选择[M]. 北京：社会科学文献出版社，2016.

由贸易区这两个区域一体化集团的形式做出了概念界定并列明了构成要件。虽然GATT第24条只规定了三个层次——关税同盟、自由贸易区及为成立关税同盟和自由贸易区而订立的临时协议，并没有对更为开放的共同市场和经济同盟做出规定。但是仍然开创了多边贸易体制下推行区域经济一体化的先河，并从法律上明确了关税同盟、自由贸易区的形式和内容。

1. **定义**

根据GATT第24条“关税同盟和自由贸易区”第8项规定，关税同盟是指用单一关税区代替两个以上关税区，区内成员实质上取消关税或其他贸易限制，实施统一关税或其他贸易规章。关税同盟必须满足以下条件。

（1）该同盟各组成区域之间的实质意义上的所有贸易，或者原产于各该区产品的实质意义上的所有贸易，取消了关税及其他限制性贸易规章。

（2）该同盟每个成员对非同盟区的贸易使用大体上相同的关税及其他贸易规章。

（3）对非成员的缔约各方征收的关税和实行的其他贸易规章，整体上不得高于或严于未建立同盟或临时协定的各组成区所实施的关税和贸易规章的一般限制水平。

对于自由贸易区，GATT第24条将其定义为两个以上关税区的群体，并要求满足以下两个条件：①其组成区域对原产于各该区产品的贸易实质上取消了关税及其他限制性贸易规章；②各组成区成员对非成员的缔约各方征收的关税与实行的其他贸易规章，不得高于或严于未建立自由贸易区或临时协定时各组成区域所实施的关税和贸易规章的限制水平。

所以，有人把自由贸易区称为“半关税同盟”。

2. **成立的目的与涵盖范围**

GATT第24条第4项规定，“关税同盟或自由贸易区的目的应是为了便利成员之间的贸易，而非提高其他成员与此区域性组织之间的贸易壁垒”“参加方应在最大限度内避免对其他WTO成员间的贸易造成不利影响”。

对于区域性贸易涵盖的贸易，GATT第24条第8项第（A）款规定，不论是关税同盟还是自由贸易区，其构成成员之间实质上取消了关税或其他贸易限制。该项规定的目的是避免发生“并非真正要在区域之内实施自由贸易，而只欲就某些特定产品形成优惠待遇，以排斥或限制其他国家产品进入其市场，从而形成区域贸易壁垒现象”。

3. 过渡期

不论是关税同盟还是自由贸易区，若不是立即成立，而是经过一段时期逐步完成，则应在合理期限内完成。

GATT第24条第5项第（C）款规定，签订任何“过渡性协议”（即最终将形成关税同盟或自由贸易区协议），应将形成关税同盟及自由贸易区的时间表及计划包括在内，其时间应不超过合理的长度。

4. 协议结果与审查程序

GATT第24条第5项第（A）款规定：关税同盟或自由贸易区对非区内成员的关税或其他贸易限制在整体上不得高于未成立关税同盟或自由贸易区前之关税或其他贸易限制。

GATT第24条第7项规定：WTO会员欲签署关税同盟或自由贸易区及过渡协议时，应立即通知货物贸易理事会，并由货物贸易理事会交由区域贸易协议委员会进行审查，并提出报告，送交货物贸易理事会采纳。

5. 对受影响的区外成员的补偿

GATT第24条第6项规定，在符合第24条第5项（A）款前提下，若成员方为成立关税同盟而必须提高关税，而此项提高并不符合GATT第2条（减让表）规定的，必须适用GATT第28条所规定的“调整关税时对受影响国家的补偿”。补偿形式为：调低其他关税类别的关税。如果不被接受，双方应继续谈判；若在合理期间仍无法达成协议，关税同盟有必要进行修改或撤回其减让。[1]

为了防止滥用有关区域贸易协定条款，上述相关条款对各国建立区域贸易安排要求具备以下三个主要附加条件。

（1）不得提高对区域贸易协定以外国家的贸易障碍。

（2）区域内成员相互之间应该取消所有贸易障碍。

（3）区域经济一体化必须在一定时期内完成。

但是，上述附加条件的内容非常模糊，弹性很大，给具体实施带来困难。首先，对于不得提高对区域贸易协定以外国家的贸易障碍缺乏被普遍接受的计算方法。其次，所有的贸易障碍缺乏明确的解释。最后，区域经济一体化必须在一定时

[1] 陈慧坚，国际经济技术合作 境外投资区域分布. 厦门年鉴，方志出版社，2015：213.

期以内完成的标准难以确定，比如一些自由贸易协定规定20多年达到目标，各成员难以衡量这种规定是否符合GATT第24条和GATS第5条的要求。

为了解决上述问题，在GATT乌拉圭回合谈判中专门就建立区域贸易安排要求的三个主要附加条件进行了讨论，并达成了《关于解释〈1994年关税与贸易总协定〉第24条的谅解》（简称《谅解》）。

该《谅解》对GATT第24条和GATS第5条在实施中暴露出的问题进行了澄清并做出了补充的规定。对于第1个附加条件，与会者达成了一致的意见，明确了计税标准应是包括贸易量的加权平均。对于第2个附加条件，没有达成一致意见。而对于第3个条件中的一定时期，基本上达成了10年的共识。

（二）对服务贸易领域的区域合作问题做出规范的GATS第5条

GATS第5条以经济一体化的名义对服务贸易领域的区域合作问题做出了规定。根据该条款的规定，对自由贸易协定（FTA）以外的任何WTO成员，相互签订区域服务自由贸易协定的各成员不得提高在该协定形成前就已适用的服务贸易壁垒的总体水平；在FTA签订之前即已在该协定某一成员境内从事实质性商业活动的第三国服务提供者，有权享受该区域协定给予的特别优惠；各成员应该将执行情况定期向WTO服务贸易理事会报告。

（三）根据授权条款而成立的发展中国家区域贸易协定

为了扶持发展中国家进行区域经济一体化，GATT东京回合对于发展中国家组成的区域贸易协定达成了“授权条款”，即《1979年关于特殊和更优惠待遇、互惠和发展中国家全面参与的决定》。[1] 所谓“授权条款”就是发展中国家在建立区域贸易安排上，不一定要满足GATT第24条的三个例外条件，只需要促进贸易的发展就可以。这是因为比起发达国家，发展中国家实现区域一体化的难度更大。

由于交通基础设施不完备、产业结构雷同，发展中国家之间区域经济一体化的效果并不十分明显。发达国家之间主要是基于规模效益上的水平分工（产业内贸易），因而区域经济一体化具有很好的经济效应。一些相邻的发展中国家间区域经济合作，尽管可以促进相互之间的友好关系，但要达到区域经济一体化的程度，往

---

[1] 王发龙．国际制度视角下的中国海外利益维护路径研究[D]．济南：山东大学，2016.

往需要很长的时间。

（四）GATT／WTO对区域贸易协定的审议

为了审议评估双边FTA是否与WTO规则相一致，正确处理区域性与多边性安排之间的关系以及最大限度减少由双边FTA等区域贸易协定带来的贸易障碍，WTO加强了对双边FTA等区域贸易协定的监察。

1. **建立专门的审议机构**

1996年2月6日，WTO总理事会改变原来对双边FTA等区域贸易协定的审议由单独的工作小组进行的做法，设置了区域贸易协定委员会（CRTA）作为WTO的唯一的审议区域贸易协定的机构。[1]根据WTO总理事会的授权，区域贸易协定委员会的主要职责是，评审各成员依据GATT第24条、GATS第5条及授权条款所通报的区域贸易协定内容并对相关成员提出适当建议：加速审查程序，提交审查报告，考察区域贸易协定的体制性含义，以及区域与多边贸易组织的关系，并向总理事会提出建议，执行总理事会决议，每年对总理事会提出报告。区域贸易协定委员会建立后，提高了审议程序效率，为讨论全面系统、具有共性的问题提供了一个场所。

2. **规范通知资料**

为了便于审查双边FTA等区域贸易协定是否符合WTO相关规定以及便利双边FTA等区域贸易协定缔约国提交通知的原始资料并将资料格式标准化，WTO区域贸易协定委员会于1996年7月31日和1997年5月2日分别针对双边FTA等区域贸易协定和经济一体化协定通知资料内容制订了一套标准格式，该标准格式可视为双边FTA等区域贸易协定缔约国提交通知WTO的基本资料的指导原则。虽属自愿性质，但一般区域贸易协定缔约国均依照该标准格式提交通知。标准格式所要求的信息并不取代区域贸易协定缔约国应提供给WTO成员相关法律文件及详细贸易与关税资料。

此外，WTO成员仍有以书面提出质询及要求提供额外信息的权利。

3. **规范审查程序**

为了减少贸易障碍，保证双边FTA等区域贸易协定不对贸易体制造成扭曲，WTO规范了审查内容和程序。

---

[1] 陈岩．国际一体化经济学[M]．北京：商务印书馆，2011：35.

第三节 WTO与区域经济一体化的冲突与解决

一、区域经济一体化与WTO多边贸易体制的冲突

（一）区域经济一体化对最惠国待遇原则的挑战

在GATT／WTO框架下的非歧视原则包括最惠国待遇原则和国民待遇原则。这一原则的最主要体现是一般最惠国待遇原则，即一缔约方对来自或运往其他国家的产品所给予的利益、优待、特权和豁免，应当立即无条件地给予来自或运往所有缔约方的相同产品。

GATT／WTO多边贸易体制的构建基石是其在GATT第1条第2款就庄严宣示的“最惠国待遇”原则（Most favored nation treatment，MFN）。所以，按照GATT/WTO的非歧视原则，各类商品应该能够无障碍地在缔约方之间依据市场机制自由流通，缔约方给予其他所有缔约方的市场准入水平都是相同的。它最有力地促进了全球贸易自由化。多边贸易体制近半个世纪的实践证明了这点。可以这样说，缺少最惠国待遇原则的GATT/WTO多边贸易体制将是难以存续的。

而区域经济一体化则主张贸易优惠政策，在区域内实行贸易自由化，消除贸易壁垒及障碍，推进区内的贸易自由化进程，但对区域内的成员与区外的第三方之间的贸易，则实行歧视的排他性贸易保护政策。这种仅对区域内部之间的优惠政策使贸易自由化的范围受到了很大的限制。[1] 因为区域经济一体化实行的是区域性质上的贸易优惠政策，这种优惠并不让区域外的第三方享受。区域经济一体化组织对内实行贸易自由，对外则采取贸易的限制政策，成为全球贸易中的区域壁垒。区域经济一体化组织的这种做法严重背离了GATT/WTO多边贸易体制中的最惠国待遇原则，主要表现在以下几个方面。

1．**关税措施**

区域经济一体化组织对内取消关税，对外则采取相同的税率或高于经济一体化

---

[1] 冯宗宪．国际贸易理论、政策与实务[M]．西安：西安交通大学出版社，2014：101．

成员方的税率。这对区域外成员方的产品进入区域内必将造成阻碍。正如1994年11月17日国际货币基金组织在关于国际贸易政策的报告中提到的：北美自由贸易协定的消极作用之一就是，东亚地区的劳动密集型产品出口“大都面临着美国高关税和顽固不化的非关税壁垒的阻碍，而在出口钢铁和电子设备时，中国、韩国、马来西亚和新加坡等国也遇到了美国相当严重的贸易壁垒的阻碍”。可见，区域经济一体化组织内外有别的做法对多边贸易体制主张的最惠国待遇原则构成严重挑战。

2. 非关税措施

（1）原产地规则。GATT第9条对“原产地标记”做了原则性规定，第1款明确规定：“每个缔约方给予其他各方领域内产品的标记规格上的待遇，其优惠不得低于任何第三国相同产品的待遇。”即在原产地规则方面实行最惠国待遇原则，但是区域经济一体化组织则规定：经济一体化组织内部的原产地规则对本区域经济一体化成员方产品实行特别优惠。很显然，这种区域内部的规定违背了“最惠国待遇原则”。另外，由于全球区域经济一体化组织数量众多，每个区域经济一体化组织针对来自区内区外的产品都有自己的原产地规则，这样将极大地阻碍国际贸易的发展。

（2）反倾销政策及保障措施。在区域经济一体化组织内，反倾销措施、保障措施对区内与区外的适用也不一样，其往往会演变为贸易保护的手段，同样背离了最惠国待遇原则的要求。区域经济一体化的区域性贸易安排，在有些方面并没有体现多边贸易体制所倡导的最惠国待遇原则，区域经济一体化组织作为一个整体在参与制定国际贸易规则时，往往出于自身利益的考虑，会对多边贸易体制的发展造成一定的阻碍。[1] 这种区域性经济组织违背了多边贸易体制所推行的最惠国待遇原则，区域经济一体化组织这种歧视性、排他性的做法构成了对多边贸易体制的威胁。

（二）区域经济一体化的保护排他效应

1. 贸易转移效应

由于区域经济一体化组织对内推行贸易自由，对区外则实行保护、排他的贸易政策，从而使部分贸易从区外转向区内，形成贸易转移效应。区域经济一体化的

[1] 陈泽明. 区域合作通论[M]. 上海：复旦大学出版社，2015：123.

“贸易转移”效应不利于多边贸易体制的发展。就现实情况来看，区域经济一体化组织内部各成员相互给予的优惠待遇一般不可能为其他非成员所享有。这样，区域经济一体化在推进内部贸易自由化的初始阶段，贸易转移效应十分明显，其经济统一性越增强，整体对外排斥性也越明显。

例如，欧洲统一大市场的形成导致欧盟近年来与北美和亚洲的贸易增长放慢，并对发展中国家出口的反倾销日益增多。另外，近年来北美自由贸易区建设进程加快并逐渐向美洲自由贸易区过渡，也使美国大量劳动密集型产品的进口从亚洲转向本地区的发展中国家。原来从世界最低成本的商业生产者处的进口转变为从成本较高，但位于区内的商品生产者处进口。这将降低全球资源配置效率，减少世界福利。同时也会使某些区外国家蒙受损失。以北美两个一体化组织为例，据世界银行的最近研究，南方共同市场由于贸易转移效应，导致伙伴间的大量低效贸易。而据《纽约时报》的报道，自墨西哥纳入北美自由贸易区之后，加勒比地区的纺织品和农产品生产者因贸易转移而遭到了极大的损失。

2. *原产地规则和本地化要求*

区域经济一体化安排中的原产地规则和本地化要求也形成了对成员的保护和对非成员的歧视。从NAFTA和EU的原产地规则中可以看出，在关键经济部门，原产地规则是作为一种工业政策来执行的。在实践中，原产地规则形成了强迫投资的工具。位于区域外的经济实体只能做出两者取一的选择：要么在区域内进行生产设备投资，要么完全停止贸易。区域经济一体化的这些保护排他效应显然与GATT/WTO所倡导的全球多边自由贸易原则背道而驰。

（三）成员方的双重资格导致内外利益的冲突

很多区域经济一体化的成员是以GATT/WTO为代表的多边贸易体制的成员，这就赋予了他们一种事实上的双重身份，并且这种现象会随着多边贸易体制和区域经济一体化的扩大而越来越普遍。

双重身份带来的是双重的权利和义务。就双重的权利而言，这正是他们先后加入多边贸易体制和区域经济一体化的目的所在。讨论双重身份的意义更在于他们的双重义务，问题的发展再次分化为两种可能：第一种假设多边贸易体制与区域经济一体化各自所规定的义务并行不悖，互不干扰，则不会导致冲突的发生；第二种假设多边贸易体制与区域经济一体化各自规定的义务产生分歧，而现实情况只允许做出非此即彼的选择。那么，一国一般会以谋取最大的经济利益作为取舍的标准。

自然，大多数区域经济一体化组织都为了维护其整体的经济利益而做出不利于多边贸易体制发展的选择。为了维护区域经济一体化组织的整体利益，区域经济一体化内部相互给予优惠，对非成员仍然保持关税和贸易限制，从而造成以下消极的后果。第一，区域内部的既得利益使这些具备了多边贸易体制和区域经济一体化的双重成员资格的国家在多边谈判中持更加保守的态度。第二，区域经济一体化组织在参与制定国际经济规则的谈判中也面临着内部利益与外部利益的冲突取舍问题，严重干扰了多边贸易谈判的议事和决策过程。第三，国家之间的贸易摩擦和纠纷上升为各区域贸易集团之间的矛盾和抗争，各区域贸易集团又因为势均力敌，一旦形成对峙，就会使整个多边贸易谈判陷入停滞不前的局面。

（四）区域经济一体化削弱了WTO多边贸易体制的多边性

多边贸易体制有关协定把区域经济一体化作为最惠国待遇原则的例外予以规定的同时，并未对区域经济一体化协定规定具有约束力的可操作性的认定标准。加之对区域经济一体化协定的事后审查，给一些成员方提供了借此规避最惠国待遇原则的便利，造成了区域性贸易协定的猛增。任何参与区域经济一体化协定的世界贸易组织成员方均可以区域经济一体化优惠为由，不将给予区域一体化内其他成员的优惠给予区域外的成员方。如果这种现象仅发生在少数成员方身上，尚属例外，对多边贸易体制不会造成太大影响。如果这种现象发生在多数成员身上，将会削弱多边贸易体制的“多边性”。正如世贸组织前总干事鲁杰罗所担忧的，“区域性协议本身所具有的优惠是最惠国待遇原则的一个例外。当这种最惠国待遇原则例外的数量和规模达到一定程度时，例外就成为规则，就会改变多边体制”。这种忧虑是有道理的，如果多边贸易体制的成员方可以尽量不履行多边贸易义务，就会导致多边贸易体制“多边性”的削弱。

总之，区域经济一体化与多边贸易体制之间存在着冲突和矛盾，两者之间的这种不一致性是由两者本身各自的特点决定的。由于区域经济一体化自身的排他性和歧视性必然与倡导全球贸易自由化的多边贸易体制的非歧视性、开放性等基本精神存在差异，这就使矛盾与冲突的存在成为可能。为更好地协调两者之间的关系，就有必要对多边贸易有关区域经济一体化的规则进行完善。

二、WTO与区域经济一体化之间冲突的解决

从以上的分析可以看出，两者之间的冲突是客观存在的。当1958年欧洲经济共

同体产生时，这种区域性经济合作与关贸总协定所倡导的全球自由贸易观念就发生了冲突。欧共体作为一个关税同盟，对内实行自由贸易，对外执行统一的关税和贸易政策，而这直接违反了GATT的非歧视原则。为此关贸总协定内部曾经就欧共体是否违背关贸总协定规则展开过激烈的争论，但当时的欧共体六国以退出关贸总协定进行威胁，致使关贸总协定最终不得不做出让步：在坚持非歧视原则的同时允许区域贸易协定的存在。

为此，关贸总协定第24款规定允许区域贸易协定作为一个特例存在，条件是它在促进区域内贸易流动的同时不得提高对外部世界的壁垒。换句话说，区域贸易协定应该补充而不是威胁多边贸易体系。进入WTO时代以后，除了原先GATT的第24款被继承下来以外，世贸组织的服务贸易总协定也允许区域贸易协定的存在。为了监督和评估区域经济合作组织对多边经济合作产生的影响以及区域贸易协定与多边贸易协定的关系，1996年2月6日世贸组织总理事会专门设置了区域贸易协定委员会，以协调二者之间的关系。

（一）经济一体化组织不断增加的开放性促进了和多边贸易体制之间的协调

当前，区域经济一体化组织已经显示出某些开放性的态度。体现在不断加大其开放程度，减少其对最惠国待遇原则的侵蚀，从而促进全球经济自由化的发展。例如，亚太经合组织（APEC）在《茂物宣言》中强调，该组织成员强烈反对成立一个同全球贸易自由化目标相偏离的内向型贸易集团；欧盟也一再强调其否定封闭性和排外性，实行开放性；美洲国家首脑会议也强调，在美洲建立泛美自由贸易区，绝不是要建立一个封闭的贸易集团。而中国原外经贸部副部长龙永图表明了中国的态度：中国与东盟的区域合作，不会对世贸组织形成障碍，中国与东盟将更好地分享经济全球化和区域经济一体化的利益。[1]

在经济全球化的今天，各区域经济一体化组织结合自身条件和发展阶段，不断扩大对外开放，不仅有利于提高资源在全球的配置效率，增加世界福利，而且也符合成员方自身利益。各区域经济一体化组织之间虽有激烈竞争，但并不排斥相互间的合作，甚至是走向联合。区域经济一体化组织之间的贸易自由化谈判，使它们

[1] 刘中伟．东亚区域服务贸易自由化合作发展机制研究[M]．北京：知识产权出版社，2016：35.

从小区域一体化走向大区域一体化，或各种一体化组织之间相互交叉重叠，从而为实现更大范围的经济与贸易自由化创造了极为有利的条件。[1] 而欧盟（EU）则在1995年12月25日和拉美领导人在马德里签署了一份地区合作协议，旨在建立跨洋自由贸易区。在此基础上，英国提出建立一个环大西洋自由贸易区。如果它今后又能与APEC融合，那么WTO确立的全球贸易自由化的宏伟目标就有可能最终以此方式实现。

联合国贸发会议在1994年的贸易与发展报告中提出了实现“区域一体化”与“多边体制”并轨的具体步骤，称为融解战略，即用改善多边体制的办法“融”化掉区域集团的歧视因素。[2] 如乌拉圭回合的有些做法就产生了类似的功效，例如对医药、化工、纸张等多项产品的零关税，就把关税同盟或自由贸易区中对这几类产品仍收关税的问题给“融化了”。甚至在有些议题上制定了比区域集团更为严格的制度。例如农产品的反补贴措施方面的规则就超过了欧盟和北美自由贸易区；在知识产权、技术壁垒和卫生检疫方面的规则，明显地“多边融化了”NAFTA的有关规则。

（二）区域经济一体化和WTO体制在贸易制度领域的相互推进

关税是市场经济国家和地区调节进出口最重要的方式之一，也是多边贸易体制所提倡的通过影响价格进行管理贸易的唯一完全合法的手段。从北美自由贸易区的情况看，墨西哥原本是一个高保护关税的国家，但为了同美、加谈判自由贸易协议和为自由贸易区的建立做准备，自20世纪80年代以来，墨西哥对其高关税制度进行了一系列大胆的改革，较大幅度降低了其关税水平，使其基本上与关贸总协定发达缔约方的工业品平均关税水平相一致。墨西哥政府大幅度削减关税的行为，为北美地区在过渡期内实现全部取消关税的目标铺平了道路。[3] 另外，在1991年11月，APEC的苏比克峰会批准到2000年消除信息产品的所有关税，并在新加坡召开的WTO部长级会议上呼吁将信息技术协议推向全球。APEC称如果WTO成员中有很大一部分不准备加入此协议，那么APEC将自行实施。此举显然会导致出现新的差

[1] 刘新智．开放型区域经济发展理论研究[M]．北京：科学出版社，2016：364.

[2] 高建明．WTO的实践[M]．天津：天津科学技术出版社，2011：87.

[3] 毛志锋．区域可持续发展的理论与对策[M]．长春：吉林出版集团有限责任公司，2016：312.

别待遇，对此，圈外国家做出了正面回应。这样，APEC在实现区域贸易自由化的同时，又推进了多边贸易自由化。

由此可见，某一区域经济一体化内部的经济自由化运动可以激励其他国家和地区采取同样的措施，进行一系列的国内对外贸易体制及政策的改革，从而以求在全球贸易自由化的背景下，使自己也能享受到本身贸易自由化带来的好处，这样，区域贸易的一体化就推动了一些圈外的国家采取与区域经济一体化类似的贸易自由措施，从而有利于推动全球贸易自由化的进程，也为多边贸易体制在更广阔的领域实现全球贸易自由化做出了贡献。

从贸易政策来看，区域经济一体化在某些方面有利于多边贸易体制的进程，因为全球多边贸易自由化的实现不可能一步到位，它将是一个长期发展的动态过程。而且，从上述两者之间的贸易措施来看，无论是多边贸易体制还是区域经济一体化，只要两者存在着某一贸易政策领域的发展差距，那么发展较快的一方总会刺激或带动另一方也在同一经济领域做出有利于全球贸易自由化的政策调整。

（三）区域谈判和多边谈判的互相协调

实践证明，当有关某一方面的区域经济一体化谈判与多边贸易谈判并驾齐驱，恰好在同一时期进行时，两者会相互促进，推动贸易自由化进程。例如，多边贸易体制在东京回合期间针对政府采购行为达成一项守则协议，并于1981年1月1日生效，该协议就是在充分吸收和汲取了欧共体在协调和放松政府采购行为法规条例的先期经验与做法的基础上，对政府采购的招标、投标（公开招标、选择性招标和单独招标）方式做了较为详细的规定，并把政府采购实体扩大至地方和公用事业部门。1998年的美加自由贸易协议也采纳了东京回合政府采购守则的某些基本原则（最惠国待遇和国民待遇）和招标投标程序，扩大了采购实体的范围并相应降低了适用守则的起始价款。在北美自由贸易协议谈判期间，美加墨三国在涉及政府采购的问题上，本打算把地方乙级的采购实体排除掉，但由于当时正值乌拉圭回合谈判，在政府采购实体问题上取得了重大进展。美加墨迫于多边谈判的进展，最终在其自由贸易协议中写入了地方或州政府是采购实体。

从对政府采购行为的这一规范中可以看出，区域经济一体化推动了多边贸易体制在这方面的规范化，反过来，由于多边贸易体制对政府采购行为的规范，又推进了区域经济一体化这方面的进展，可以说多边贸易体制对北美地区的政府采购行为规范化和自由化起了重要的推动作用。在规范政府采购行为这一问题上，可以说多边贸易体制与区域经济一体化之间形成了一种彼此呼应、相得益彰的关系，即多边贸易体制取之于区域经济一体化（欧共体），又用之于区域经济一体化（北美自由贸易区）。对政府采购行为的规范，说明区域经济一体化与多边贸易体制之间的互动关系是一个长期内相互作用的动态过程，通过这种互动，促进全球贸易自由化的发展。

另外，区域经济一体化组织的发展也推动了多边谈判的进程，尤其是欧盟的发展对战后多边贸易体制起着巨大的推进作用。20世纪50年代末欧共体的诞生促使美国出于政治、军事和经济目的，发动了GATT第6轮肯尼迪回合谈判。60年代欧共体的扩展又是美国发起东京回合谈判的主要因素，80年代欧共体“单一欧洲”计划导致美国推动乌拉圭回合谈判，而当乌拉圭回合谈判在90年代初由于美国与欧盟在农产品等问题的争执而停滞不前时，北美自由贸易区、亚太经合组织的诞生最终促使了谈判的完成。

第四节　投资、服务和无形资产等方面的保护

发达国家和发展中国家有关服务、投资和无形资产保护的规定各不相同。美国的自由贸易协定通常包括了服务业市场进入、美国式的有关投资规定和无形资产保护的谈判，欧盟的服务业市场进入协定同样也包括了服务业市场的进入，但倾向于加强主要的无形资产保护国际规则。另外，大多数的发展中国家协定集中于商品贸易以及改变服务：投资和无形资产保护的不均衡性。美国、欧洲和发展中国家在有关提高服务、投资和无形资产保护方法上差别更大。

以美国为例，美国自由贸易协定在投资、服务和无形资产保护方面的规定包括以下几点。

（1）开放服务市场引进了外商投资加强竞争，或者锁定原先自由化的部门，但是一些部门除外。因为大多数与美国建立自由贸易协定的国家已经开放了大部分的部门，协定只是锁定了一些美国占优势的服务部门，将变动限制在控制范围之内。最显著的市场开放表现在哥斯达黎加电信业和保险业的开放，以及巴林银行业的放开，这使除了保险、财务咨询服务和通信服务以外的一些行业都经历了不小的变化。新加坡也有类似的承诺，承诺停止对邮政业的交叉补贴，以及智利承诺有选

择性地开放保险服务。

（2）预防措施和限制性清单的排除。预防条款意味着新的自由化会自动包含在贸易协定下，限制性清单保证了新服务领域能够在协定的范围内得到允许。但在劳动力服务中却没有相关预防措施和限制性清单，与投资公司相关的成员除外。

（3）投资权利。投资权利包括允许国家非歧视性待遇，允许企业在其他国家建立新公司，投资争端的仲裁只针对限制清单以外的问题等。

（4）TRIMs附加条款提供了对无形资产更强的保护，投资争端的仲裁解决可以根据争端实施解决。

利用区域贸易协定作为服务自由化的杠杆有很多好处。一方面，潜在经济表现的提高是巨大的。另一方面，服务业的自由化是双边的。这主要是因为成员开放市场都希望在完全竞争中实现收益，因此才会开放市场。另一个原因是成员对区域内国家的投资者采用了较为宽松的政策，这使得外部的投资者需要通过在成员设立子公司等形式进行投资。即便一些限制措施阻碍了最惠国的完全自由进入，区域协定能够无成本打开市场，因为他们并没有承担贸易转移的成本。区域贸易协定还有很多可改善的地方，特别是发展中国家之间的协定。

并且，各国应该制定适合其发展水平的投资和无形资产保护措施，并仔细研究什么因素应该包括在贸易条款中对一些国家保护财产权利，如土地权或小型企业资产所有权比建立投资市场更为重要。对另一些国家来说，特别是中等收入国家，后者则应优先解决。一旦战略制定后，就必须确保新的规则能够与区域贸易协定相适应，可促进发展。

一、区域协定中的投资保护和投资准入

很多自由贸易协定涉及了有关投资的措施，特别是北美自由贸易协定，对投资采取的是广义的定义，不仅包括了外商直接投资，还涵盖了私有借款，甚至是国家借款。发达国家会寻求比WTO框架中多得多的要价，比如美国经常要求在“征用（expropriation）”条款中规定“非直接征用”。按照这一解释，发展中国家的管制或政策给美国投资者带来的损失都可以被解释为“非直接征用”，受到影响的美国投资者就可以援引这一条款要求东道国给予补偿。

所有协定提供的有关外商直接投资方面的内容都是基于国民待遇原则，禁止成员间的投资歧视。前期投资权利包括商业投资和所有部门投资活动，限制性清单禁

止的除外。这些权利包括在北美贸易协定中墨西哥和加拿大投资者可以在美国进行投资。除了美国，北美贸易协定允许在特定地区进行通信、媒体、交通运输和社会服务等部门的投资。前期权利通过阻止未来政府政策设置外商投资壁垒，扩大了准入的市场。

与WTO《与贸易有关的投资措施协议》（TRIMs协议）相比，区域贸易协定中的投资条款更为有效。TRIMs协议试图阐明政府政策应遵守的相关原则，外国公司建立合资企业、开展出口贸易，需要使用当地的原材料或雇佣当地的工作人员。然而协定却未能提供对该原则足够的定义，没有提供有效的实施办法，缺乏监管过程。

双边投资协定使得投资可以自由地在各地进行。这保证了投资者可以转移其利润，确保投资或借款可以不受政府的干涉。另外，美国对外签订的大多数协定，都包括了一个投资争端解决措施，允许投资者能够寻求外国政府解决与其他国家投资者之间的投资争端。

相比起来，欧盟对外签订的自由贸易协定中有关投资和资本流入的规定并没有予以深化。例如，欧盟—墨西哥协定只是简单地描述了现存的投资限制将会逐步取消，实施新的限制条款；协定并没有就个别部门或自由化的时间进度做出详细的规定。欧盟—智利协定将之称为“符合投资国家法律的直接投资资本的自由流动”。这两个协定，在货币和汇率存在困难时对投资有所保护，但有时间限制，墨西哥为6个月，智利为1年，同时还允许在保护期过后通过正式的再申请程序继续进行保护。

有关投资争端解决的规定，欧盟与美国的做法较为类似。总的来说，欧盟没有专门的投资争端解决规定，该内容都涵盖在了一般争端解决的规定当中。争端的解决在国与国的层面上，首先通过联合委员会在30天之内进行协商。如果未能解决，则相关国家可以将其要求提交给由各国代表参加的仲裁委员会进行仲裁。美国和欧盟的相关协定都对仲裁委员会成员的委派做出了具体的规定，如仲裁委员会做出决定的时间、决定的实施等。

二、区域协定中的无形资产保护

知识产权保护是发展中国家面临的一个压力越来越大的问题。现行的知识产权保护体制是否有助于发展中国家的持续发展仍然是一个有争议的问题。据估计，发展中国家用于执行TRIPs（和贸易相关的知识产权协议）的费用每年高达6000亿美元。

美国已经不能满足于TRIPs所达到的保护水平。在新一轮多边贸易谈判“多哈议程”进展缓慢的情况下，美国又试图通过区域和双边自由贸易协定寻求对美国利益的保护。2001年，小布什入主白宫。布什行政当局明确了对外贸易政策的“竞争性自由化”战略，打造了一个以美国为中心的自由贸易协定网络，并借助这个网络来实现美国在多边贸易体制中不能实现的利益，其中突出的是美国知识产权的利益。

美国人一直认为TRIPs所达到的保护水平低于美国的标准，并把美国的法律视为“标准的知识产权保护水平”。比如，美国对版权保护的期限为作者的生命期再加70年（作者的生命结束后再加70年），而TRIPs规定的保护期为作者的生命期再加50年；美国的专利法规定，考虑到因专利局的延误而延长专利权的保护期，而TRIPs没有这样的规定。因此，美国国会就“2000年双边贸易促进法案”所做的声明中说，美国双边自由贸易协定的总体目标是鼓励贸易伙伴同意按美国法律的标准保护知识产权。为此，美国行政当局在与其他国家的谈判中都要求订立按美国法律的标准实施知识产权的保护，通过贸易协定使贸易伙伴再根据协定内容修改国内法律，以达到与美国国内知识产权法相一致。

所以，自由贸易协定被认为是一种保护美国知识产权的有效机制，所达到的保护程度都超过了TRIPs。美国试图通过自由贸易协定的方式把自己要保护知识产权的意愿强加给其他国家，借助于贸易伙伴把美国的知识产权标准逐步变成国际的通用标准。而与美国谈判自由贸易协定的国家为了换取美国在农产品和制成品市场准入的让步，往往在知识产权保护方面向美国做出让步。

也有人认为，自由贸易协定是美国强加给贸易伙伴的不公平待遇的表现。因为美国对其贸易伙伴在货物贸易市场准入所做的让步会随着多边贸易谈判的进展，美国进一步削减关税和非关税壁垒而被抵消，而贸易伙伴所做的在知识产权方面的让步可能是永久的。

对于无形资产保护权利，发展中国家之间的协定则很少会超越双边谈判的水平，并没有像很多发达国家与发展中国家那样严格明确的规定。如南方共同市场同意建立无形资产检验协调委员会，东盟也有类似的框架协议，安第斯共同体有更为细致的限制条款，但规定对无形资产保护的力度较消除区域专利权技术使用限制的作用小。消除专利权区域使用的限制是为了消除成员内不同国家公司在缔结技术合同时，不阻碍其使用专利权生产的产品的出口。

三、区域贸易协定和劳动力流动保护

Waimsley & Winter（2003）估计如果临时签证系统能够在发达国家中推行，允许约3%的劳动力流动，那么世界收入能够增加1600亿美元。70%的福利收入是由非技术性人员的流动带来的。至今，一般优惠协定谈判在有关放松对临时工人入境限制的进展较小，协定通常都是用于技术性人员，而不是非技术性人员。

区域协定能够使我们认识到允许工人临时流动所能够带来的收益。区域协定中的成员通常都有一定的历史渊源，移民通常都愿意为其祖国做出贡献。双边或区域层次的协定能够为国家提供更大的保护，对成员之间临时劳动力流动的数量和国籍都有更强的控制作用。因此接受这些劳动力的国家希望能够在移民决定上有最大的控制权，从而在制定相关政策时无须与区域内其他成员磋商。出于对劳动力市场和安全的考虑，较强的控制权有利于国家实施非技术性劳动力临时流动计划。那么区域贸易协定是否促进了劳动力的流动呢?

区域贸易协定中有关劳动力流动的条款差别很大，从劳动力完全自由流动到禁止劳动力流动都有。

（1）劳动力完全自由流动。对劳动力的流动没有任何限制。

（2）对一部分劳动力（通常是技术人员）准予临时进入。

（3）在服务贸易总协定中规定的“自然人流动”，通常还会附加额外的保护或限制条款。

（4）除通过签证等正常入境手续外，不允许劳动力以其他方式进入。

大部分协定没有考虑移民的法律规定，各方保留了对居民签证的管理，国家有关许可和资质认可仍然适用。

（一）区域贸易协定和劳动力的完全流动

相关的移民保护协定使不同国家之间公司贸易更加方便，从而促进了区域整合。潜在劳动力向其他国家高收入工作流动促使了本国劳动力市场的规范。然而欧盟协定对欧盟成员内永久性移民似乎没有太大的影响，部分是因为一些欧盟国家已经开放了劳动力的自由流动，另一方面这些国家收入水平相近，因此为了更高的薪水而移民的情况较少。

20世纪80年代，劳动力从不太富裕的国家向欧盟国家的流动也并没有引起移民数量的激增。这主要是由于这个时期欧盟新成员的劳动力流动正处于过渡时期，欧盟区域基金旨在帮助欠发达区域和发达区域打破对新成员劳动力流动的阻碍。希腊、葡萄牙和西班牙在加入欧盟后，经历了6年的过渡时间才实现了劳动力的自由流动。欧洲的丹麦和瑞典，在这些国家实现劳动力自由流动后经历了短暂的人口增长。

中部和东部欧洲国家加入欧盟后是否会引起移民的增长还尚未可知。但协定最终会促进劳动力的自由流动，大部分的欧盟初始成员都充分利用了这一规定所带来的好处。大部分的研究表明加入协定并不会导致西欧移民数量的激增。预计由于欧盟的扩张所带来的移民数约400万或欧盟人口总数的1%。此外，约有一半的劳动力会在10年内回到原国家，也就是说净移民数为200万。然而欧盟的一些国家，特别是东欧的一些国家如德国和奥地利，可能会有较大数量的人口流动。

（二）允许特定人员进入

一些协定允许特定劳动力的市场进入，通常都是高技术领域的人员。近期的协定致力于公司内部包括经济和技术人员的调任问题。

中美洲和加勒比共同体（CARICOM）允许大学毕业生向成员流动，无须签证，允许特定行业的大学毕业生、职业人员、技术员工的流动，无须签证。

北美自由贸易协定，以及加拿大—智利、美国—智利和美国—新加坡自由贸易协定并没有提供永久的移民支持政策，但是允许商业访问者，贸易商和投资者，内部公司调动，专业人员等人员的临时流动。这四类人员都需要签证，但商业访问者不需要工作允许。前三类人员的临时流动在数量上没有限制，但在美国与新加坡、智利和墨西哥优惠协定中对从这三个国家进入的专业人员有所限制。在加拿大—智利协定对以上四类人员的进入都没有数量上的限制。依照北美自由贸易协定，加拿大、墨西哥的专业人员进入美国的数量增长迅速，尽管如此对加拿大人的需求仍然很大。

欧盟与欧洲中部和东部国家之间的协定（在其加入欧盟前）允许临时劳动力的进入，提供服务。在过渡期间公共服务领域的限制仍然存在。日本—新加坡自由贸易协定允许商业目的的自然人包括投资者，有条件的进入和逗留。哥伦比亚、墨西哥和玻利维亚共和国三国集团鼓励商业目的的人员进入。南方共同市场也鼓励商业人员和专业人员的临时进入，对南方共同市场成员居民的移民有更大的灵活性。其他拉美国家的协定也有类似的规定。

（三）服务贸易总协定的“自然人流动”（GATS Mode 4）

一些双边协定，如东盟自由贸易区和南方共同市场中有关劳动力流动的问题都是由GATS中有关“自然人流动”来规定的。例如美国—约旦协定促进了独立贸易商和个人投资者签证的安排。欧盟、墨西哥协定制定了每一个成员劳动力环境、临时工作人员居住许可等一系列的规定。1998年成立的东盟自由贸易区覆盖了所有方式的供应商，包括GATS没有覆盖的服务部门。东盟自由贸易区投资协定允许成员之间技术性劳动力、专业人员、资本和技术的自由流动。相比而言，欧洲—地中海协定与摩洛哥和突尼斯协定并没有提供超出GATS的市场准入。新西兰—新加坡协定也基本按照GATS的模型，考虑了服务业劳动力的流动。南方共同市场在自然人作为服务业者进入时有一定的限制。

（四）缺乏有效保护的市场进入协定

亚太经合组织（APEC）、南亚区域联盟合作组织（SAARC）、东部和南部非洲共同市场并不允许劳动力的自由流动。然而前两个组织采取了一些措施以鼓励商业性质的旅行。APEC大部分成员（除了美国和加拿大）参与了商业旅行卡计划（Business Travel Card Scheme），持卡者可以由快速通道进入机场，并且也不需要单独提供商业签证。SAARC1992年实行了签证放弃计划（Visa. Waiver Scheme），有21类人可以免签证入境。劳动力的自由流动推进了COMESA的长期计划，尽管时间比较紧迫。

大部分协定对加强区域劳动力整合的作用都较小。第一，劳动力完全自由流动的协定通常都建立在收入水平相近的国家间，因此对于整合的促进作用较小。大部分包含了发展中国家和发达国家之间的协定是不允许永久性移民的。第二，协定允许了劳动力临时的流动，特别是服务部门劳动力的流动，但这些劳动力大多还只限于高技术性人才的流动。这与工业国家改变单边移民政策以吸引高技术人才的趋势是一致的。例如澳大利亚临时移民政策允许技术型人才无限制的申请签证；在英国一些行业中的高技术性人才在连续工作4年后可申请定居；在挪威有特殊技能的人员在工作3年后可以申请永久性的工作许可。加拿大2002年实行的移民和难民保护法案（IRPA）强调进入该国工作人员的学历、工作经验以及语言能力。这些趋势都减少了高技术型人才在移民中受到的限制。

发达国家现已允许区域协定成员无技术人员的进入，这些多是通过一些区域贸易协定先行计划实现的，如美国和墨西哥、欧盟和欧洲南部国家之间的计划。尽管如此，允许无技术人员的进入与允许技术型人才的进入在规定上有很多不同之处。无技术人员的进入多是依照季节性工作协定，项目工作协定或特殊准入（如假日工作计划）（WHMP）。季节性工作协定通常只允许外国工作人员工作3～12个月，持有工作许可的外国人员只能在特定行业（如农业、林业和旅游业）中特定工作当地人员无法完成时才能从事该工作。项目工作协定只允许外国工作人员因为特定项目入境工作，通常也包括了最长滞留时间和入境人数的规定。WHMP允许达成假日协定的成员18～30岁的年轻人在假期短期入境工作。

发展中国家的区域贸易协定也倾向于对技术型人才提供无限制的流动。正如上文提及的，加勒比共同体与共同市场允许大学毕业生、其他专业人员、技术型人才和特定行业的工作人员在成员内自由流动。一些拉美协定（三国集团，中美洲—多米尼加共和国，墨西哥与智利、尼加拉瓜、玻利维亚及哥斯达黎加达成的协定）也同样为技术型人员提供了自由的流动机会。

第五节　多哈回合的争论

一、WTO多哈回合谈判的进展情况

2001年11月在卡塔尔首都多哈召开的WTO第四次部长级会议上通过了《多哈宣言》，决定2002年1月31日启动WTO首轮多边贸易谈判（即多哈回合谈判），并在2005年1月1日前结束所有议题的谈判。

2006年多哈回合谈判进入关键时期。但由于各方在关键的农业和非农产品市场准入问题上存在巨大分歧，仍难以达成共识，确定农业和非农产品谈判模式的最后期限从4月30日推迟到6月底。6月28日至7月2日，约60个成员方的贸易部长或代表在日内瓦就农业和非农产品市场准入问题协议草案进行谈判，试图为达成协议做最后的努力。但是由于各方继续坚持先前立场，分歧严重，致使谈判无法取得进展，不得不提前一天结束。7月23日WTO六个主要成员（美国、欧盟、日本、澳大利亚、巴西和印度）在日内瓦举行紧急会谈，试图拯救陷入危机的多边贸易谈判，但是各方依然无法打破谈判僵局。7月24日，WTO总干事拉米建议全面中止多哈回合

谈判。7月27日WTO总理事会会议正式批准了总干事拉米提出全面中止多哈回合谈判的建议。

二、关于区域贸易协定的争论

（一）非歧视原则受到挑战

非歧视原则是多边贸易体制的首要基本原则，它通过最惠国待遇和国民待遇条款贯穿于WTO各项具体制度之中。非歧视原则要求WTO成员之间应在非歧视的基础上进行贸易，任何成员不得对运自或运至其他成员域内的产品、或其他成员的国民提供的服务、或给予的知识产权保护实施歧视或者差别待遇，使所有成员的国民在同样条件下进行贸易并能分享减少贸易壁垒带来的好处。

WTO允许特惠贸易协定（即区域贸易安排等RTA）等区域经济一体化组织的建立，同时也特别确定了适用于其设立的规则，具体体现为GATT第24条。虽然双边特惠贸易协定是比最惠国待遇还要优惠的体制，但这种体制只限于特惠贸易协定内部成员之间，对外则具有明显的歧视性。被排除在特惠贸易协定之外的国家，遭受了关税同盟转移效应损失。同时，GATT第24条允许的区域性贸易安排的存在，造成地区主义盛行。贾格迪什·巴格瓦蒂在1996年就指出“这些区域性的联盟使人们产生了这样一种担心：世界经济已经分裂为同关贸总协定范围内的多边自由贸易相对立的贸易集团”。

2005年1月，WTO发表了以彼得·萨瑟兰为首的专家小组所做的咨询委员会报告——《WTO的未来》（即《萨瑟兰报告》）。该报告对特惠贸易协定对非歧视原则的侵蚀表示忧虑。报告指出，GATT在马拉喀什让位给WTO以前，非歧视性原则已经严重受损。在各种特惠贸易协定错综复杂的情况下，最惠国待遇实际上已经不是WTO的原则，而是从“最惠国待遇”转变成“最差国待遇”。基于最惠国待遇的关税率讽刺性地成为事实上条件最差的关税率，非歧视原则的退化使多边贸易体系中存在诸多混乱因素，增加了管理的困难和贸易的成本，与世界贸易组织促进自由贸易的宗旨相违背，对多边贸易体制的发展造成威胁。

（二）区域主义对多边贸易体制的侵蚀

在多边贸易体制的发展举步维艰的同时，区域主义却进入一个新的阶段。过去10多年中，全球双边和区域贸易协定激增，并且重叠交错，成为世界经济的显著特征之一。截至2006年3月，向WTO通报的区域性贸易协定已达340个，其中80%是近

10年来缔结的。区域贸易安排在一定程度上促进了地区内部的贸易自由化，但是随着区域合作愈演愈烈，人们开始担忧区域主义将最终危及多边贸易体制。

关于区域主义对WTO的多边贸易体制的威胁，论点主要集中在以下几点。

（1）交错重叠的区域贸易协定增加了多边贸易体制的潜在成本。区域贸易安排通过各自的复杂关税规则、烦冗的原产地规则以及各不相同且相互冲突的监管法规等，令全球市场进一步支离破碎，形成贾格迪什·巴格瓦蒂所谓的“意大利面碗”现象，导致全球贸易体系的复杂性和不稳定性。

（2）区域主义会造成贸易转移问题，影响了多边贸易体制的公平，降低了世界经济的福利。贸易从签订区域贸易协定之前效率较高的国家转移到区域内效率较低的国家，巴格瓦蒂指出：“这就是造成地区主义与GATT原则和世界范围内较自由贸易的目的尖锐对立的原因。”据美国经济学界的分析，从进口国的角度来看，自由贸易区并不一定会比多边贸易自由化带来更大的经贸利益，甚至比后者带来的利益还要小，因为自由贸易区只能带来贸易转移，而不能产生贸易创造。

（3）区域贸易谈判占用了大量的谈判资源，使一些国家特别是发展中国家无法对多边贸易谈判投入更多的财力物力。另外，美国等发达国家在多哈回合谈判中提出的要求由于损害了发展中国家的利益而屡次遭到反对，发达国家逐渐对推进多边谈判失去了热情，转而把工作重点投入到区域贸易谈判上。

美国前贸易代表佐立克在坎昆会议失败后就曾经在《金融时报》上威胁，将把华盛顿的关注从多边协议转向与有意愿的国家间的双边协定。它将重点从多边谈判前线转移到通过双边、诸边和区域贸易协定的方式来打开广大发展中国家的市场，并正在加速同拉美国家、中美洲国家、南非国家和亚太地区国家谈判建立自由贸易区。美国的这种态度表明，美国在战略上已经为未来多边贸易体制的可能失败做好了次佳的替代准备，同时正如我国学者盛斌所说的：如果WTO规则的改进不能满足美国的要求，区域主义将成为其新的武器。多边贸易体系中的欧美等主要角色给予区域主义优先考虑的倾向，令人担忧世界贸易制度重新倒向以欧、美、日三极为中心的贸易集团，从而使许多年来为推动多边自由贸易体制所做的努力付诸东流。

欧盟虽然曾经表示它将在多哈回合期间不再谈判新的区域贸易协定（Regional Trade Agreements，RTA），但是这个在区域贸易协定的数量和一体化程度上都占尽风头的区域集团正在通过如下两种途径致力于区域贸易协定。一方面，正在继续与77个非、加、太国家（即先前的《洛美协定》、现行的《科托努协定》国家）谈判以建立自由贸易区为核心的《经济伙伴协定》（Economic Partnership Agreement，EPA），从而实现原来以普惠制为基本内容的区域贸易协定的更新换代。另一方面，通过接纳10个中、东欧和地中海国家为其新成员的方式来取代欧盟同这些国家之间的区域贸易协定，其结果是：虽然区域贸易协定数量减少了，但一体化程度更高了，因为接受欧盟现行的法律体系和效力（包括欧盟缔结的国际协定在内）是接纳新成员必备的前提条件之一，从而使多边贸易体制的基石——最惠国待遇原则的适用空间又失去了一大块。

在美国和欧盟的影响下，其他WTO成员鉴于多边贸易谈判严重受阻且前途未卜，从维护自身的政治、经济与贸易利益出发，也很快加入建立自由贸易区的热潮之中。如今，在WTO成员中，除了蒙古，其他所有成员都脚踩着多边贸易体制和区域贸易体制这“两条船”，甚至对区域贸易协定格外倾心。

WTO成员对区域自由贸易协定如此痴迷，从一个侧面反映了WTO及其主导的多哈发展议程正在陷入信任危机。这表明：一些具有重大影响的WTO成员对多边贸易谈判的热情和信心锐减，而广大发展中国家成员对多哈发展议程的希望因数次的失败而变得越来越渺茫。

第五章　欧洲联盟

回顾20世纪，欧洲经济一体化无疑是影响世界政治经济发展进程的一个重大事件。欧洲经济一体化扭转了欧洲历史发展的走向，彻底改变了欧洲地缘政治的面貌。经过50余年的发展，欧洲一体化从最初的6个成员发展到今天拥有27个成员，人口总数达到5.11亿（2018年统计），总面积400万平方千米，经济总量足以与美国相抗衡的区域集团。❶ 欧洲一体化在经济全球化和世界多极化的大历史背景下构建了独特的区域经济一体化模式，创建了包括经济、政治、金融、科技、社会、外交、防务与司法等各个领域名副其实的一体化组织，是一个重大的制度创新。作为一个集团，欧盟已成为世界上最大的出口者和进口者。因此，欧盟的建立对现有的国际经济贸易格局会产生不可忽视的影响。

第一节　欧洲一体化进程

欧盟的前身是欧洲共同体。欧共体的成立并非一夜之举，而是经历了漫长的过程和曲折。欧共体的最终目标不仅是经济上的联合，而是要建立一个在经济、政治、军事和外交上完全一致的统一体。欧洲共同体的产生和发展可以追溯到比荷卢三国关税同盟的成立。❷ 历经两次世界大战的磨难，留给欧洲的是政治不稳定与经济混乱。尤其是美、苏两大强权在欧洲的对峙，使得欧洲各国感到有必要进行一系

---

❶ Donal Smith,Christine Arriola,Caitlyn Carrico,Frank van Tongeren.The potential economic impact of Brexit on the Netherlands[M].OECD Publishing,2018-11-28.

❷ 黄萍.试析欧盟与东盟的地区性国际组织间关系[D]. 济南：山东大学，2019.

列的经济与政治整合，来减轻对美国的依赖和苏联的威胁。1944年，比利时、荷兰和卢森堡在伦敦召开会议，倡议成立“Benelux三国”关税同盟的计划，并希望在10年内组建共同贸易区。

一、欧洲一体化进程的开始

1946年9月，英国首相丘吉尔在苏黎世大学发表演讲，呼吁欧洲各国进行更紧密的政治与经济整合，倡议在“法国与德国伙伴关系”的基础上成立欧洲合众国（United States of European）。1948年5月，在海牙成立欧洲议会。1950年11月，欧洲议会签署《欧洲保护人权与基本自由公约》，这成为未来欧共体法律的主要来源。

1950年4月16日，欧洲一体化之父让·莫内（Jean Monnet）草拟了一份欧洲煤钢共同计划，并递交给法国当时的外交部部长罗伯特·舒曼（Robert Schuman）。在莫内的计划中，煤和钢这两个经济部门是通向法德和解、欧洲联合的突破口。[1]原因有以下几点。其一，与政治和军事领域相比，经济领域与敏感的国家主权间的联系不那么紧密，彼此间容易达成协议。其二，“二战”后法德在煤、钢的争夺问题上仍然矛盾尖锐。因为50年代，煤炭曾被认为是“工业的粮食”，钢铁被视作工业生产和军备生产的基本原料，而德国在这两个部门都具有明显优势。如果把两国的煤、钢合并在一起，一方面可以剥夺德国的特权地位，另一方面又可为法国消除战争的威胁。其三，尽管法、德在煤钢领域矛盾最多、误会最深，但这两个部门最易联合，因为法、德两国的工业垄断资本早已在这两个部门互相渗透了。

1950年5月9日，法国外长舒曼举行记者招待会。在招待会上，舒曼宣告：“法国决定在欧洲建设方面，在与德国建立伙伴关系方面，采取第一个决定性的行动。”这一行动是“把法德的全部煤钢生产置于一个其他欧洲国家都可以参加的高级联营机构的管制之下”。这便是著名的舒曼计划（Schuman Plan），[2]这个计划得到了德国、意大利、比利时、荷兰、卢森堡等国的支持。

德国当时的总理阿登纳说：“舒曼计划完全符合我长久以来所主张的关于欧洲

---

[1] 孙岩.欧盟能源联盟建设动因及进程分析（2013–2018）[D].北京：外交学院，2019.

[2] 李炳田.欧洲一体化进程中的民族分离主义：一个三方互动的视角[D].南京：南京大学，2019.

基础工业联营的设想。我立即通知舒曼，我由衷地赞同他的建议。”阿登纳还说，舒曼计划是“法国及其外交部部长舒曼针对德国和欧洲问题所采取的一项宽宏大量的步骤”，是“德法关系的一个非常重大的发展”“为今后消除法德之间的一切争端创造了一个真正的前提”。[1] 在法、德的共同努力下，1954年4月18日，有效期为50年的煤钢联营集团条约在巴黎签订。而这也代表在欧洲一体化进程中法德轴心的形成。

二、欧共体的形成与西欧两大贸易集团的对峙

1955年6月，比利时、荷兰、卢森堡与法德意等六国外长在意大利墨西拿集会，会上提出欧洲经济整合目标，而实现经济整合目标的具体方法就是建立欧洲共同市场与实现原子能和平利用。1956年6月，六国草拟成立欧洲经济共同体（The Treaty Establishing the European Economic Community，EEC）和欧洲原子能共同体（The Treaty Establishing the European Atomic Energy Community，Euratom）两个条约。1957年3月25日，法国、联邦德国、意大利、比利时、荷兰和卢森堡六国签署了“罗马条约”[2]，内容包括：

①成立欧洲经济共同体和欧洲原子能共同体，1958年1月1日生效；

②六个成员对区域外实施共同关税；

③区域内工业产品自由化，农产品于1968年实施共同农业政策，1970年完成降低对资本、劳工自由流动的限制。

1965年4月8日，上述六国在布鲁塞尔达成协议，将以上三个共同体合并，统称“欧洲共同体”（European Community，EC）。但三个组织仍各自存在，以独立的名义活动。《布鲁塞尔条约》于1967年7月1日生效。

正当西欧六国一体化进程如火如荼的时候，西欧另一强国英国却一直采取消极政策。对于舒曼计划，英国的态度是拒绝加入。除了事先没有得到法国通知带来的不满情绪之外，英国拒绝的原因主要有以下三个：

①英国当时的煤钢工业排在欧洲首位，所以西欧煤钢联营对于英国的吸引力不大；

---

[1] 李可璐.冷战后德国的欧洲政策研究[D]. 长沙：湖南师范大学，2015.

[2] Chris Stevens,Jane Kennan.Trade Implications of Brexit for Commonwealth Developing Countries;Commonwealth Trade Hot Topics[M].Commonwealth Secretariat,2016-08-1.

②英国害怕加入舒曼计划以及与欧洲的联系过于紧密会影响它与世界其他地区，尤其是英联邦国家的贸易；[1]

③英国不能接受舒曼计划中的超国家因素，这是让·莫内明确提到的。而英国拒绝舒曼计划更深刻的原因则在于英国政府坚定实施丘吉尔所提出的“三环外交”战略，其本质就是想继承大英帝国过去的辉煌。英国不愿意在欧洲事务上与法国、德国平起平坐，更不能接受法德轴心在欧洲一体化进程中的主导权。

拒绝加入舒曼计划让英国站到了欧洲共同体的对立面。1959年6月，英国联合丹麦、挪威、瑞典、奥地利、瑞士、葡萄牙等国签署了欧洲自由贸易联盟的草案。部长们同意在草案的原则基础上于同年7月底成立七国联盟。[2] 9月初，七国官员再次聚会，共同完成了协定的最终文本，在短短八周时间内成立了欧洲自由贸易联盟（EFTA），协定于1959年11月20日在斯德哥尔摩进行的部长会议上草签，于1960年1月4日正式签署，1960年5月3日经议会通过后生效（瑞士在全民公决通过后生效）。[3] 斯德哥尔摩协定的原文规定用10年的时间消除贸易中关税和对贸易数量的限制。制定这个时间表的目的是希望与欧洲经济共同体（EEC）所做的类似规定保持一致。因此，当EEC决定加快此进程时，EFTA也做了相应调整。这样一来，EFTA成员之间工业品的关税，除个别情况外，几乎全部于1966年12月31日提前3年被取消。[4] 1965年中，EFTA宣布取消对贸易数量的限制。由此，在欧洲大陆上就出现了两个自由贸易集团对峙的情形。

三、实现关税同盟和建立欧洲单一市场

《罗马条约》明确规定：“欧洲经济共同体是建立在关税同盟基础之上的。”对于内部关税的削减，1959年1月1日欧共体成员完成了《罗马条约》规定的一年削减10%的目标。后来应法国要求，欧洲共同体理事会两次决定加快关税削减步伐，同时为了兼顾各成员利益，把当时的六个成员分为了四个关税区，将四个关税区在

---

[1] 李丹.谋求国家利益：戴高乐政府的欧洲一体化政策动因（1958—1969年）[D].广东外语外贸大学，2020.

[2] 刘丹.欧盟一体化进程中的区域经济差距演变研究[D].长春：吉林大学，2017.

[3] 胡勇.南南合作视野下的中国—中东欧国家合作[J]. 社会科学，2017（10）：3-14，73.

[4] 龙静.欧洲一体化中的工作时间研究[D].上海：华东师范大学，2008.

1957年1月1日实际实施的关税率的算术平均数作为共同对外关税税率。

到1968年7月，欧洲共同体成功地取消了内部的关税和限量壁垒，并建立起了农业产品的共同价格，在对外贸易上实行共同的关税政策，变成了名副其实的关税同盟。在关税同盟的建立过程中和建立后的一段时间内，内部贸易的自由化推动了欧洲共同体各国的经济发展。从1961年到1970年的10年中，作为一个集团，欧洲共同体国民生产总值的平均增长率为4%，高于美国同期的2.5%。这无疑是给各成员的经济合作一种鼓舞。因此，当70年代欧洲经济陷入困境时，欧洲共同体决定扩大各国间的经济合作。

这时，英国三环外交中的前两环开始出现问题。首先，美英特殊关系已经不像战后初期那样紧密了。特别是1956年苏伊士运河危机之后，美英关系越来越趋向于正常化。另一边，随着亚洲和美洲的殖民地纷纷独立，英帝国渐渐解体，在这种情况下，欧洲一环就成了英国最有希望的出路。于是，1961年6月，EFTA部长会议在伦敦召开。会议一致同意与欧共体进行双边接触。在此基础上，EFTA成员提出了加入共同体或与共同体建立联系的申请。

1961年和1967年，英国两次申请加入欧共体，但由于无法满足法国戴高乐政府对英国在政治、军事、外交等方面提出的要求，英国加入欧共体的努力遭遇了失败。

1969年12月，6个欧共体国家政府首脑在海牙召开会议。会议做出决定：于1970年6月30日就丹麦、爱尔兰、挪威和英国四国申请加入共同体的问题展开谈判。[1]其他未申请加入欧共体的EFTA国家希望与六个欧共体国家展开贸易谈判。

1973年1月1日，英国、丹麦和爱尔兰三国成为共同体成员，但挪威未加入，原因是挪威在1972年9月进行的全民公决中，多数人投票反对挪威成为共同体成员。结果，挪威与EFTA中不加入欧共体的国家一样，与欧共体经谈判签署了自由贸易协议。

1981年，希腊加入欧共体，1986年西班牙和葡萄牙加入其中。至此，在欧洲一体化进程中，欧共体十三国成了核心和主导者。1985年6月，欧洲共同体的行政机构——欧洲议会，发表了七份包括300项建议的“白皮书”，提出了进一步取消内

[1] Kaja Bonesmo Fredriksen.Income Inequality in the European Union[M].OECD Publishing,2012-04-16.

部障碍，建立包括商品、服务、资本、劳动力完全流动的统一市场的具体建议。[1]在1986年、1987年两年中，共同体各成员的政府先后讨论、修改并批准了反映这一“白皮书”基本内容的《单一欧洲法》。于1987年7月1日正式生效的《单一欧洲法》的基本目标是在1992年底建立统一的欧洲市场，具体包括以下几点。

（1）取消所有的有形障碍，包括开放边界，取消海关，设立统一身份证，以便成员人民自由往来，自由居住和自由选择工作。[2]

（2）取消各种技术障碍，包括建立统一的欧洲技术标准，以便于商品的自由流动。

（3）取消各种财政税收上的差别，包括实行统一的商品税收政策，消除商品生产和销售成本上的差别，以保护商品公平竞争。

（4）取消商业投资法律方面的不同，包括建立统一的商业法规，以便资本的自由流动。

四、欧盟的成立与扩张

1993年1月1日，拥有12个成员的欧洲共同体拆除内部边界，取消海关，进入了单一市场，实现了《单一欧洲法》提出的目标。这是欧洲统一过程中的一个重要阶段的完成，也是一个新阶段的开始。[3]为了继续推动欧洲的联合，12个成员的首脑曾于1991年12月在荷兰小城马斯特里赫特举行了会议，提出了实现真正的全面的欧洲统一的新目标。这次会议所通过的《马斯特里赫特条约》（简称《马约》）的宗旨是通过12国全体人民的努力，将欧洲共同体缔造成一个政治经济一体化的联盟。《马约》提出一些重要的新目标包括以下几个方面。

1. 建立单一的金融货币体系

具体步骤包括：1994年1月1日前成立欧洲货币协会，作为欧洲中央银行的前

---

[1] Liam Campling.The Global Value Chain in Canned Tuna, the International Trade Regime and Implementation of Sustainable Development Goal 14;International Trade Working Paper[M].Commonwealth Secretariat,2016-09-23.

[2] Mohammad A.Razzaque,Brendan Vickers,Poorvi Goel.Global Trade Slowdown, Brexit and SDGs;Commonwealth Trade Hot Topics[M].Commonwealth Secretariat,2016-08-18.

[3] 张苧戈.默克尔政府欧洲一体化政策研究[D]. 北京：外交学院，2015.

身，最迟到1999年建立中央银行，发行单一的欧洲共同体货币。

2. **组成统一的政治联盟**

包括执行统一的外交和安全政策，到1996年概括政治合作情况，考虑建立共同的防卫政策和武装力量。

3. **实现共同体的政治一体化**

取消共同体内不同国籍公民政治权利上的区别，共同体公民在任何成员内居住都有在当地的选举和被选举权。❶ 扩大欧洲议会的权力，并将决策方式由现在的“一致决定”改为“多数决定”。

《马约》生效后，欧共体未就其称谓的变更问题做出决定，但欧共体内部和国际上越来越广泛地使用“欧洲联盟”（简称“欧盟”）。根据《马约》协定，欧洲共同体作为欧盟的主要支柱依然存在。其中以欧洲经济共同体为最重要机构。欧盟的三大支柱是：欧洲共同体、共同外交和安全政策、内政和司法合作。

1995年1月1日，奥地利、芬兰和瑞典正式加入欧盟，而挪威在全民公决中以52.8%的反对票又一次否决加入欧盟的协议，至此欧盟成员增至15个。1997年6月，欧盟领导人在荷兰首都阿姆斯特丹签署了《阿姆斯特丹条约》，确定了欧盟跨世纪的战略目标。❷ 1999年12月，欧盟首脑在赫尔辛基召开的“千年峰会”上确定了21世纪的欧盟扩大战略，决定将下一步扩大的目标从6个增加为13个，欧盟“东扩”“南下”步伐加快。

在2000年秋，欧盟通过《尼斯条约》，在就该条约谈判过程中，在欧盟扩大问题上，15个欧盟成员确立了目标：扩大允许部长理事会根据法定多数通过原则表决的政策领域；❸ 增大部长理事会中票数权重的差距，以便小国在东扩问题上不能随意投票压倒大国。

2003年4月16日，欧盟国家领导人在希腊首都雅典卫城举行首脑会议，与10个新成员领导人签署接纳后者2004年5月正式加入欧盟的条约。这10个欧盟新成员是捷克、爱沙尼亚、塞浦路斯、拉脱维亚、立陶宛、匈牙利、马耳他、波兰、斯洛文

---

❶ 毕红毅.欧盟FDI对中国贸易结构的影响研究[D]. 济南：山东大学，2014.

❷ Andrea de Michelis.Iceland: Challenging Times for Monetary and Fiscal Policies[M].OECD Publishing,2009-10-09.

❸ 刘红叶.欧盟文化政策研究[D]. 北京：中共中央党校，2013.

尼亚和斯洛伐克。这是欧盟历史上第五次扩大成员。

2007年1月1日，保加利亚、罗马尼亚两国加入欧盟，这是欧盟历史上的第六次扩大。半个世纪的时间，欧盟从6个成员的关税同盟发展成为包括27个成员，功能涉及经济、政治、军事、文化、社会各个方面的全方位联盟，把一个饱经战火蹂躏的旧欧洲大陆变成了和平、繁荣、极具吸引力的新欧洲，创造了世界历史上的奇迹。

2008年1月1日，塞浦路斯、马耳他加入了欧元区。

2009年1月1日，斯洛伐克成为欧元区第16个成员。

2011年1月1日，爱沙尼亚加入欧元区。

2012年2月下旬，法国正式宣布停止流通原有本土货币法郎，在全法国境内统一流通欧元。

2017年3月29日，英国首相特雷莎·梅启动《里斯本条约》第50条，正式开启“脱欧”程序，英国经济将接受“脱欧”带来的全面挑战。12月8日消息，英国与欧盟达成历史性脱欧协议，从而为贸易谈判铺平了道路。2018年6月26日，英国女王伊丽莎白二世批准脱欧法案成为法律，允许英国退出欧盟。

第二节　欧盟的内部整合实践

欧洲共同体自成立以来，不仅一直致力于消除成员间的贸易壁垒，而且更为重视内部市场、资金和劳动力的整合。欧盟的区域整合经验已成为全球区域经济一体化的典范，本节分别从内部市场整合、经济与货币整合及政治整合三个层面加以阐述。

一、欧盟内部市场整合机制

自20世纪50年代欧洲经济共同体成立以来，建立关税同盟和共同市场就是其主要任务，具体包括以下几个方面。

（1）在成员之间取消进出口关税、数量限制以及其他限制措施。

（2）建立对待第三方国家的共同关税税率和共同的贸易政策。[1]

[1] 李炳田.欧洲一体化进程中的民族分离主义：一个三方互动的视角[D]. 南京：南京大学，2019.

（3）在成员之间，废除阻止人员、劳务和资本自由流动的各种障碍。

（4）建立农业和运输方面的共同政策。

（5）建立一种体制以保证在共同市场竞争中不受到破坏。

（6）应用一些程序使成员的经济政策能得到协调。在共同市场发挥作用的限度内，使成员各自的国内法律趋于一致。

1968年，欧共体六国实现了内部关税削减和对外统一关税的建立，并在一体化的内涵发展方面也取得了一定的进展，比如共同农业政策的实施、欧洲货币体系的建立、各项社会经济政策的推行等。[1] 但关税同盟的建立并不意味着单一市场的形成，大量非关税壁垒的存在使建立商品、人员、劳务和资本自由流动的共同市场目标难以实现。为此，在1983年召开的欧共体斯图加特会议发表了"建立一个统一的欧洲"的宣言。1985年6月14日，共同体执委会向共同体理事会提交了在1992年年底以前，实现内部统一大市场的白皮书。1993年1月1日，欧洲统一大市场正式建成。

单一欧洲市场的建立与发展代表着欧盟经济一体化的深入发展。20世纪80年代以前，单一欧洲市场建设仅取得有限进展。[2] 进入80年代，各种内外因素综合在一起，使欧共体成员对加快单一欧洲市场建设达成共识并在促进单一欧洲市场建设方面取得了较大的进展。单一欧洲市场的建立基于四个主要支柱。

第一个支柱是保证成员之间商品、人员、劳务和资本的自由流动。欧共体条约规定，为实现商品的自由流通，必须拆除所有的贸易壁垒。欧共体条约禁止关税、数额限制和具有相似作用的各种措施。

单一欧洲市场的第二个支柱涉及一些直接影响共同市场的建立或功能的相近的法律、法规或成员的行政条款。即成员需要建立与单一欧洲市场相关的相近的法律、法规或行政条款以实现商品不受边界限制的自由流动，鼓励和促进在整个欧盟范围内人员、商品、劳务和资本的自由流动。理事会所确立的规则和欧洲法院判例

---

[1] Donal Smith,Christine Arriola,Caitlyn Carrico,Frank van Tongeren.The potential economic impact of Brexit on the Netherlands[M].OECD Publishing,2018-11-28.

[2] 杨志宇.欧盟环境税研究[D]. 长春：吉林大学，2016.

是这种相近的法律、法规或行政条款的主要渊源。[1]

竞争政策是单一欧洲市场的第三个支柱。欧盟对在共同市场范围内具有阻止自由竞争作用的商业活动、统治性的贸易地位和国家援助以立法的形式加以禁止，主要以理事会立法和欧洲法院判例的形式来体现。

单一欧洲市场的第四个支柱是共同的对外关税（CEF）。共同的对外关税的目的是所有的成员都施以共同的贸易壁垒以增进平等进程和同等贸易。如，通过利物浦或鹿特丹进入欧盟的商品与它们经过雅典或马赛进入欧盟的情况完全一样。[2]因此，没有成员可以由于拥有较为便宜的原材料进口渠道而获得竞争优势，没有成员可以因向某一欧盟伙伴出口进口商品而获利。

在欧洲统一大市场形成过程中，欧共体组织和各成员政府发挥了极其重要的作用，这主要表现在以下几点。

（1）采取各种经济、行政、技术和法律的手段，促进商品在成员之间自由流通。欧共体不仅取消了内部关税壁垒，建立统一的对外关税率。[3]而且为了消除非关税壁垒，欧共体也做了大量工作，包括：

①反对垄断，鼓励公平竞争；

②政府采购实行公开化；

③采取立法措施打击不正当竞争行为；

④统一成员的技术标准；

⑤简化和取消成员之间的通关手续，加快商品流通。

（2）统一各成员的劳动条件和社会保障标准，促进人员和劳务的自由流动。具体包括：

①实行“欧洲公民身份”制度；

②欧共体制定了“劳动者基本社会权利共同体宪章”；

③采取高等教育协作计划、语言教育计划等措施，促进人员的流动。

---

[1] Liam Campling.The Global Value Chain in Canned Tuna, the International Trade Regime and Implementation of Sustainable Development Goal 14;International Trade Working Paper[M].Commonwealth Secretariat,2016-09-23.

[2] 李可璐.冷战后德国的欧洲政策研究[D]. 长沙：湖南师范大学，2015.

[3] 张海洋.欧盟利益集团与欧盟决策研究[D]. 北京：中国社会科学院研究生院，2014.

（3）促进资本自由流通，优化资源配置。随着统一大市场的建立，从1993年开始，所有成员都实行了资本自由流通政策。❶ 同时，实行银行业务的全面放开，1994年保险业务也实现了完全放开，这有利于调整生产结构，满足社会需求，促进商品的自由流通。

建设统一大市场虽然取得了很大成功，但随着欧盟的不断扩张，挑战日益严峻。欧盟新成员无论是经济实力、市场规模还是消费能力，都与较富裕的原成员间差距很大，市场整合会衍生出诸多问题。❷ 在欧洲单一市场正式实施之前，克鲁格曼就曾预测，欧洲单一市场的实现可能会使欧洲的工业更加向相对发达的工业中心地区集中，从而导致国家和地区之间收入分配和生活水平差距的扩大，而不是缩小。

2004年5月欧盟第5次扩大，这是历史上最大的一次扩大，10个成员加入欧盟，除了马耳他和塞浦路斯外均为中东欧国家，10个新成员的GDP总和仅与荷兰相当。这次扩大引起了老成员（主要为西欧发达国家）中很多民众的不满。❸ 不满主要是经济因素，由于东西欧经济差距过大，中东欧国家加入欧盟后，人口可以自由流动，西欧老百姓害怕东欧人抢夺自己的工作机会，特别是从事那些知识和技能要求不高工作的人，危机感更重。法国媒体发明了个“波兰水管工来了”的歇后语，很快就在全欧洲流传。

对此，欧盟采取财政资助和政治稳定的方式帮助新入盟的国家并采取了“市场整合原则（Market-unifying principle）”，如果成员在整合过程中坚持己见而意见分歧，就责成欧洲法院与相关法律加以规范和监督。❹ 2006年4月开始，欧盟执委会针对欧盟未来单一市场发展政策，向外界征询相关意见。调查结果显示，欧盟公民、企业界、成员政府都认为，面对欧洲现在的挑战，单一市场扮演一个相当重要的角色，但单一市场的发展仍有改善的空间，并需要一个明确的发展方向。征询期

---

❶ Rashmi Banga.Brexit: Opportunities for India;Commonwealth Trade Competitiveness Briefing Paper[M].Commonwealth Secretariat,2017-04-13.

❷ Mohammad A.Razzaque,Brendan Vickers.Post-Brexit UK-ACP Trading Arrangements;Commonwealth Trade Hot Topics[M].Commonwealth Secretariat,2016-11-04.

❸ 尹碧丹.《里斯本条约》与欧洲一体化[D]. 北京：外交学院，2011.

❹ 关海霞.欧债危机和德国应对危机的政策分析[D]. 北京：北京外国语大学，2014.

间，执委会取得了1514份的有效意见，并于2007年欧洲高峰会上，提出一份21世纪单一市场发展的报告（Report on the Single Market in the 21st century）。其中有六项重点。

（1）大体上外界认为单一市场是欧洲的一项重要资产，但还没发展完善，例如各国知识产权、服务业、零售金融服务、运输与安全等领域仍存有许多差异性。

（2）外界认为，执委会必须提出一套清楚的单一市场发展前瞻政策。

（3）外界认为，单一市场发展战略必须更着重在创新活动的发展、顾及小型企业的需求与发展状况、考虑全球化之挑战等。

（4）多数人表示，执委会必须跳脱传统的市场整合工具，并积极推动其他政策（例如竞争政策）的整合，并希望消费者与贸易联盟能有更多参与相关政策制定的机会。[1]

（5）单一市场法规的执行与落实是推动政策的重要环节，因此多数人强调执委会与成员必须分担此项责任。

（6）多数人表示，国家与地方层级应积极推动单一市场的发展。

二、欧盟经济与货币整合

为了增强成员之间的凝聚力，1957年的《罗马条约》就规定了包括如何使用、监管外汇的条款。《罗马条约》第67条规定，“消除成员间资金流动与相关国际支付的限制”；第71条规定，“成员间承诺，避免实施限制货币流动的限制措施”；第106条规定，“成员间货币支付自由化”；第104条和第105条规定，“规范成员间经济政策的整合，避免发生国际收支的失衡情况”。[2] 然而在20世纪80年代末以前，欧共体的宏观经济与金融政策相对来说仅具有软弱的政策机制与其相关联。从经济政策来看，尽管欧洲经济共同体条约的某些条款及1969年和1972年的政府首脑宣言中宣称其意向是到1980年建立经济和货币联盟，[3] 但经济和货币联盟（EMU）

---

[1] Barba Oliver Denk.Financial sector pay and labour income inequality[M].OECD Publishing,2015-06-17.

[2] ra Fliess,Frederic Gonzales,Raymond Schonfeld.Technical Barriers to Trade[M].OECD Publishing,2008-09-26.

[3] 张海洋.欧盟利益集团与欧盟决策研究[D].北京：中国社会科学院研究生院，2014.

运动在此阶段仅取得了有限的实质性进展。宏观经济和金融政策在这一时期发展相对缓慢的主要原因在于下述四个传统障碍。

第一，成员间的差异主要表现为经济或金融方面，不得不首先给予必要的协调。

第二，共同体过于部门化的政策制订机制阻碍了全面协调的途径。

第三，经济与货币一体化对不同的成员来说获益程度不一，导致成员对其兴趣与热情程度不同。

第四，对一些成员来说，向共同体割让关键的宏观经济和金融权力涉及敏感的国家主权问题。

20世纪80年代末在欧洲货币联盟方面开始取得切实进展，欧洲联盟条约中关于欧洲货币联盟的条款为欧洲货币联盟的进展确立了具体计划和时间表。该计划的主要特征是增进成员间的经济和货币政策的合作与趋同，驱动单一货币和在欧洲中央银行系统（ECBS）的框架内运作的欧洲中央银行（ECB）的建立。[1]这一时间表的主要特征是3年的转换期，即对那些愿意并符合条件的国家而言最早于1997年采用单一货币；对那些符合特定条件的国家而言最迟于1999年采用单一货币（英国和丹麦除外，这两个国家不承诺加入单一货币）。

1998年5月，欧盟首脑会议在布鲁塞尔召开，确定了首批欧洲货币联盟参加国，即德国、法国、比利时、荷兰、卢森堡、奥地利、爱尔兰、芬兰、西班牙、葡萄牙、意大利11个国家；确定了荷兰人杜伊森贝赫为首任欧洲中央银行行长。1999年1月1日，欧元正式启用，欧洲中央银行开始运作。

根据《马斯特里赫特条约》第105条的规定，欧洲中央银行的首要目标是维持欧元区物价的稳定，在不影响物价稳定的前提下，支持欧盟的总体经济政策，促进总体经济活动的协调和均衡发展。

而欧盟理事会、欧盟委员会和成员政府负责监督和协调欧盟成员的财政预算政策。欧盟理事会是对欧盟成员财政预算协调和监督的最高决策机构，对成员财政是

[1] 熊轩昱.比较法视野下的竞争中立规则[D]. 上海：华东政法大学，2014.

否出现过度赤字和是否实施惩罚具有最终决策权。❶ 其主要职能是：严格实施《马斯特里赫特条约》和《稳定与增长》的所有规定；把《欧盟理事会关于加快实施过度财政赤字程序和对有关问题说明的规定》中消除过度赤字的期限作为最后时限，除非特殊情况，必须督促成员在确定其存在过度赤字之日起一年内予以纠正；在成员没有按要求消除财政赤字后，决定对该国实施惩罚等。❷ 欧盟委员会负责对欧盟成员的财政预算进行协调和监督，行使提出各种建议的权利，监测成员的经济财政状况，在某成员财政赤字占国内生产总值的比重超过3%时，实施过度赤字程序，提出可供欧盟理事会决策的报告、意见和建议。❸ 成员政府的主要职责是，实现各自的中期经济发展稳定规划和中期经济趋同规划规定的中期财政预算目标，在实际财政状况与目标出现偏差时，立即采取措施进行纠正。

欧盟经济财政委员会也在欧盟成员的财政预算的协调和监督中发挥重要作用。欧盟的经济财政委员会是欧盟理事会的咨询机构，由各成员、欧盟委员会和欧洲中央银行各指定两名代表组成，其主要任务是对成员和整个欧盟的经济、财政、金融状况进行密切的监视，定期向欧盟理事会和欧盟委员会报告其检测和评审结果，参加欧盟理事会有关文件的起草和准备工作。

三、欧盟的政治整合

欧盟是一个超国家的组织，既有国际组织的属性，又有某些邦联甚至联邦的特征。欧盟的条约使其成为一个高度自主决策机构，并赋予了立法权限。欧盟成员自愿将国家部分主权转移至欧盟，欧盟在机构的组成和权利的分配上强调每个成员的参与，其组织体制以“共享”“法制”“分权和制衡”为原则。

根据《马约》规定，欧洲理事会在欧盟组织中占有中心地位，是欧盟成员首脑

❶ Robin Warner,Clive Schofield,Robin Warner,Clive Schofield,Ove Hoegh Guldberg,Richard Kenchington,Robin Warner,Pia C.Winberg,Ana Rubio,Lisa Kirkendale,Marcus Haward,Clive Schofield,Andi Arsana,Stuart Kaye,Chris Rahman,Stathis Palassis,Rosemary Rayfuse,Robin Warner. Climate Change and the Oceans[M].Edward Elgar Publishing,2012-11-30.

❷ Bikas K.Chakrabarti.International Center for Social Complexity, Econophysics and Sociophysics Studies: A Proposal……[M].Springer International Publishing,2019-04-03.

❸ 谢罗奇．国际游资流动的有效监管研究[D]．湘潭：湘潭大学，2016.

会议，每年至少举行两次，理事会主席由各成员每6个月轮流担任。[1] 欧洲理事会是欧盟的最高决策机构，由各成员国家元首或政府首脑及欧盟委员会（Commission of European Union）主席组成，主要是确定欧盟的内部建设和对外关系的大政方针。

（一）欧盟的组织机构

1. **欧洲理事会**（European Council）

由欧盟成员国家元首或政府首脑及欧盟委员会主席组成的欧洲理事会是欧盟主要政治决定的中心论坛。每半年举行一次例会，必要时召开特别首脑会议。其主席由各成员轮值半年。欧洲理事会的职能是，为欧盟确定指导方针和方向，对政治合作和对与欧盟共同利益相关的重大事务进行协调并做出决定，改善部长理事会的工作效益，使决策更具有全面性和权威性。[2] 从本质上讲，欧洲理事会并不是欧盟的决策机构，而只是欧洲联盟的一个领导机构。因为在实际运作中，欧洲理事会并不直接颁布条例或指令，实际的行动有待部长理事会去落实。然而由于它的特殊地位，其决议成为一种“政治命令”，是陪同各国首脑参加会议的外长们在今后要立即落实的，因此它在决策中的地位和作用不可低估。

2. **欧盟理事会**（Council of European Union）

欧盟理事会原称为部长理事会。由于《马约》赋予了部长理事会以欧盟范围内的政府间合作的职责，因此部长理事会自1993年11月8日起称作“欧盟理事会”。欧盟理事会由各成员政府部长级代表组成，代表各自的政府行事。每次会议的人员并不是固定的，而是由各国政府根据会议所讨论事项的性质委派政府中相应的成员与会。理事会设有轮值主席一名，由各成员按一定顺序轮流担任，每6个月为一届。[3] 理事会下设秘书处，常设代表委员会、工作小组与专门委员会，处理日常的政策事务。[4] 欧盟理事会是欧盟主要的决策机构。它主要负责协调成员各领域的

---

[1] Rashmi Banga.Brexit: Opportunities for India;Commonwealth Trade Competitiveness Briefing Paper[M].Commonwealth Secretariat,2017-04-13.

[2] Marcus P.Chu.International Conferences in China's Hong Kong[M].Springer International Publishing,2019-03-29.

[3] Smith J L,Fratamico P M.Chapter 7 – Escherichia coli as a Pathogen[M].Elsevier Inc.,2017-06-15.

[4] 李炳田.欧洲一体化进程中的民族分离主义：一个三方互动的视角[D].南京：南京大学，2019.

政策活动，制定欧盟的政策和法规。理事会有权协调各成员总的经济政策，做出决定。[1] 当理事会形成决定后，授权委员会具体执行理事会所定规则。理事会秘书长兼任欧盟共同外交与安全政策高级代表，现任主席国、下任主席国和高级代表组成“三驾马车。”

3. 欧盟委员会（European Commission）

欧盟委员会由20名成员组成，代表欧共体超国家利益，实行集体负责制。[2] 每位委员负责一个或几个政策领域，配有自己的工作班子，为共同体的普遍利益独立地履行职责。委员会在决策方面主要起着一种发动机的作用，常被要求提出一项议案来启动立法程序。此外，委员会还享有有限的立法权，当条约为其规定一项具体的任务时，也就同时默示地赋予其完成该任务所需的权力（其中包括立法权）。

4. 欧洲议会（European Parliament）

欧洲议会由结成欧共体的各国人民的代表组成，其议员每5年选举一次。欧洲议会在欧盟决策过程中的作用是逐步加强的。最初它仅享有咨询和监督权。1986年之前，它所拥有的最大权力也仅是决定预算权，可以修改非强制性预算，对强制性预算做很小的改动，并在形式上通过预算案。1986年《单一欧洲法令》通过所谓的“合作程序”，使得它有权对理事会的初步决定提出修改意见，并具有对立法草案二读的权力。此后《马约》的签订又确认了由《单一欧洲法令》建立的上述制度，同时进一步将其扩大为可以拒绝理事会的立法草案，并就此否决该项立法提案。而《阿姆斯特丹条约》（以下简称《阿约》）通过引入的“共同决策”制度，将欧洲议会与欧盟部长理事会置于同一立法位置上，欧洲议会最终成为一个真正的合作立法机构。

[1] Susan L.Robertson,Kris Olds,Roger Dale,Que Anh Dang,Susan L.Robertson,Roger Dale,Kris Olds,Que Anh Dang,Susan L.Robertson,Mário Luiz Neves de Azevedo,Roger Dale,Susana Melo,Roger Dale,Jean-Émile Charlier,Sarah Croché ,Oana Marina Panait,Morshidi Sirat,Norzaini Azman,Aishah Abu Bakar,Roger Y.Chao, Jr,Que Anh Dang,Anthony Welch,Marit Sundet,Tavis D.Jules,Daniela Perrotta,Thomas Muhr,Paulino Motter,Luis Armando Gandin,Tahani Aljafari.Global Regionalisms and Higher Education[M]. Edward Elgar Publishing,2016-08-26.

[2] Rafal Kierzenkowski,Peter Gal,Gabor Fulop,Dorothee Flaig,Frank van Tongeren.Sectoral and regional distribution of export shocks[M].OECD Publishing,2018-08-08.

5. 欧洲法院（European Court of Auditors）

欧洲法院是欧盟最高终裁机构，以欧盟规章法律为准绳，负责维护欧盟所有决议的执行，保障欧盟规章得到尊重，并对条约和规章做出终裁性解释，审理和裁决在执行欧盟条约和有关规定中与成员同类规定相矛盾的各种争议。法院设在卢森堡，由15个大法官组成，由各成员同意后任命，任期6年，再选可连任。法院还设有6个总咨询，他们不代表任何国家，仅代表法律。

6.欧洲审计院（European Court of Auditors）

根据《马约》，审计院负责审查欧盟收支状况，审计欧盟各机构的财务，确保欧盟财政的正常管理。

（二）欧盟决策机制对一体化进程的影响

随着欧盟的不断扩大，成员间在一些重大问题上要取得全体一致越来越困难，采取怎样的决策机制是一个关键，既要考虑到欧盟整体利益，又不能简单忽视单一国家的观点。❶ 为此，欧盟理事会除了对一般的议案采取简单的讨论通过外，对那些比较重要、必须实行投票表决的议案，根据不同的政策领域，实行三种不同的表决方式。

1. 简单多数的投票制度

《欧洲共同体条约》规定："除了本条约另有规定之外，理事会应当根据多数成员的意愿行事。"也就是说，只要超半数的成员的政府部长赞成即可通过一个决议案。❷ 但这种制度使用得越多，单个成员的主权就丧失得越多，因此在现实中是难以推行的。目前，适用简单多数投票制度的主要有理事会的程序规则以及根据这些规则制定的许多程序性决议等。在简单多数投票制下，各国均只有一票，弃权票并不影响决议的通过。

2. 特定多数的投票制度

所谓特定多数即在综合参考各成员的人口、面积、作用及经济发展水平等因素的基础上，对各国的部长理事会成员的票数进行加权，共计87票，62票即构成合格

---

❶ 马玲燕.欧债危机及欧盟发展前景[D]. 济南：山东大学,2014.

❷ Teddy Y.Soobramanien,Mohammad A.Razzaque.Staging Brexit at the WTO;Commonwealth Trade Hot Topics[M].Commonwealth Secretariat,2016-12-20.

多数。在特定多数情形下，弃权票与反对票具有同等的效力。[1] 在具体应用中，特定多数的投票制度又分为两种：在就委员会提出的法案决议时，至少要62票赞成；在其他法案进行决议时，除上述要求外，还须至少10个成员赞同。这一制度的实施，适当照顾了小成员的利益，便于保障各成员间的协商合作关系。同时既不剥夺过多的国家主权，又产生可以吸收可灵活的因素，有利于加快一体化的进程。随着《单一欧洲法令》与《马约》的签订，这一制度逐渐成为理事会处理事务的日常方式。2000年12月的《尼斯条约》又将特定多数表决制的议题范围扩大。为适应欧盟东扩的需要，《尼斯条约》对现有成员及申请国未来在以特定多数表决时的加权票额进行了重新分配，总票数增至345张，有效特定多数票为255张。在重新分配票数时，欧盟更多考虑到了大国的利益。

3. **一致同意的投票制度**

这里的一致同意并不表示全体同意，部长理事会成员或其代表也可以弃权，这不妨碍其通过须以一致同意决议方得通过的法令。欧盟在进行外交与安全事务、司法与民政事务决策时，多使用全体一致的投票制度。[2] 由于全体一致的投票规则常变成实际上的“一票否决制”，导致欧盟议而难决，乃至议而不决。为提高决策效率，这一制度的使用频度已大大降低了。在《阿姆斯特丹条约》中，为寻求协调一致的对外政策，还在涉及共同外交与安全政策领域的决策中引入了“建设性的弃权”程序和“紧急刹车”程序。

欧盟政策本身具有不同的层次，有主次轻重缓急之别，每一项政策都不同程度地牵动了成员的利益，影响欧洲一体化的进程。面对成员复杂的利益关系和要求，欧盟理事会对不同性质和内容的政策采取不同的投票表决制度。这不仅独特而富有创意，而且也有效地整合了成员的利益要求，不仅坚守了欧盟的基本原则，也充分体现了欧盟的灵活性。这是欧洲一体化由理想变为现实的重要制度安排。

---

[1] 冉源懋.从隐性生存走向软性治理[D]. 重庆：西南大学，2013.

[2] Kaja Bonesmo Fredriksen.Income Inequality in the European Union[M].OECD Publishing,2012-04-16.

第三节　欧盟共同农业政策的实践

《罗马条约》授权当时的欧洲经济共同体建立共同市场，使有关经济的政策逐步统一，在共同体范围内推动经济协调、持续、平衡、稳定地发展，加快人民生活水平的提高和在成员间建立更加密切的关系。经历四十多年的发展，欧盟逐步建立和完善了一系列共同政策，其中主要的有共同农业政策、共同渔业政策、共同地区政策、共同社会政策、共同外交和安全政策、消费者保护政策以及共同贸易政策。[1] 此外，欧盟近年来逐步加强在就业、交通、公共健康、环保、科研以及司法和内政等方面采取共同行动，与各成员在这些领域所采取的国别措施互为补充。其中，最著名，也是最早实施的是欧盟的共同农业政策。共同农业政策主要内容为补贴农业、稳定市场、保证供给、提高收入、增加出口竞争力、解决农业产品过剩、改善环境等。其基本目标是提高农业的劳动生产率、确保农业就业人员的“公平”收入、稳定农产品市场、保持对消费者合理的价格以及确保农产品的供应。

一、欧洲共同农业政策的产生

欧洲共同体的目标是建立统一市场，但关税同盟只是促使工业品在共同体自由流通并形成工业品共同市场的重要手段。完整的共同市场还必须包括农产品的流通和贸易。由于农产品的特殊性，取消内部关税并不足以形成农产品共同市场，[2] 为此，欧共体制定了一整套共同农业政策，以便通过更为广泛领域的合作，实现各成员之间利益的平衡。同时，农业一体化也是欧共体成员发展农业生产、保证农产品供应、稳定农产品价格、实行农业结构调整和推进经济一体化的需要。

法国、荷兰和意大利是农业一体化的积极鼓动者和支持者。在20世纪60年代初，这三个国家的谷物、畜产品和蔬菜及水果生产出现大量过剩，但没有销售市场，主要原因有两个：一是，其他成员各有自己的传统进口渠道，如西德大量从美国、加拿大和澳大利亚等国进口农产品；二是，法国、荷兰和意大利的农畜产品

---

[1] 徐毅.欧盟共同农业政策改革与绩效研究[D].武汉：武汉大学，2012.

[2] 曲直.论欧盟共同农业政策的贡献及存在问题[D]. 长春：吉林大学，2009.

生产成本高，在世界市场上经不起来自美国、加拿大和澳大利亚等国农产品的竞争。[1] 只有欧共体国家实行农业一体化，建立统一的农产品共同市场，以统一的对外关税限制来自欧共体外部产品的竞争，才能为法国、荷兰等国的农产品占领欧共体市场，进而打入世界市场奠定基础。因此法国在荷兰的支持下要求彻底实施农业一体化，这样，欧共体六国于1962年1月14日通过了一个“建立农产品统一市场折中协议”，即欧共体最初的共同农业政策。

二、共同农业政策的主要内容

（一）共同农业政策的目标

共同农业政策的目标包括农业收入目标、农产品市场目标、农业结构目标和农村发展目标，具体内容在发展中不断深化和具体化。主要包括：①促进技术进步，保证农业合理生产和对生产要素特别是劳动力的充分利用，提高农业生产率；②在不断提高农业劳动生产率的基础上，增加农民收入，保证农民合理的生活水平；③稳定农产品市场，保障供应的可靠性，为消费者提供价格合理的农产品；④保护生态环境和动物生存环境，保证食品安全；⑤进行农业结构调整，促进农村经济和社会全面发展。[2]

（二）共同农业政策的原则

共同农业政策有三条原则，即共同体市场统一（market unity）、共同体优先（community preference）及价格和预算一致（financial solidarity）。

所谓共同体市场统一，即共同体内部成员之间贸易完全自由，商品、劳动力和资本自由流通，逐步取消欧共体成员之间的关税，对欧共体以外国家筑起统一关税；协调成员之间管理、防疫和兽医等条例，制定共同的经营法规、共同价格和一致的竞争法则。

共同体优先，即实行进口征税、出口补贴的双重体制。当进口产品价格低于共同体内部价格时，则实行进口征税；当欧盟产品出口价格低于共同价格时，就实行价格补贴，控制从共同体外部进口，消除世界农产品市场波动对欧盟农产品市场的

---

[1] 陈新伟.欧盟地区政策初探[D].外交学院，2007.

[2] Kaja Bonesmo Fredriksen.Income Inequality in the European Union[M].OECD Publishing,2012-04-16.

影响。

价格和预算统一，则是每年成员农业部长理事会确定不同农产品价格，并建立共同预算，即欧洲农业指导和保证基金。这是欧共体预算的主要科目之一。[1]目前，欧盟共同预算收入约为840亿欧元，其中用于欧洲农业指导和保证基金的约占50%。共同预算收入主要来源于：①成员国民生产总值的1.27%；②成员从第三国进口农产品所征收的关税；③成员向第三国出口的农业征税；④糖生产者交纳的分摊费；⑤成员从第三国进口工业产品所征收的关税；⑥其他附加收入。

（三）共同农业政策的具体做法

1. 建立统一农产品市场

1966年5月欧共体部长理事会通过决议，实行农产品自由流动，分步实施农产品统一价格。1966年11月1日橄榄油首先实行了统一价格。从1967年7月1日开始，谷物、食糖、植物脂肪和植物油实施统一价格。1967年9月1日稻谷实施同价。1968年4月1日，牛奶、奶制品以及肉牛同价。1966年，欧共体90%的农业产量和欧共体成员之间71%的农产品贸易额以及来自第三国60%的食品进口额实行了共同农业政策。[2]到90年代初，欧共体国家置于统一的农产品价格体系和共同农业政策管辖之下的农产品有谷物、水稻、蔬菜、水果、糖、酒类、烟草、牛奶、肉、蛋、植物油、动物脂肪和油料等14个类别，占欧共体生产的农产品的96%左右。

2. 建立对外统一的农产品关税壁垒和对内统一的农产品价格体系

通过门槛价格、最低价格和干预价格等措施对共同体市场价格实行统一管理，维护市场平衡，保护生产者利益。

（1）门槛价格（threshold price）是对欧共体之外国家设立的，是第三国农产品进入欧共体港口的最低进口价。如果第三国农产品到岸价格低于门槛价格，就征收这两种价格之间的进口差价税。[3]这样，进口农产品只能按欧共体内部统一规定的标位价格在市场上出售。有时进口农产品的市场价格甚至高于标位价格，因为除门槛价格外，还有贮藏费和运费在内，因而失去了价格竞争优势，欧共体内部农产

---

[1] 赵立军．农业国际投资规则演进及中国的应对策略研究[D]．中国农业科学院，2016．

[2] 赵海方.论欧洲一体化实践中的主权有限让渡[D].西安：陕西师范大学，2007.

[3] Julia Bachtrögler,Christoph Hammer.Who are the beneficiaries of the structural funds and the cohesion fund and how does the cohesion policy impact firm-level performance?[M].OECD Publishing,2018-08-03.

品贸易得以保护。

（2）标位价格，也称最低价格（minimum price），是依据一种农产品在欧共体内供不应求地区的市场价格而定，其中包括了贮藏费和运输费。农产品标位价格每年定一次，并由欧共体部长理事会规定公布14类统管的农产品的标位价格。农产品的统一价格不用某个国家的货币表示，而用欧洲货币单位“埃居”（1999年1月1日，埃居以1：1的兑换汇率全部自动转换为欧元）作为计算单位。标位价格因包括贮藏费和运输费，会因地区不同和运输费不同而变化，故只供生产者和消费者参考。同时，各成员可利用自己的成本优势，以比标位价格稍低的价格出售农产品给伙伴国。

（3）干预价格（intervention price）是生产者每年出售农产品可以得到的最低价格。谷物干预价格与欧共体最大的余粮区法国的奥尔姆市场条件相联系，它一般比标位价格低6%～9%。当某类农产品供过于求，出现相对过剩，市场价格低于干预价格时，生产者在市场上出售农产品后可以从欧共体设在各成员的干预中心领取市场价格与干预价格之间的差价补贴，或者将农产品以干预价格直接卖给干预中心。欧共体设在各成员的干预中心共有36个，享受干预价格的14类农产品的品种、规格和生产限额由欧共体统一规定审核执行。有了干预价格，就可保证生产者收回生产成本并获得微利，可保护农民的利益。干预价格也叫保证价格或保护价格。

3. **共同农业政策的其他做法**

（1）出口补贴制度。这对大部分产品都适用，如粮食、糖、油、奶、肉蛋禽、水果和蔬菜等。

（2）生产配额制度。针对糖和牛奶两种产品，每年根据共同体市场供求情况，提出生产配额总量，分配到各国，再由各国分配到加工企业。对配额内的产品提供保证价格，对配额外的产品则不能得到保证价格或不能得到全额的保证价格。

（3）对外保护制度已反对蛋和家禽两大类产品。在欧共体市场，蛋和家禽没有干预价格和生产配额规定，通过门槛价格实行保护。[1]

（4）直接补助。主要是羊肉、油和油脂、烟草、棉花、干饲料、亚麻、亚麻籽、啤酒花等。

[1] Soriano Irigaray Lucía（苏颜）.西班牙的环境保护与国际合作研究[D].青岛：青岛大学，2019.

（5）落后地区发展补贴。利用欧洲的结构基金特别是农业指导和保障基金为农村地区采用农业新技术、改进农业产业结构和发展非农产业提供资金支持，保护生态环境，促进农村全面发展。

三、共同农业政策面临的问题

共同农业政策对促进欧洲农业发展、稳定农产品市场和欧洲经济一体化建设做出了重要贡献。从20世纪70年代到80年代，共同体成员的农业产量大增，粮食、牛奶、牛肉和葡萄酒不仅自给，而且有余。到90年代初，欧盟务农人数减少了一半，仅为700万，农业产量却提高了3倍，粮食产量从1960年市场需求的80%增长到120%。[1] 但与此同时，共同农业政策也带来了一系列由于生产过剩所造成的严重后果，暴露出一些弊端，受到了来自内外部要求改革的极大压力。

（一）预算负担不堪重负

共同农业政策的严重后果之一是补贴政策导致农民盲目扩大生产，造成产品供大于求，连德国这样一个并无粮食生产比较优势的地区也出产了大量粮食，农业预算压力多年来一直困扰着欧盟。1980年，共同农业政策开支占欧盟总支出的73%，到80年代末，仍占到整个预算的63%，欧盟农产品出口占了世界农产品贸易的1/4，出口补贴最高年份近100亿欧元。

（二）环境保护和食品安全的压力

化肥和杀虫剂在欧洲大多数地方广泛使用，许多化学物进入水体，污染了人类的水供应体系。疯牛病、口蹄疫、二噁英等动物性疾病频繁发生，人类的食品安全得不到保证。另外，由于有补贴政策，农民坐等补贴，各种疾病不做预防，也不主动采取措施，助长了这些病害的蔓延。

（三）内部利益分配不公

欧盟成员在共同预算中承担的义务和获得的利益不对称，内部分歧时有发生。法国负担欧盟预算的17.5%，欧盟为法国的花费占总预算的17.7%，正好相抵。但法国是共同农业政策的最大受益者，得到欧盟农业补贴的四分之一，农

[1] Donal Smith,Christine Arriola,Caitlyn Carrico,Frank van Tongeren.The potential economic impact of Brexit on the Netherlands[M].OECD Publishing,2018-11-28.

产品是法国重要的出口项目，[1] 占法国出口总量的16%，顺差多年在100亿欧元左右。西班牙、荷兰等国也不主张改革，特别是西班牙，每年能拿到落后地区补贴项目半数以上的资金。德国承担了欧盟预算的29.2%，却只能从欧盟得到14.8%的回报，每年为欧盟净贡献110亿欧元，因此德国主张彻底改革共同农业政策。

（四）欧盟扩大的压力

1993年结束的与奥地利、瑞典、芬兰和挪威的入盟谈判，农业被证明是一个最为困难领域，因为这些国家给予农业相当大的补贴。在与2004年入盟的中东欧十国谈判中，农业情况更为激烈。中东欧十国经济相对落后，农业在国民经济和就业中所占比重较高，这些国家入盟后，农民人数增加2倍，农业面积扩大40%。据欧盟委员会的数字，若按现行共同农业政策，欧盟用于农补的支出每年要增加110亿欧元，另外还需要150亿欧元作为农业结构基金，欧盟的预算负担更重，而这十国农民可以不劳而获、一跃成为这些国家中收入最高的阶层。

（五）世界农产品贸易自由化的挑战

以美国为首的主要农产品出口国强烈批评欧盟的共同农业政策扭曲了世界市场的价格，导致贸易伙伴的严重冲突，制约和阻碍了世界贸易自由化的进程，欧盟不得不在农产品补贴上做出让步。

四、共同农业政策的改革

欧盟阶段性共同农业政策有两次比较大的调整和改革。第一次是在1992年，第二次是在2000年。

（一）第一次改革

1992年6月，欧盟第一次比较全面地对共同农业政策进行了改革，把以往以价格支持为基础的机制过渡到以价格和直接补贴为主的机制，降低价格支持水平，控制农产品生产和财政预算开支的过度增长，进行国土整治和保护环境，促进农村发展。主要有以下具体措施。①降低支持价格水平和控制生产。谷类价格降低29%，牛肉价格降低29%；冻结15%的谷物耕种面积。②收入支持。对冻结了15%耕种面

[1] Rafal Kierzenkowski,Nigel Pain,Elena Rusticelli,Sanne Zwart.The Economic Consequences of Brexit[M].OECD Publishing,2016-04-28.

积的农业生产者，以不同地区的平均单位面积产量为基础，根据种植面积给予补贴，对粗放经营的畜牧业生产者也增加补贴。③农业结构调整政策：建立基金支持环境保护；对55岁以上农业生产者实行提前退休制度，安置青年就业；扶持山区和条件差的地区发展农业等。

（二）第二次改革

为了面对世界贸易组织新一轮农产品贸易谈判要求，特别是来自美国等国家的压力，1999年，欧盟委员会通过了《欧盟2000年议程》，强调对农业政策进行更为彻底的改革。提出建立欧洲农业模式，将共同农业政策转变为“共同农业和农村发展政策”，强调农业的多功能性和可持续性。根据这一议程，欧盟确定将2000~2006年的农业预算支出按1999年价格计算冻结在每年405亿欧元的水平上，同时，分步骤、分阶段地削减对主要农产品的价格补贴。谷物和其他重要农作物的支持价格降低15%，其后是否继续削减视市场条件决定；播种面积减少10%，损失的50%由欧盟补偿；牛肉支持价格将分三个阶段降低20%，同时通过提供直接收入补贴的方式补偿饲养者85%的损失；奶制品配额制度将继续执行到2006/2007市场年度，分配给经济落后地区的配额将扩大，分三步将支持价格降低15%，农民收入损失的65%由欧盟补偿。通过结构发展基金支持基础设施差、劳动力技能水平低的相对贫困地区的发展，对生态脆弱地区和植树造林提供补贴，减少有害肥料和农药的施用，实现农业多种经营，维持农村活力，增加农村就业。[1] 经过改革以后，除牛奶和牛肉等产品的价格仍在国际市场价格的1倍以上外，大部分农产品的价格水平已经接近国际市场价格，农村经济社会全面发展，环境保护和食品安全取得了进展。

（三）2006年以后的改革

针对东欧10国将于2004年加入欧盟、共同农业支出将大幅扩大的问题，2002年7月，欧盟委员会提出了对欧盟共同农业政策的改革建议，法、德两国首脑也就欧盟的农业政策改革达成妥协。2013年实行了同等待遇；欧盟直接农业补贴的发放将采用更为严格的环保、食品安全和动物福利的标准；建立农场审计制度；每年对单个农场实施不超过30万欧元的补助；在之后10年内削减10%的耕地；并将20%的直

---

[1] 商务贸易　国际经济技术合作．呼伦贝尔年鉴，内蒙古文化出版社，2012：212.

接补贴转而用于农村发展；谷类干预价格降低5%；鼓励环保、关注消费者利益以及支持中小企业和农村发展。❶

第四节　欧洲联盟的内外部效应和挑战

一、欧洲一体化的内部效应

欧共体的经济整合，最初是从建立关税同盟开始的。在1957年至1960年间，欧洲共同体六个成员国民生产总额（GNP）平均年增长率为15%。欧共体六国的内部贸易在1959以及1960年分别大幅增长19%与25%。其次，欧洲共同体在1958年成立关税同盟后，内部贸易障碍大幅度削减，吸引美国与英国的直接投资迅速增长，使得成员普遍享受到了整合后的经济效益，包括就业创造、贸易增长、国际收支平衡的改善、产业竞争力提升、经济规模扩大等正面效应。

70年代，经济学家巴拉萨（Bela Balassa）从贸易创造与贸易转移两个层面研究了欧共体整合的经济效果，结果获得以下发现。

（1）贸易创造效果。欧共体一般工业制成品因为贸易壁垒的消除、市场规模扩大、竞争力增强、品质与生产效率提升、对外谈判地位提高，而大幅度提升了在国际市场上的竞争力，消费者也因此受益，❷ 所以巴拉萨认为欧共体成员在工业制成品部门取得了贸易创造效果。

（2）贸易转移效果。由于欧共体在农产品方面推行共同农业政策中增加了其财政负担，因此降低了成员总体社会福利水平，产生贸易转移效果。

对于欧共体整合的经济效应，共同体执委会在1988年采用个体和总体经济分析两种方法评估完成了1992年内部市场计划的经济效果。

（一）个体经济分析

个体经济分析是对完成内部市场对于企业、家庭与个人产生的影响加以分析。根据局部均衡分析，欧洲共同体完成内部市场后，由于贸易障碍的排除，加速了商

❶ 许婉如.论欧盟食品安全监管制度[D].合肥：安徽大学，2014.

❷ 徐毅.欧盟共同农业政策改革与绩效研究[D].武汉：武汉大学，2012.

品、人员、劳务与资金等生产要素的自由流动，促使资源有效配置，提高了欧洲共同体整体福利水准。[1] 并且由于市场规模的扩大，欧共体成员企业也获益良多。而家庭与个人消费者由于市场竞争带来的商品价格下降或服务品质改善，增加了消费者福利。据估计，欧共体成员政府采购占GDP的15%，欧共体规定自1993年起，成员政府的各种商品、劳务采购合同和公共工程承包合同必须面向所有成员的厂商公开招标，这会大大节省政府开支。

（二）总体经济分析

总体经济分析是完成内部市场后对欧共体的贸易条件、收支平衡等影响加以评估。欧共体完成内部市场后使生产成本与商品价格下降，竞争增加促使技术更新而提高欧共体成员产品的国际竞争力，改善产品的国际贸易条件，有利于贸易收支平衡的改善。最后，由于1993年11月《马约》生效，欧共体迈向货币联盟整合的阶段，成员间开始实施共同货币等经济政策。2002年1月1日起，欧共体成员便开始通行“欧元”，这使得欧洲统一大市场的经济效果更加凸现。

另据共同体执委会的分析，不论是成员本身或在其他成员设立的企业，乃至成员在第三国设立的分支机构，欧共体成为单一市场后都将从中获益。这种利益来自两种效果。

（1）直接效果。当贸易障碍消除后，成员间通关手续简化，可大幅降低企业的生产成本。

（2）间接效果。欧洲单一市场有利于窗口贸易，并且因提供跨国性服务，使贸易量增加，刺激竞争。[2] 企业由此可以合理化经营，增加研发投入，鼓励创新，从而可以进一步提升企业竞争力和效率。

从总体经济层面观察，欧共体估计，其经济效益如下：

①GDP将增加4.5%到7%；

②消费者物价指数将下降6%至4.5%；

③将增加170万个至500万个工作机会；

④财政收支平衡改善程度在0.5%至2.25%；

---

[1] Rashmi Banga.Brexit: Opportunities for India;;Commonwealth Trade Competitiveness Briefing Paper[M].Commonwealth Secretariat,2017-04-13.

[2] 杨红利. 国际经济合作主体的能力结构研究[D]. 长春：长春工业大学，2016.

⑤对外贸易收支将增加GDP1%或减少0.5%。

二、欧洲一体化的外部效应

欧共体整合后对非成员的经济影响，可以分三个层面阐述。

（一）欧洲统一大市场形成后，其内部贸易持续稳定成长

1961~1970年欧共体（欧盟）一体化的效果十分明显，欧共体（欧盟）内部进出口增长率都高于世界平均水平，而对外进出口均低于世界平均水平。1971~1980年情况比较特殊，世界进出口增长率都达到了20%以上，不仅大大高于欧共体（欧盟）进出口增长率，而且还出现了欧共体（欧盟）对区外进口增长率超过了区内进口增长率的现象，这主要是由于石油危机导致石油涨价，扩大了账面进口额所致。1981~1990年欧共体（欧盟）对区外的进出口增长均快于世界进出口增长，但其对区外的进出口增长仍低于区内进出口增长。1991~2000年又出现了欧盟区内贸易高于世界平均水平，而区外贸易低于世界平均水平的现象。纵观四个时期的发展，可以发现，欧共体（欧盟）区内贸易的增长都高于区外贸易的增长。

（二）欧盟在共同贸易政策下，统一发展对外贸易关系，大大提高了其在国际经济领域的谈判地位和影响力

欧盟积极参与WTO活动，逐渐成为国际规则的决策者之一，甚至与美国分庭抗礼，树立了本身经济强权的地位。

从20世纪80年代起，欧共体就与美国之间就政府采购、钢铁和农产品贸易发生过多次贸易纠纷。90年代冷战结束后，双方之间在贸易领域的摩擦和纠纷加剧。关贸总协定乌拉圭回合谈判从1986年开始，到1993年才结束，计划4年延长至7年，拖延的原因是美国与欧盟就农产品补贴的分歧难以达成一致。农产品只占这次谈判涉及贸易额的10%，所用的时间却占了90%。2006年7月24日，世贸组织总干事拉米宣布全面中止多哈回合谈判。导致世贸组织成立后的第一个多边贸易谈判面临夭折的主要根源就在于欧美两强在农产品国内支持和关税削减上争执不下。

（三）欧盟整合在地理范围的不断扩展，势必将其保护性政策，尤其是共同农业政策，延伸至新成员，这对整个世界贸易体制都是不利的

欧盟共同农业政策保护下的生产扩大，不仅实现了许多农产品自给，而且出现了大量剩余，到20世纪90年代欧盟农产品严重过剩。虽然欧盟在1992年颁布的改革措施收到了良好的效果，但农产品依然过剩，市场压力过大。而且在欧盟农业保护

政策刺激下增长起来的农产品成本高，在世界市场上缺乏竞争力。在这种情况下，运用出口补贴制度在世界市场上倾销剩余农产品以减少损失成了必然的选择。[1]农产品出口补贴的实施使欧盟过剩农产品以等于甚至低于世界农产品价格向世界市场倾销，大大增强了欧盟农产品在世界市场上的竞争能力。另外，为了防止欧盟以外廉价进口农产品损害欧盟的内部价格支持体系，欧盟通过征收“进口差价税”，并辅之以正常的关税和配额限制，将区内价格维持在一个较高的水平，保护欧盟内部生产者的利益。

出口补贴制度和进口差价税制度的双管齐下对国际农产品贸易产生了转变性的影响。以美国为首的主要农产品出口国强烈批评欧盟的共同农业政策扭曲了世界市场的价格，导致贸易伙伴的严重冲突，制约和阻碍了世界贸易自由化的进程，欧盟不得不在农产品补贴上做出一定让步。

三、扩大后的欧盟面临的挑战

欧洲一体化成功的主要原因归纳为以下方面。

（1）由经济一体化迈向政治一体化。欧洲各国积极推动区域一体化的原始动机在于通过经济合作机制，达到保障欧洲永久和平的政治目的。而经济整合的持续性也成为欧洲整合不断前进的主要动力。

（2）从欧盟内部的具体情况看，由于西欧各国之间的社会制度单一，再加之相互间的经济发展水平又大体相似，因而成立一个一体化组织所产生的正面效应远大于贸易转移所带来的福利水平下降。

（3）在欧洲一体化进程中，由于各成员摈弃本位主义，建构了强有力的一体化执行与监督制度，有效确保了一体化政策的实施。

然而，欧共体并不仅仅满足于西欧各国的政治经济一体化，“扩大”是欧共体条约理念的重要组成部分。在1957年签订《罗马条约》时，就已提到“任何一个愿意入盟的欧洲国家，都可以成为欧共体成员”的可能性。“东扩”不仅是欧洲情结的需要，同时也有其政治原因，即实现欧洲统一。为此，1993年欧盟在哥本哈根会议上即提出了接纳中东欧国家（CEECs）的加入标准，1997年又在卢森堡的欧盟理

[1] 王宝灿．国际经济合作与资本流动的相互作用机理研究[D]．长春：长春工业大学，2016．

事会上形成了具体的东扩计划。

欧盟之所以热心东扩并不断提升自己的开放度，其经济方面的原因主要体现在以下几个方面。一是中东欧国家1994年经济复苏后，其在建立市场经济体制的改革方面已逐步取得了巨大成果，实现了向开放的市场经济转变的稳定局面。这一点也可以说是欧盟进行东扩的一个重要条件。二是欧盟与CEECs国家在贸易的商品结构上具有较强的互补性，也能给双方加强联系和开放市场带来明显的正效应与积极影响。由于欧盟的产品大多集中在高新技术产品领域，而CEECs则主要集中在低技术含量的资源密集型行业中，因而双方的往来应是具有较多的互补性与正效应的。三是生产要素的自由流动也将有利于实现资源的重新优化配置，并进而有利于CEECs和欧盟双方的利益。与贸易状况相似，与CEECs相邻的欧盟成员向CEECs提供了大量的FDI（Foreign Direct Investment，外商直接投资），并产生较大影响；同样欧盟的许多国家也从CEECs国家中吸收了不少的劳动力（特别是奥地利与德国就吸收了近80%的来自CEECs的劳动力）。既然FDI有利于欧盟提高人力资本密集型产品和技术劳务的出口，同时，来自CEECs的廉价劳动力也有利于降低成本，因而欧盟的东扩与开放市场于双方而言，应都是比较有利的。

然而，由于东西欧国家经济水平差距很大，除了资金支援、农业补贴等问题，欧盟还需要对新成员的基础设施建设下很大力气。[1] 除此之外，欧盟还必须做好以下三方面工作。

第一，改革现有基本政策，特别是共同农业政策、结构政策和移民政策。前两项政策的改革是非常困难的。关于共同农业政策的改革问题，欧盟与候选国达成协议，决定实施“逐步到位制”，这势必要对占欧盟经费开支50%的共同农业政策进行全面改革。

有关结构基金的改革也将采取渐进方式，即根据新成员在使用结构基金时提供配套资金的能力，采取“逐步纳入体制”的办法。一些成员（例如西班牙）担心东扩后会减少对它们的结构基金支持，但是不能因此放弃欧盟的东扩。为了使新成员能够取得与欧盟一致的发展，对它们采取团结政策是十分必要的。

第二，改革欧盟的现有机构。欧盟成员增多会不会出现“民主赤字”（即民主

---

[1] 齐国强．国际发展合作与中国战略对策分析[J]．国际经济合作，2016（3）：86–90．

选举出来的机构丧失决策能力）令人关注。为了回答这一问题，自尼斯会议后，开始考虑欧盟机构改革。现在已将此列为制宪委员会的工作内容。可以预料，通过这一改革，不仅能加强欧盟机构的职能，改善其决策程序，协调划分好欧盟机构同成员机构、地方机构的职权范围，更重要的是能通过强化合作进一步加强欧洲联合。

第三，抓住东扩后出现的一切机遇，解决东西欧统一前无法解决的问题，例如有组织犯罪的问题、非法移民的问题、环境污染的问题、威胁和平的问题等。欧盟东扩不仅关乎其本身和平、安全和可持续发展空间的拓展，更重要的是将关系到世界的和平。

第六章　北美自由贸易区

1992年8月12日，美国、加拿大和墨西哥三国宣布就“北美自由贸易协定”达成协议，该协定于1994年1月1日正式生效，北美自由贸易区就此成立。一个拥有3.6亿人口和年产总值6万亿美元的自由贸易区出现在北美大陆。北美自由贸易协定开创了发展中国家和发达国家建立经济一体化组织的先河，是对区域经济一体化传统理论的重大突破。

第一节　北美自由贸易区的产生

一、北美自由贸易区产生的背景与动因

北美自由贸易区（NAFTA）的产生有着深刻的背景，从理论上看，发达国家与发展中国家区域经济集团组织的形成要具备两个战略性的价值前提。第一，殖民地和落后地区政治经济的独立，至少在名义上摆脱了发达国家的经济控制，有了通过相互合作共同发展的强烈愿望；第二，同一地域范围内的发达国家基于共同的利益考虑，需要通过合作共同对付外部经济力量的竞争。[1]加拿大政府国际贸易顾问M.A.涯克指出，三个经济水平发展悬殊的国家能走到一起组建自由贸易区，是由于成员面临的世界经济环境压力及成员内部近年来经济协调的结果。

[1] Geoffrey Hale,Greg Anderson.Navigating a Changing World[M].University of Toronto Press, Scholarly Publishing Division,2020-03-30.

（一）外部原因：世界经济区域集团化

20世纪80年代以来，世界经济全球化不断发展，为了适应激烈的竞争，更多的国家组成新的区域经济一体化组织或者加入原有的一体化组织中。1985年欧洲统一市场的建立被提上了日程，亚太地区也早就存在一些次区域一体化组织，如东南亚联盟、澳一新协定等，日本也提出了有关东亚经济圈的设想，从而构成了对北美的挑战。

另外，多边贸易体制的作用有所削弱。1986年开始的“乌拉圭回合”谈判遇到了前所未有的困难，且GATT并没有涉及劳动力、投资及知识产权等日益突出的问题。[1] 这使得美国等国家认为，在多边方式下就新问题达成协议存在一定困难，不如争取以区域或双边合作的方式来解决问题，而区域和双边自由贸易可以在某种程度上促进多边贸易自由化的进程。

（二）内部原因：美、加、墨本国经济发展的必然选择

1. 美国

随着欧洲、日本经济的迅速发展，美国在世界经济中作为绝对超级大国的地位发生了动摇，1971年美国在维持了80多年的贸易顺差后出现逆差。1974年美国国会通过了《1974年贸易法》，这一法案授予总统开展新一轮多边自由贸易谈判和进行双边自由贸易的权力。[2]

美国一直以来都与加拿大在经济贸易方面有着异常密切的联系，在政治、军事方面保持着长期的同盟关系。两国是世界上最大的贸易伙伴，1990年双边贸易额高达1706亿美元，单是加拿大安大略省同美国的贸易额就超过美日两国或美国和欧共体的贸易额。但是，由于过去加拿大对美国采取高关税政策，平均关税率比美国高5.2%，削弱了美国商品的竞争力。

美国与墨西哥两国有3200千米长的共同边界，两国在经济上有很大的互补性。1991年美墨贸易额达645亿美元，墨西哥是美国的第三大贸易伙伴，仅次于加拿大和日本。美国对墨西哥的出口额和从墨西哥的进口额分别占墨西哥进口、出口额的3/4和2/3。墨西哥也是美国投资的重要场所，1989年达71亿美元，占墨西哥所有外国投资的62%。从战略上考虑，成功地将拉美大国墨西哥纳入自由贸易体系，无疑

---

[1] GREG ANDERSON.Freeing Trade in North America[M].MQUP,2020-03-02.

[2] Wesley C.Hogan.On the Freedom Side[M].The University of North Carolina Press,2019-12-16.

为美国与其他拉美国家的经济合作打下了良好的基础。

2. 加拿大

加拿大的进出口贸易历来严重依赖美国，外贸是加拿大经济的生命线，其出口贸易额占其国内生产总值的1/4，1990年加拿大对美国的出口比重占其出口总值的75%，从美国的进口比重占加拿大进口总值的64.6%。

20世纪80年代中期，美国的贸易保护主义有所抬头，加拿大的制造商为了保住他们在美国的市场，使其商品更多地进入美国市场，敦促加拿大政府与美国进行贸易谈判，并于1988年签订了美加自由贸易协定，于1989年1月1日开始实施。1989年底美国在加拿大的直接投资达889亿加元，占其对外投资总额的78%；而加拿大对美国的直接投资增长也很快，1989年底达420亿加元，占其对外直接投资总额的64%。

为了维护加拿大在美加自由贸易协定中能获得的既得利益，同时为了争夺墨西哥市场，加拿大政府也乐于参加北美贸易协定的谈判，而通过NAFTA，加拿大也达到了一些在美加自由贸易协定中未能达到的一些目的，如更多地进入美国政府采购市场，更严格地限制美国的反补贴税、反倾销税调查申请等。

3. 墨西哥

墨西哥作为经济相对落后的发展中国家，在20世纪80年代曾发生过严重的经济恐慌，比索大幅度贬值，通货膨胀，物价上涨，债务累累。冷战结束后，针对世界政治格局的巨变，墨西哥调整对外政策，坚定地推行经济改革，实行经济全球化战略。在美国和加拿大两国签署了《美加自由贸易协定》后，为了扭转经济持续恶化的困境，墨西哥加快了改革的步伐，降低关税，紧缩货币，实行自由贸易，消除关税壁垒，加速国有企业的私有化进程，为墨西哥成为美国的贸易伙伴奠定了基础。墨西哥同美国在经济上关系密切，与美国的贸易占全部对外贸易的65%，其中对美国的出口占全部出口的70%。美国是墨西哥最大的投资国，在墨西哥投资总额占其外资的2/3，美国还是墨西哥最大的债权国，占其全部外债的35%。因此美加自由贸易区扩大到墨西哥，对墨西哥也是十分有利的。

美国和加拿大联合即可形成一个年产总值5万多亿美元的广阔市场，它比美国市场本身大10%，比欧共体市场大15%。加上墨西哥，则三国人口3.6亿，年产总值6万亿美元，经济实力超过欧洲、日本，这足以抗衡欧洲经济圈和东亚经济圈。一些东欧国家加入欧盟可就近提供新的销售市场和投资场所，则加拿大和墨西哥两国的进出口贸易和资金来源均受影响。加之当时，加拿大、墨西哥与西欧、日本的经贸关系受挫，两国更加担心今后来自欧洲、东亚两大经济圈的威胁，害怕单枪匹马难以参与竞争。为了在新的世界经济格局中找到最佳立足点，两国坚定了与美国发展关系的决心，促进了“北美自由贸易协定”的谈判。

二、北美自由贸易区的发展历程

“北美自由贸易协定”的设想由来已久，美国和加拿大是邻邦，两国在经济和贸易交往中有着长期密切的关系，早在1980年里根在竞选总统时期就提出了建立美加自由贸易区的设想。1988年1月1日两国首脑正式签订了美加自由贸易协定，经两国国会审议批准，1989年1月1日协议正式生效，美加自由贸易区的建立成为世界上最大的双边自由贸易区。

美加贸易协定签署以后，随着世界经济区域化集团的日益发展，美、加、墨三国加强彼此间经济贸易关系以对付经济全球化进程的挑战，欧洲共同体的建立更是坚定了美加两国建立自由贸易区以抗衡欧洲统一市场的决心。美国、加拿大和墨西哥三国根据各自的经济现状商讨建立北美自由贸易区。1991年6月，三国部长第一次在加拿大多伦多召开会议。1992年12月三国正式签署了《北美自由贸易协定》，该协定于1994年1月1日生效。[1] 北美自由贸易协定的宗旨是：取消贸易壁垒；创造公平的条件，增加投资机会；保护知识产权；建立执行协定和解决贸易争端的有效机制，促进三边和多边合作。协定决定自生效之日起在15年内逐步消除贸易壁垒、实施商品和劳务的自由流通，到2008年建成一个取消三国间所有商品和贸易障碍的自由贸易区，实现所有生产要素在区域内的完全自由流通。

此后，美国希望以北美自由贸易区为基础，逐步南扩形成西半球自由贸易区。1996年11月，加拿大和智利在渥太华正式签署了两国自由贸易协定，成为智利加入《北美自由贸易协定》的桥梁。2002年12月美国也与智利达成了双边自由贸易协定，1996年8月洪都拉斯、危地马拉和萨尔瓦多三国也开始了通过墨西哥加入北美自由贸易协定的谈判，尽管2005年美洲自由贸易协定的谈判遇到了挫折，但在经历了9年的艰苦谈判后，中美洲五国（哥斯达黎加、萨尔瓦多、危地马拉、洪都拉斯

[1] Jim Naureckas,Janine Jackson.The Fair Reader[M].Taylor and Francis,2019-07-09.

及尼加拉瓜）与美国签署了中美洲自由贸易协定（CAFTA），这被普遍认为是北美自由贸易区南扩的一个标志。

由于北美自由贸易区是世界上第一个发达国家与发展中国家之间缔结的自由贸易协议，成员之间经济发展水平悬殊，政治、法律等社会环境不同，其发展进程也并非一帆风顺。1994年底的墨西哥比索危机，在一定程度上是墨西哥为加盟北美自由贸易区而付出的代价。不过，北美自由贸易区的发展表明，尽管发达国家和发展中国家，或者不同规模的发达国家之间要比经济发展水平大体相近的国家之间进行一体化更为艰难，但是前者与后者相比却更有现实意义：在合作的过程中，只要坚持分阶段推进，以互惠合作为宗旨，落后国家量力而行，发达国家有所让步，合作将会取得双赢的成效。

第二节　北美自由贸易协定内容

美国和加拿大的消除贸易壁垒的过程早在1989年《美加自由贸易协定》签署后就开始了。因此NAFTA主要是墨西哥对美、加的消除贸易壁垒的过程。其主要内容包括：削弱关税和消除非关税壁垒、开放服务贸易、便利和贸易有关的投资，以及实行原产地原则等。NAFTA由北美自由贸易协定和北美劳工合作协议（NAALC）、北美环境合作协议（NAAEC）两个附属协议构成，下面主要就北美自由贸易协定进行简单介绍。

NAFTA由总则及商品贸易、劳务、投资、知识产权、政府采购等有关分则组成，在较为棘手的汽车、农产品、纺织品、能源、运输、文化及环境等问题上还专门列了细则加以说明。协定共有8篇27章，其内容归纳起来，主要包括以下几方面。

一、北美自由贸易协定（NAFTA）的基本内容

（一）贸易的自由化

以1991年7月1日执行的税率为基准，分立即、5年或10年内逐步消除关税，若干选择性项目15年内消除。除了关税以外，墨西哥将逐步取消产品配额、许可证等各种非关税壁垒以及其他贸易扭曲的限制，如当地成分、当地生产和出口业绩要求

等。在关税减让上，美加关税削减幅度大，而墨西哥幅度小。此外，对墨西哥竞争力较弱的肉、奶制品、玉米等产品均安排了较长的过渡期。[1]在关税削弱时间表上，美、加让步多于墨西哥；在取消非关税壁垒规定方面墨西哥则让步多一些。NAFTA通过先实施工业品贸易自由化，后实现农产品贸易自由化，从而达到贸易的自由化。

（二）放宽对外投资的限制

NAFTA取消的重要投资障碍包括：成员不得对其境内的投资者规定经营条件，如出口水平、最低的国内含量、对本国供应者的优惠待遇、进口受出口收入的约束、技术转让以及要求产品在指定地区生产等；成员保证各成员投资者利润、销售所得、借贷支付等转移自由；不得直接或间接征用协定成员企业的投资。根据协定，美、加投资者可以在墨西哥境内设立金融机构，墨西哥可根据协定通过协商限定美、加机构所占市场比例。

（三）广泛领域的合作

NAFTA的合作涉及商品贸易、服务贸易、知识产权保护、政府采购、环境合作、劳务合作等。贸易壁垒将在15年内分四个阶段减免。在商品市场准入方面，美、加对墨西哥照顾多，在资本市场准入方面，墨西哥让步大。在知识产权方面，NAFTA根据GATT原则，适当和有效地保护知识产权。墨西哥开放重要的政府采购市场，为美国供应者提供了进入政府采购市场的机会。制定NAALC，为改善北美的工作条件和生活水平提供了独特的三国之间的机制。制定NAAEC，促进建立在相互合作与支持的环境、经济政策基础上的可持续发展，支持环境目标和NAFTA目标的实现。

（四）建立强有力的组织机构

NAFTA建立了强有力的组织机构，确保协定的有效实施。其主要机构有：北美自由贸易区委员会，定期评审三国之间的贸易关系，研究特定的问题，监督北美自由贸易；秘书处，为自由贸易委员会提供帮助，为其他部门提供行政支持；专家组，专门负责某一领域工作，主要解决某一领域问题，或提供咨询意见。此外，还设立专门委员会和工作组，如环境委员会、北美劳工合作协定、边境合作委员会等

---

[1] Anthony Elson.Trade Globalization and the US Economy[M].Springer International Publishing,2019-06-18.

具体机构处理NAFTA不同领域的问题。

（五）争端解决机制

NAFTA的争端解决机制是在美加贸易协定和美、加、墨分别签署的双边条约基础上发展起来的，在一定程度上也受到WTO前身——GATT争端解决机制的影响。NAFTA除在其第20章规定一般争端解决条款，用于解决所有可能引起的争议，还分别在第11章、第14章和第19章规定了有关财产权利争端解决机制、有关金融领域争端解决机制以及有关不公平贸易（反倾销和反补贴）的争端解决机制。此外，《北美环境合作协定》确立了国家间环境争议的解决机制，《北美劳工合作协定》则确立了国家间劳工争议的解决机制。由此可见，NAFTA是多套争端解决机制并存，分别解决不同类型的争端。NAFTA没有设立常设的争端解决机构，承担争端解决职能的是自由贸易委员会和根据个案临时成立的仲裁专家组。自由贸易委员会的主要职责是监督协定的实施，它可以主持斡旋、调停和调解，通过友好的政治解决方式处理争端。当争端各方无法通过友好方式解决争端时，可成立仲裁小组。仲裁后，如败诉方不服裁决，胜诉方可以采取报复措施。

（六）全面、灵活的规定

NAFTA全面、灵活地做出重要产品（能源、化工产品等）、敏感产品（纺织品、服装、汽车及零配件、农牧产品、奶制品、糖等）实现贸易自由化的时间表及相关政策扶持规定。在原产地规则方面，NAFTA规定，汽车、轻型卡车以及零部件北美地区含量为62.5%，可享受优惠关税待遇；北美地区生产的纺织品和服装可享受减免关税待遇。

二、北美自由贸易区的特点

（一）“南”“北”共存性特点

地区性贸易安排一般由社会经济发展水平相对接近的有关国家组成，这样可以大大减小实际运行中的“调整成本”。NAFTA既有世界上第一经济大国美国，也有发达工业国家加拿大，还有仍属于发展中国家的墨西哥，这两种类型的国家在处理区内事务以及国际经济事务方面自然存在着利益取向上的差别，这些都决定了美国、加拿大和墨西哥之间既有加强经济合作的愿望和基础，又客观存在着利益上的矛盾与冲突。因此在NAFTA既存在着美、加之间“水平形态的经济合作与竞争”，又存在着美国、墨西国与加拿大、墨西哥之间的“垂直形态的经济合作与竞争”，二者相互交织在一起，形成了一种有别于欧盟或其他区域经济集团的区域自由贸易区。

（二）美国一国主导性特点

北美自由贸易区是一个以美国为核心的南北型区域性经济集团。美国不仅是北美自由贸易区的倡导者，而且在贸易区的运行中占据绝对的主导和支配地位。从贸易区内部的实力来看，根据世界银行2017年的统计，美国占有68.6%的人口和88.4%的GDP，加拿大有7.5%的人口和6.2%的GDP，墨西哥拥有23.9%的人口，而GDP却仅占5.4%。

从对贸易的依赖程度来看，NAFTA成员中，美国对贸易的依赖性较小，贸易仅占GDP的25%左右，墨西哥的比重则略低于60%，加拿大的贸易占GDP比重最大，超过了80%。加拿大和墨西哥超过80%的出口与绝大部分的进口都依赖于NAFTA伙伴国，美国只有约30%的贸易依赖于NAFTA伙伴国。

从经济实力、工业化程度和发展水平等方面来看，美国都处于绝对的优势地位，自然对加拿大和墨西哥具有很强的制约力。因而，从根本上说，北美自由贸易区的建立更多地体现出了美国的战略意图。

另一方面，从美国的角度看，建立北美自由贸易区并不是其最终目标。按照美国前总统老布什《开创美洲事业倡议》的设想，北美自由贸易区的终极目标是在一段比较长的时间内，以墨西哥为桥梁，推动南北美洲的经济联合，形成一个从加拿大北部的安克雷厅港一直延伸到阿根廷最南端的火地岛的无国界限制的美洲自由贸易区，以此进一步提高美国的国际战略地位。从这个意义上说，北美自由贸易区只是美国战略中的一步，具有强烈的过渡性质。

（三）水平、垂直分工并存的特点

加拿大的原材料、墨西哥的劳动力与美国的技术管理相结合形成了以美国为轴心的生产和加工一体化。美加生产一体化主要表现为水平的产业内分工，两国在飞机和汽车制造、钢铁、食品加工、化学品和布料加工业等方面存在着密切的产业内贸易联系。NAFTA对这种已经较为稳定的一体化联系的影响并不显著，主要是带动了美国和墨西哥的生产和加工一体化。美墨生产一体化的行业主要集中在电器、汽车和服装这几个行业，带有明显的垂直的产业内分工的特点。美墨贸易的特点是美国将零部件运到墨西哥加工后返回美国，美国从墨西哥进口商品的美国含量比从其他地区高得多；墨西哥的出口和进口密切关联，墨西哥制成品对美出口的增长与美产业内中间品对墨西哥出口相伴，以纵向的产业内分工为特点。

（四）经济互补性特点

虽然北美自由贸易区各成员的经济实力存在着差异，但美、加、墨三国之间仍然存在着经济上的互补性以及由此产生的互利互惠性，这也是区域性贸易合作的现实基础。例如，墨西哥和加拿大拥有丰富的能源资源，而美国是世界上的能源消费大国，墨西哥拥有大量的廉价劳动力。❶美国则有先进的技术设备和雄厚的资本实力，结合起来可从总体上提高北美地区制造业的竞争力，墨西哥需要大量引进资金和进口技术，就为美国和加拿大提供了巨大的出口市场。

此外，美国和墨西哥之间自然条件的差异，两国的农业生产原本就各具特色，加之墨西哥每年要进口大量肉制品、奶制品和粮食，美国又是农产品生产国，两国在农产品贸易方面有极大的合作空间。加拿大与墨西哥之间的传统贸易关系虽然较为薄弱，但NAFTA的建立为两国的经济合作开辟了广阔的前景，墨西哥价格低廉的农矿产品和制成品在加拿大也受到普遍欢迎。

（五）区域内贸易与经济优先发展的特点

这一点主要体现在NAFTA对原产地原则的规定上，即在美、加、墨三国内签发统一原产地证。只有获得原产地证，商品才能在成员之间免征关税，实行自由流通。而只有符合一定条件的商品，才可以获得原产地证，具体为：商品全部是在NAFTA成员地区生产的；含有自由贸易区以外原料的商品，如果这些原料在自由贸易区的成员加工后，足以改变其原有关税类别的，也可以获得原产地证；如果商品中区域内的生产含量达到一定的比例，这种比例经贸易额或净成本方式计算，如客车、卡车中的区域内的生产含量的比例要达到62.5%，其他车辆为60%，也可以获得原产地证，或者只要其外来材料的价值低于商品总成本或价格的7%时，也给予原产地证。❷原产地规则实际上体现出该组织对组织外成员的歧视，是当代贸易保护主义的一种表现形式，即区域经济组织相互之间的贸易保护。

（六）健全的协商和争议解决机制

NAFTA是由美国、加拿大和墨西哥三国所签订的《北美自由贸易协议》以法

---

❶ 许健．全球治理中的经合组织及中国与其合作的法律问题研究[D]．武汉：武汉大学，2015.

❷ 熊晶.对外经济贸易　国际经济技术合作．武汉年鉴社，2013：251.

律形式规范着三国的经贸关系，具有很强的约束力。NAFTA还有一套固定的运行机制以及宏观经济政策的定期协商机制，包括贸易委员会（该委员会下设的不同的特别工作委员会和工作小组）、秘书处、咨询机构、仲裁法庭、保护仲裁法庭的程序特别委员会。这些机构具有相应的职能，可对三国的争端冲突进行多方位和多层次的协调。

第三节 北美自由贸易区的发展和影响

NAFTA成立二十几年来的实践证明三国在一定程度上达到了合作的初衷，并取得了巨大的经济实惠。NAFTA实施之后，三国无论是商品进口总额还是出口总额都保持了国际贸易地区份额的首位，远高于欧盟国家的相应总额。同时北美自由贸易区的建立给南北国家区域范围内的合作开了先河，谱写了南北关系的新篇章，从而给世人以巨大的启示，有着一定的示范效应成果。NAFTA制定了一个非常开放的贸易框架，有着清晰的规则，且易操作管理，目的是为了实现进一步的经济一体化与合作。

NAFTA实行的具体成效表现在以下几个方面。

一、北美自由贸易区的效应

（一）促进各成员之间的贸易增长

NAFTA的建立大大加快了墨西哥与美国和加拿大两国的贸易自由化程度，美墨贸易额从1993年的896亿美元，增加到2015年的2737亿美元，约占墨西哥外贸总额的80%，墨西哥已成为美国的第二大贸易伙伴。对于美国来说美墨贸易有较强的互补性，2015年美国对墨西哥的出口额占美出口总额的11.7%，进口额占美进口总额的10.5%。加拿大和墨西哥之间由于以往双边贸易金额较小，NAFTA的实施使得两国的贸易以惊人的速度增长，1994~2015年平均增长速度达到10%，目前墨西哥已经跃居加拿大第五大贸易伙伴。

NAFTA内部市场互相开放，互相提供优惠，区外的国家地区因享受不到优惠而形成了事实上的贸易壁垒，外来产品的竞争力下降，从而形成“贸易转移效应”，再加上由于关税与非关税壁垒的取消使得市场扩大，又形成了“贸易创造效应”。

NAFTA成立后，由于其独特性的原产地规则，直接庇护了区域内纺织品服装贸易。美国、加拿大和墨西哥之间逐渐形成了美国生产棉纱，在墨西哥、加拿大织成布，做成服装再回流到美国的纺织品服装贸易的区内循环。在20世纪90年代，墨西哥已经取代中国成为纺织品对美出口的第一大国。加拿大和墨西哥对NAFTA内部市场的依赖程度超过40%，美国对北美市场的贸易依存度也达到25%左右。NAFTA三国的经济贸易联系越来越密切，近几年来，加拿大和墨西哥近90%的产品都是出口到NAFTA成员的，从NAFTA成员的进口份额也呈现上升趋势。

墨西哥的经济能够迅速从1995年初的金融危机中复苏，很大程度上归功于NAFTA，这与1982年的金融危机形成鲜明的对比，前者只花了18个月就恢复了出口，而后者则整整花费了7年。而且墨西哥从危机中恢复之后一直保持高于整个拉美地区的经济增长率。墨西哥的经济形势与NAFTA有着密切的联系。NAFTA给美国带来了贸易的增加和产业结构的升级，把一些缺乏竞争性部门的工作转移到了更有竞争性的部门，把低技术和低工资的工作变为高技术、高工资的工作，有利于美国保持在经济技术贸易上的领先地位。

NAFTA三个成员贸易相互依赖的影响并不相同。NAFTA成立后，美加贸易基本保持稳定增长，加拿大在美国进出口的比重，为美国出口的23%和进口的18%左右；美国在加拿大进口的份额基本保持稳定为63%，占加拿大出口的比重从78%上升到88%。而墨西哥与伙伴国的贸易则增长迅速，从2010年至2016年墨西哥向美国和加拿大的出口都翻了一番，变化最明显的是墨西哥在美国贸易中的比重，其出口占美国全部进口的比重从9.0%上升到13.5%，进口从6.8%上升到11.6%。墨西哥与NAFTA伙伴国的贸易（进出口总和）占其总GDP的比重，从1993年的25%上升到2000年的51%。2000年后，墨西哥外贸增长放慢，即使这样，2015年其与NAFTA成员的贸易占GDP的比重仍超过了38%。2015年墨西哥向NAFTA伙伴国的出口约占其总出口的90%，而进口则占其总进口的65%以上。可见NAFTA对于墨西哥的贸易发展作用尤为显著。

（二）对外商直接投资的影响

NAFTA提供了一个很好的环境，以确保长期投资所需要的信心与稳定性。在一个强大、确定且透明的投资框架下，NAFTA已经吸引了创纪录的外商直接投资（FDI）。2015年NAFTA三国之间的FDI达到了6033亿美元，是1993年1369亿美元的四倍多。同时，从NAFTA区域外吸引国家的投资也在增长。目前，北美地区占全球向内FDI的23.9%和全球向外FDI的25%。

与贸易类似，NAFTA实施以后，美加之间FDI增长基本比较稳定，而美国和加拿大在墨西哥的投资增长迅速，美加在墨西哥外资中的比重也有所增长。墨西哥在1991~1993年期间的FDI流量为120亿美元，2013~2015年期间则增长为约1040亿美元，FDI占其国内总投资的比重也从1993年的6%增长到2015年的13%，而这些主要是由其NAFTA伙伴国提供的。截至2015年，墨西哥的年均累积FDI已达到1619亿美元。

（三）增加了就业机会，促进了墨西哥和加拿大就业的增长

伴随着NAFTA的运作进程，各成员政府的国内高失业率分别有了不同程度的改善。

NAFTA实行十几年以来，通过贸易的扩大，增加了美加墨三国的就业机会，提高了人民的平均生活水平。NAFTA带来的成员之间贸易的扩大，也带动了各国相关产业的发展和就业增加。以美国的情况看，受惠于对加拿大、墨西哥两国的出口增长，直接增加的就业机会就达近30万个。以汽车产业为例，美国劳工统计局的统计数字显示，美国汽车工业1994年以来整个就业增长速度远远快于NAFTA建立之前的年份。1990~1993年汽车生产雇员的年增长率平均为1%，2000年以后至今年平均增长率为5%。与此同时，成员中发达国家的资金和设备、技术的流入，也为作为发展中国家的墨西哥廉价劳动力的就业开辟了广阔前景。

北美劳工合作协定（NAALC）使NAFTA中增加了社会性的一面。通过NAFTA的劳工补充协定，贸易伙伴国试图改善劳工的工作条件和生活水平并保护、加强和提高劳工的权利。为了实现这些目标，NAALC建立了有关机制，来处理合作活动、政府间磋商、独立评估以及与执行劳工法相关的争端解决方案等。

NAFTA也建立了相关机构和正式的流程，让公众可以直接提出他们对政府执行劳工法方面的意见。NAFTA伙伴国在产业关联、职业安全和健康、童工、性别平等和保护移民工人等方面执行了更大范围的合作和技术上的交流。

（四）区内资源的优化配置

NAFTA规定了从行业惯例到贸易服务，投资规则等各项基础政策，政策的稳定性和持续性使得对北美地区的投资者可以进行长远规划，从而实现资源的最优配置。

NAFTA提供了一个3.6亿消费者的巨大市场，区内的企业可以从规模经济中获益，降低产品的成本，获得竞争优势。NAFTA消除了贸易壁垒，市场的扩大提供了更多的专业化生产和协作机会，因而能创造出“范围经济”。区内企业可以选择适当的产业形态，根据“生产分工”战略，区内劳动密集型产业和部分“夕阳产业”可以南迁到劳动力丰富而廉价的墨西哥，将新兴产业和高科技产业留在美国和加拿大国内，促进美加产业结构的升级。产业的转移和升级有力地推动了美国汽车、电信设备等工业部门的发展。而对于墨西哥来说，美加的产业结构调整也给它带来了技术含量相对较高的资本重组，提高了其工业资本的有机构成和效率。

另外，NAFTA的建立还优化了区内资本资源的配置。美、加、墨三国处于不同的经济发展阶段，当然投资资金供给的多寡也不同。美国是全球外国直接投资的最大输入国。由于美加长期的经贸联系，美国对外直接投资总额中加拿大分享的比例高达20%，而墨西哥的经济发展一直受制于资本的匮乏。NAFTA建立后，流入墨西哥的外国直接投资大幅度增加。NAFTA成立后4年，墨西哥已经吸纳了380亿美元的外资，其中1997年一年引进外资额达到100亿美元。美国的直接投资额占到对墨西哥直接投资总额的60%，同时加拿大到墨西哥投资的企业也成倍增长，成为在墨西哥国外直接投资增长最快的国家，投资涉及的领域遍及金融、电信、运输、采矿等许多行业。此外，墨西哥也成为区域外外商投资的热土，投资主体呈多元化分布，其中来自欧洲国家的企业资金总计超过60亿美元，亚洲向墨西哥直接投资的厂商从仅限于日本扩展到印度、韩国和新加坡等。2006年至2015年间，墨西哥吸引的外国直接投资增加到了年平均190亿美元。

（五）NAFTA对环境的影响

NAFTA在促进经济一体化的同时，通过推动环保科技的转让，推动基于市场的对环境问题的解决方案的转让，以及从根本上增加国家财富等渠道，促进了区域内的环境保护。按照北美环境合作协定（NAAEC），三个成员都必须执行有关的环境法规。NAAEC所创立的环境合作委员会（CEC）实施了可促进信息、数据和实践共享的三边项目，提高了透明度和公众参与程度，在三个成员中提高了环保技术水平及环境政策能力。各成员都从加强和保护北美自然资源的合作中获得了益处。

（六）NAFTA对非成员的影响

随着NAFTA的实施，自由贸易给三个成员都带来了益处。基于NAFTA的经验，三国各自都展开了其他的双边自由贸易活动。从1994年至今，加拿大已与智利、哥斯达黎加和以色列签订了自由贸易协定；与中美洲四国（萨尔瓦多、危地马拉、洪都拉斯和尼加拉瓜）、欧洲自由贸易协会以及新加坡的贸易协定谈判已全面达成。加拿大也已同意与加勒比共同体和共同市场（CARICOM）、多米尼加共和国（DR）以及安第斯共同体（玻利维亚、哥伦比亚、秘鲁、厄瓜多尔和委内瑞拉）开始讨论双边自由贸易协定。

自NAFTA成立以后，美国先后与约旦、智利、新加坡、中美洲四国（萨尔瓦多、危地马拉、洪都拉斯和尼加拉瓜）、摩洛哥、澳大利亚和南部非洲关税联盟（博茨瓦纳、莱索托、纳米比亚、南非和斯威士兰）、多米尼加共和国和巴林等国家达成了自由贸易协定。

墨西哥已与智利、欧盟、欧洲自由贸易协会、以色列、玻利维亚、哥伦比亚、委内瑞拉、尼加拉瓜、中美洲北方三角（萨尔瓦多、危地马拉和洪都拉斯）、哥斯达黎加和乌拉圭签订了自由贸易协定，与日本和阿根廷也先后达成了自由贸易协定的谈判。

（七）一定程度缓解了成员在经济发展中的矛盾

20世纪80年代末，美、加经济跌入低谷，生产停滞、市场疲软，直至90年代初仍未能改观。然而，1994年北美自由贸易协定生效后，两国的经济开始呈现复苏，GDP逐年稳步爬升。伴随着自由贸易区首期的运作进程，曾令两国政府一筹莫展的持续数年的国内失业问题也分别有了不同程度的改善。

墨西哥的情况则是更为典型的例证。由于经济长期失调，累积矛盾激化，墨西哥于1994年末爆发了震动全球的金融危机，这一突发事件令其国民经济几近崩溃。但是，仅仅经过近一年的时间，墨西哥的元气就得以迅速恢复，其经常项目中有形贸易收支从1994年180亿美元的逆差扭转为1995年90亿美元的顺差；1996年也继续维持了两位数的出口增幅。随着经济景气度逐年回升，外商也很快重新恢复了对墨西哥投资的信心，投向汽车制造、纺织轻工和食品加工业的资金大幅增加。据拉美经济组织公布的数据，1996年墨西哥的经济增长率已扭负为正，1997年又上升至7.8%的水平。假如没有自由贸易区的区域优势、前景看好的预期和区域内其他成员的施援扶助，很难想象墨西哥经历这场金融危机后重振经济的努力能如此快速地立竿见影。

（八）示范效应

传统理论认为，经济发达国家和发展中国家很难结成经济集团，因为两者经济发展水平差距过大，民族经济利益矛盾尖锐，因此很难实现真正平等互利的经济合作。即使达成某种经济或贸易协定，发展中国家也会始终处于被动地位，难以摆脱发达国家对发展中国家的控制。北美自由贸易区的建立是对这一传统理论认识的突破，它的建立不仅给墨西哥经济带来了较大的利益，而且对加强美洲地区南北经济合作产生了很大的影响，为发展中国家与发达国家进行区域经济合作提供了一个范本。NAFTA的成功加深了各国推进区域和多边自由贸易的信心，为美洲自由贸易区的建立提供了良好的示范。

二、北美自由贸易区对墨西哥经济的影响

NAFTA实施二十多年来，在区域内唯一的发展中国家墨西哥在经济发展中扮演了怎样的角色，一直为世人关注，争论也颇多，以下通过各种纷繁的解释，探寻NAFTA对墨西哥影响的评价。

（一）积极影响

1. 刺激了经济的增长

自1995年从金融危机中恢复以来，墨西哥经济增长率一直高于整个地区。和阿根廷、巴西、智利相比，墨西哥的年均经济增长率是最高的，这显然与NAFTA有着密切的关系。

2. 促进了对外贸易的增长

NAFTA成立二十几年来，区域内贸易额由1993年的3060亿美元增加到2015年的9210亿美元。尽管20世纪90年代后半期墨西哥对美国的贸易依赖确实有所加重，但是随着墨西哥政府施行贸易多元化战略，这种局面有所改变。资料显示，美国在墨西哥进出口中的比重并没有发生变化，对美国的出口占墨西哥总出口的80%，从美国的进口占其总进口的70%。

3. 吸收大量外资

加入NAFTA以后，墨西哥从两方面吸引外资。第一，各行各业的资金都可以自由进出；第二，解除贸易壁垒。与此同时，美墨相互直接投资增长迅速，1994~2015年，美国在墨西哥的FDI从161亿美元增加到1581亿美元，墨西哥在美国的FDI从23亿美元上升到379亿美元。加拿大占墨西哥FDI流入的比重从1%左右增长到6.3%。北美贸易伙伴对墨西哥FDI流入的份额从63.9%增加到72.3%。

此外，NAFTA对墨西哥度过1994~1995年金融危机起了重要作用。1994年墨西

哥遭受金融危机时，克林顿政府立即进行干预，动用外汇稳定基金，向墨西哥提供了200亿美元的贷款，国际货币基金组织等国际金融机构也向墨西哥提供了紧急贷款。近500亿美元的国际援助对平息危机起了关键性的作用。在美国的帮助下，墨西哥只用了7个月时间就稳定金融形势，并重返资本市场。诺贝尔经济学奖获得者斯蒂格里茨教授认为，墨西哥能够从1994年12月的金融危机中很快复苏，主要得益于在NAFTA的推动下与美国进行的贸易，而不是华尔街的金融家们的经济援助。

（二）消极影响

有关NAFTA对墨西哥带来的负面影响存在一定的争议，比较具有代表性的是全球贸易观察组织的报告体现的观点。该报告认为，20多年来的发展历程表明NAFTA带给墨西哥的全部是负面影响。因为，不论是从NAFTA造成的墨西哥广大农村地区的危机、政府公布的令人震惊的贫困程度和经济不平衡的加深、与NAFTA相关的环境破坏，还是从墨西哥工人和农民对NAFTA的不满，都证明了NAFTA对墨西哥的伤害。

1. NAFTA造成墨西哥农业和农村危机

表现之一是，农业从业劳动力由NAFTA实施以前的800万，相当于全部劳动力数量的1/4，下降到2016年的550万。农业历来是墨西哥农村经济的支柱产业，墨西哥革命后的1917年宪法的核心内容就是土地改革，这项改革曾使农民长久受益。但是为了加入NAFTA，墨西哥修订后的宪法允许外资拥有土地，取消了小农户赖以依靠的最低价格保护，低利率贷款以及燃料和肥料补贴制度，这就破坏了原有的制度，导致了土地的流动，使农业发展受到了巨大的冲击。

表现之二是，过快地取消了玉米进口的配额政策，使本国玉米生产受到较大冲击。玉米曾是墨西哥最重要的农产品，大约有300万人从事玉米种植，并且墨西哥60%的可耕种土地都是用来种植玉米的。而在NAFTA之后大量美国进口的廉价玉米对墨西哥农业造成的冲击。不仅使本国农民没有种植玉米的积极性和可能性，而且导致农民负债增加，更加剧了对进口玉米的依赖。

表现之三是，墨西哥的消费者并没有从进口竞争和廉价的农产品价格中受益。在NAFTA实施的20多年间，基本食物篮子的价格上涨了357%，而本国农业生产者获得支付的价格只上涨了285%。

美国卡内基国际和平基金会公布的报告指出，享受高额补贴的美国农产品如潮水般涌入墨西哥，并在过去20年中导致墨西哥180万农民破产。墨西哥国立自治大学一项研究表明，自NAFTA生效至今，墨西哥农作物种植面积缩减了400万公顷，同期农业提供的就业机会减少了10%，而且这一状况正在随着农产品关税进一步降低而恶化。

2. 吸引投资和出口并没有使边界地区经济受益

在当初进行NAFTA谈判时，墨西哥认为该协定将利于吸引投资和出口，从而增加就业机会、提高工资水平和减少数百万的贫困人口问题。

在吸引外资方面，尽管吸引外资逐年增长，但是墨西哥人均国民收入增长非常有限，还不到20世纪60年代或70年代增速的1/5。

在工人收入方面，墨西哥的广大工人不仅没有从NAFTA中受益，相反占全部4000万劳动力中25%工人所挣的最低工资下降了20%，徘徊在每天4美元的水平上，从破产的农村经济中转移的劳动力加重了这种形势。据墨西哥政府最新的估计，大约有一半以上人口的收入难以满足基本的衣食住行、医疗、交通和受教育的需要。

在出口方面，在NAFTA下出口的增长主要体现在客户工业企业上，大多数为外资所有的加工企业购买不到3%的由墨西哥制造的零部件和包装产品，因此客户工业企业几乎与墨西哥经济没有什么联系，并成为不能提供长期就业和边境经济的增长的根源。与此同时，墨西哥大量中小企业破产也使墨西哥自身的“生产链条”中断，从而使国民经济更加依附于进口投入品和零售品。

3. 环境问题不仅未得到解决反而日趋恶化

当初，美国和墨西哥政府强调随着NAFTA带动的出口增长和投资增加将会创造财富，来治理环境问题，而且将改变聚集墨—美边境发展工业的问题，并消除工业已存在的环境危害。但是20多年来的进程却显示，与NAFTA相关的企业活动不仅加剧了空气和水的污染，并且堆积了成吨的有毒垃圾。

据美国塔夫茨（TUFTS）大学一项研究显示，墨西哥制造业产生的空气污染比NAFTA签署前增加了2倍。NAFTA开创了在自由贸易框架内开展环境合作的先例，建立了环境合作的主导机构，允许成员制定本国的环境标准，并构建了一套争端解决机制，处理贸易和环境纠纷。但加入NAFTA之后，墨西哥政府并没有按照原来的承诺提供足够的环保基建投资，环保方面的支出下降了45%，而NAFTA对其颁布的环保方面的法律监管也不得力。

通过上述分析不难发现，尽管对于墨西哥加入NAFTA之后20多年来的成败得失存在种种评价，但认为其全部是积极影响或全部是负面影响的评价都是有失偏颇的。20几年来NAFTA极大地促进了墨西哥的对外贸易、外国投资和经济发展，但同时也带来了一些不容忽视的不利影响。自由贸易是一把双刃剑，墨西哥加入NAFTA后，在获得经济收益的同时也付出了不小的代价。如何充分地利用NAFTA带来的好处，如何将NAFTA带来的积极影响最大化，仍然是墨西哥政府所要面对的一个重要课题。世界银行在对NAFTA评估的报告中得出这样的结论“要赶上北美的经济，自由贸易协定不是一个充分条件，墨西哥仍然存在抑制其赶上北美邻国能力的重要缺口”，墨西哥政府还需要在财政、能源、教育及反腐败等方面做出更多的改革。

第四节　北美自由贸易区的发展和启示

一、北美自由贸易区的发展前景

不同的历史文化背景和经济发展差距决定了NAFTA从一开始就选择了和欧盟走不同的路。除了相同的把NAFTA看作增加成员贸易的手段外，美国把NAFTA看作其外交政策的一部分和向美洲和全球贸易自由化扩展的过渡阶段。因此和墨西哥签订的协议在很多方面都是样板性的，包含的范围非常广泛，从知识产权到投资协议，从服务贸易到劳工和环境问题等，就像一个区域和多边谈判的试验场。例如，NAFTA的投资协议就成为1995年世界投资协议的基础，也是FTAA谈判的基础，知识产权、劳工和环境协议的情况也是如此。而墨西哥则把NAFTA看作发展本国以出口为基础的经济的先机，其最终目的是发展国内经济实现产业升级，摆脱对美国的单纯依赖。因此NAFTA各成员的力量是同时向多方面发展的。除了美、加以外，墨西哥加入NAFTA之后又签订了多达10个以上的自由贸易协议，是世界上签订自由贸易协议最多的国家之一。美国和加拿大也在全球、区域和双边多层次展开行动。

（一）短期前景

要巩固前期区域贸易的成果，进一步为区域自由贸易提供便利，就有必要采取协调一致的措施，包括实现公共运输和金融、能源等基础设施一体化，但是

NAFTA成员显然还没有为进一步深化区域内部联系做好充足的准备。加之各国国内的政治压力，尤其是贸易保护的压力，因此，当前NAFTA成员最关心的是解决实施协议过程产生的一些实际问题，并采取措施，为进一步扩大区域内贸易创造条件，具体包括：解决美加软木塞贸易争端、美国的农产品补贴和保护、知识产权保护、开放地面运输、贸易救济措施、投资争端解决机制、墨西哥的移民问题、劳动力标准和环境标准等方面的问题。

（二）长期前景

展望未来，现实需要和未来发展都要求对NAFTA进一步的发展有一个明确的考虑，实现NAFTA区域一体化的种种设想已在讨论之中。美国战略和国际问题研究中心（CSIS）的Jon E. Huenemann Januzry认为，三国需要对未来的关系有一个明确定义，推动一体和高效的北美经济，他还认为需要加强部门一体化，包括运输、电信、金融和电子商务等基础设施建设的一体化。Hufbauer and Vega Canovas（2013）提出，NAFTA需要一个“共同构想”，包括关税、能源政策、移民，乃至货币合作。Convergence Wendy Dobson（2012）也提出类似的一体化建议，她认为可以保持成员政治独立，在不必大规模协调类似传统的关税同盟和共同市场所要求的政策的条件下，寻求一个“战略协议”，加深当前的关系。[1]也即实现区域经济一体化，乃至把NAFTA建立成类似关税同盟的区域，但前提是政府愿意在一定程度上予以推动。

另一方面，美国一直以来就都致力于将NAFTA进行南扩，建立美洲自由贸易区。然而由于美国和拉美国家在经济发展水平、历史文化传统以及在国际经济体系中所处的地位不同，决定了消除贸易壁垒，建立美洲自由贸易区必将是一个长期艰苦的过程。之前，多次美洲自由贸易区谈判也遇到了种种障碍，未能如期完成。究其原因主要是因为，美国和巴西及各自的盟友在关键问题上（如市场准入、农业和知识产权等问题）存在严重分歧。而多边贸易体制以及频繁的双边自由贸易谈判也增加了各方选择的自由。尽管如此，以美国现在的实力、地位可以预见它将会不遗余力地推动美洲自由贸易谈判的进程，而拉美国家出于稳定本国政局、消除贫困和发展经济的需要也会共同努力，推动建立美洲自由贸易区。随着欧洲和亚洲区域性

[1] 陈友骏．“新常态”与中国经济外交[J]．太平洋学报，2017，25（12）：87-97.

合作的不断发展，建立美洲自由贸易区将是大势所趋，未来的NAFTA必然也会向纵深方向发展。

二、北美自由贸易区发展的启示

由NAFTA的成功实施有助于推动世界经济格局走向多极化，形成美洲、欧洲、亚洲，“三足鼎立”的局面，同时可以改善发达国家与发展中国家之间的关系，极大地改变世界经济格局，也给了我们一些有益的启示，提供了有益的借鉴。

（一）发展中国家应慎重签署垂直型区域一体化协议

按照一体化理论中的关税同盟理论，缔结区域一体化的国家间会产生贸易转移效应，即出现产品由过去成本较高的本国生产转向从成本较低的同盟国进口的现象。由于发展中国家的大多数产品成本高于发达国家，所以短期内的利益分配不均现象不可避免，在垂直型区域一体化协议早期发展中成员会面临更大的冲击，因此发展中国家应慎重签署垂直型的区域一体化协议，签约时应争取单列发展中国家的利益保护条款或特别保障条款。

南北型区域经济合作可以为发展中国家经济的增长与发展提供良机。由于自身经济发展缓慢，经济实力较低，发展中国家很难直接与发达国家的经济组织抗衡，而区域经济一体化则可使它们争取在平等的基础上与发达国家开展经济贸易关系。[1] 当然对于大部分发展中国家来说，要抓住这个机遇，就必须进行重大的政策和制度改革，特别是要减少宏观经济的不稳定性，改善投资环境和制度框架，建立能激励科技进步和生产力发展的教育创新体系。此外，区域经济一体化还必须与单边、双边及多边贸易共存，以最大化自由贸易的所得及减少贸易转移可能产生的成本。

（二）不能寄希望于依靠签署自由贸易协定来解决国内就业问题

这一点已经被许多国家的一体化实践所证明。贸易自由化在带来一定新增就业机会的同时，也会因竞争等因素，使东道国损失一部分原来的就业岗位，在缺乏完善有效的配套政策的情况下，其危害尤为明显。同时，世界范围内的自由贸易实践也证明，自由贸易并不能有效解决各类国家的国内就业问题。

---

[1] 南方日报评论员．为世界经济繁荣稳定把舵定向[N]．南方日报，2016-09-05（F02）．

（三）延长农业自由化的过渡期，放慢农业自由化进程

众所周知，农业一直是各类国家关注的敏感行业，也是新一轮多哈回合谈判的焦点和难点问题，发达国家在此方面毫不让步，其巨额的农业补贴使发展中国家蒙受了巨大损失。在此情况下，劳动力密集型的发展中国家更应该注重保护本国农业和农民的利益，延长农业自由化的过渡时间，放慢农业自由化进程，以留出足够时间完成本国农业人口向城市的转移，从农业部门向其他部门转移，从而顺利完成城市化进程，不宜盲目参与农业自由化。

（四）走出劳动生产率上升即意味着工资上升的认识误区

墨西哥的贸易自由化实践已经表明，劳动生产率上升并不必然导致工资上升，要提高工资还需要进一步完善公共政策和加强机构职能，健全相关劳动法律法规、收入分配机制以及社会保障体系等，以尽可能地帮助在自由贸易中利益受损的社会群体。

（五）高度关注和解决区域贸易自由化引起的分配不均和贫困增加现象

分配不均和贫困增加现象目前已经成为一个全球性的问题，是各类国家政府面临的主要挑战之一。对于经济实力较弱的发展中国家而言，这种压力更大，如果分配不均和贫困问题解决不好，将会直接威胁到国家的社会稳定。

（六）经济上的互补性是推动南北区域经济合作的物质基础和内在动力

NAFTA之所以能够顺利达成，很重要的一个原因是美国、加拿大和墨西哥在经济上存在互补性—美国与加拿大需要墨西哥广大的市场和廉价的劳动力，墨西哥需要从美国进口奶制品等产品，同时也需要从美、加获得先进的技术和资金，促进本国经济的发展。

南北型区域经济合作组织的各成员之间存在的经济发展程度上的差异决定了发展中的成员势必承担较大的“调整成本”，甚至要冒国内经济与市场结构受到外部冲击的现实风险。美国在北美自由贸易区中处于绝对的主导和支配地位，但它也不能不考虑其他成员，特别是墨西哥的经济利益和承受能力。为此NAFTA为墨西哥安排了过渡期和差别待遇。在关税减让的第一阶段，墨西哥只需对来自美国35%的商品取消关税，而美、加对来自墨西哥的80%的商品实行免税。此外，NAFTA还为墨西哥缺少竞争力的产业部门安排了10～15年的缓冲期，使墨西哥有充分的时间进行产业结构调整。因此，经济强国和大国需要做出一些利益让步，向成员中的发展中国家提供各方面的支持，帮助它们降低“调整成本”；同时还要充分考虑到发展中国家的具体实际，在政策上给予必要的倾斜和照顾，安排适当的过渡期，从而推

动区域经济一体化取得成功。

（七）有效的制度是合作成功的保证

虽然NAFTA没有一个常设机构，其组织化程度较弱，但机制强度并不亚于欧盟。NAFTA以法律形式规范着三国的经贸关系，具有很强的约束力。同时，NAFTA有一套固定的运行机制以及宏观经济政策的定期协商机制，它包括由三国贸易部长或内阁级官员组成的“贸易委员会”，该委员会下设不同的特别工作委员会和工作小组、秘书处、咨询机构、仲裁法庭等。更为重要的是NAFTA作为第一个由南北双方首次组成的典型的制度性的经济集团或联盟，突出反映了国际制度在一个新的多层次、全方位、多元化的国际体系中的作用。新自由主义认为，国际制度或机制通过提供完全信息和降低交易成本，能最有效地促进国际合作。双边的或全球的经济管理机制的作用正是战后在经济上相互依赖的有关国家能在国际贸易、货币和投资领域大体保持合作，维持国际经济关系正常的一大原因。进入世贸组织时代后，区域经济一体化组织在国际经济规则制定过程中的作用越来越大。同时，规则对民族国家的约束力越来越强，这迫使任何国家都不能再忽视规则的制定过程。[1]假如一体化组织有利于维护自身的利益，那么这种呼声就进而可以通过一体化组织在全球谈判中得到放大。NAFTA的诞生，开创了南北双方共同组建制度性的经济集团的先例，并给那种断定因双方经济发展水平上的较大差异，只能是非制度性的传统观念带来了冲击。

美国运用NAFTA这种框架，依据“规则”“制度”的理念来贯彻它的外交政策，通过发展多边协议和机构来限制他国政府和行为体的能力与行动，以此来调控国际关系。由此可见，美国现在所奉行的战略在很大程度上是以强大的经济、科技、军事实力为支撑的制度化、机制化霸权。现在美国国内更把制定规则和建立制度当作当务之急。

从总体上说，南北型区域经济集团的各成员间的根本利益具有较强的一致性，但再完美的合作也不可能避免贸易投资方面的矛盾与冲突。从北美自由贸易区的具体运行来看，自1994年以来，美、加、墨三国间各种形式的“贸易战”就不曾停止过。尽管如此，三国都能够将它们之间的纷争置于NAFTA专门设置的

❶ 杨红利，李萍，王海军．国际经济合作系统的耗散结构特征分析[J]．产业与科技论坛，2015，14（18）：113-115.

贸易冲突仲裁协调机制的框架之内，保证了北美自由贸易区相对稳定的运行。因此，有效的运行机制和相对完备的协商制度，是可以从NAFTA借鉴的有益经验。

（八）相互依赖是必须利用的客观现实

20世纪下半叶以来，世界贸易飞速发展，国际投资大幅增长，现代科学技术突飞猛进，国际分工越来越细，政治和经济生活联系也日益密切，国际社会的相互依存程度显著加深。从NAFTA的发展中，可以发现贸易区内国家的经济往来必然加深彼此之间的相互依赖。经济上的相互依赖意味着政治上的问题很难通过武力方式来解决，而必须寻求和平的解决途径。美、加、墨三国近年来关系得到了健康稳定的发展，三国在政治、安全等领域的广泛合作正是基于其在经济上的密切联系。

这种密切联系还表现在当一国出现经济危机或政治动荡时，其他国家不会坐视不管，而必须采取合作或援助的措施，因为相互依赖在某种程度上意味着一荣俱荣、一损俱损。墨西哥金融危机中，美国的表现即是很好的例证，作为一种客观存在的现实，相互依赖理应被得到足够的重视与利用。

（九）区域经济合作是应对全球化的有效手段

从20世纪90年代开始加速发展的全球化大趋势，是今后世界发展的大方向、大潮流。它将经济社会发展程度、社会政治制度、历史文化背景各不相同的国家纳入统一的经济运行网络之中，经济意义上的国家疆界将不复存在。这样，在性质上和程度上已是全球化的世界经济体系就和现有的以每个国家具有行使最高权力的主权为特征的国际关系体系出现一些结构上的不协调。因此要求对现有的国际关系体系和一些国际关系规则逐步进行必要的调整。从这层意义上看，面对全球化，单边行动往往是不够的，它往往导致失败或引起对抗性反应，各国越来越以牺牲某些合法的行动自由，以限制他国对自己采取的措施，或防止他国行为变得不可预测。

区域化使得一群国家达到充分的“关键主体”，使他们可以对全球公司或其他流动性实体实行更为有效的管理。美国热衷于建立NAFTA，归根结底是与其经济全球化战略相一致的。也就是说，美国为适应经济全球化形势变化的需要，为打开国际市场，继续保持和发挥“美国在全球的领导权”，更加自由地来往于国际社会。NAFTA生动地说明了从这个全球化的角度来认识世界，有目的、有重点地参与区域经济合作组织，利用地缘优势发展自己应是国家应对经济全球化的重要战略之一。

第七章 亚洲太平洋经济合作组织

亚洲太平洋经济合作组织（Asia-Pacific Economic Cooperation，APEC）简称亚太经合组织，是亚太地区一个重要的经济合作论坛和磋商机构，也是全球最大的区域经济组织。亚太经合组织以推动多边自由贸易和投资、促进区域经济增长为宗旨，奉行自主自愿、协商一致的合作原则。[1] 自成立以来，它为推动亚太区域贸易投资自由化，加强组织成员间经济、技术合作，促进地区经济发展和共同繁荣做出了重要贡献，已成为连接太平洋两岸国家和地区的一条重要纽带。

20世纪末，“冷战”结束，世界经济呈现全球化、商业投资自由化和区域集团化的趋势。在欧洲、北美经济一体化进程加快、亚洲地区在全球经济中的分量极具提升的背景下，亚太经合组织应运而生。

第一节 亚太经合组织的发展和运行

20世纪70年代以来，由于亚太经合组织对外贸易发展迅速，尤其是地区内贸易的快速增长，亚太地区成为世界上经济贸易与投资合作“最活跃的地区”。亚太地区的经济对外开放政策以及对外贸易的迅速发展为亚太经合组织的产生创造了经济条件。

[1] 刘均胜.后茂物时代APEC的经济增长议题及其意义[J].中国发展观察，2020（22）:73-77.

一、亚太经合组织成立的背景及简况

（一）亚太地区经济迅速发展，为经济合作创造了基础条件

早在20世纪60年代就有了关于亚太地区经济合作的构想和相关事件，但进展缓慢。到了20世纪70年代，亚太地区，尤其是东亚各国和地区经济迅速发展，经济政策对外开放进程加快，大大改变了世界经济格局。随着世界经济增长的中心逐渐转移到亚太地区，亚太区域经济合作的条件日益成熟。

从世界各地区与国家的GDP占世界GDP的比例变化来看，1960年大西洋地区各国（包括美国和西欧各国）的GDP占世界GDP中的55%。到1990年，美国占世界GDP的比例由33.4%下降到28%，日本占世界GDP的比例由2.8%增加到14.4%，西欧各国占世界GDP的比例由16.6%增加到27%，包括美国在内的亚太各国和地区占世界GDP的比例达到50%。[1]

从贸易量变化来看，1960年，美国占世界贸易额的15.3%，到1990年该比例降为13.4%，西欧的贸易额比例基本稳定。以日本为首的西太平洋各国和地区贸易额占世界贸易额的比重从1981年的16.2%迅速增加到1990年的21.4%。[2]

从国际收支来看，东亚地区各国对外开放促进了地区经济发展，国际收支不断改善。韩国1980~1985年国际收支逆差累计163.9亿美元，但自此之后开始扭转了国际收支逆差状态，1986年和1988年顺差分别为46.2亿美元和41.6亿美元；新加坡从1986年开始改变了国际收支逆差状况，1986~1988年的顺差分别为5.4亿美元、5.5亿美元和16.6亿美元。

（二）亚太国家和地区之间存在巨大的经济合作利益和合作潜力

一方面，欧共体统一市场和北美自由贸易区的建立和发展刺激了亚太区域经济合作，并产生了良好的示范作用；另一方面，欧共体和北美自由贸易区的区域内经济合作对区域外国家产生明显的排斥和限制作用，使亚太主要国家为克服不利影响而采取了亚太区域经济合作的积极态度。其中，日本对亚太经济合作，尤其是东亚地区经济合作十分积极，其强大的经济实力使其有可能成为亚太地区资金、技术和

---

[1] 陈勇．新区域主义与东亚经济一体化[M]．北京：社会科学文献出版社，2016：65．

[2] 王灵桂．亚太地区发展与合作-中外联合研究报告[M]．北京：社会科学文献出版社，2018：351．

设备的重要提供国家；美国在亚太地区有重要的战略和经济利益，其在亚太地区不但有巨额进出口贸易，还有数额巨大的对外直接投资，海外公司利润收入的1/3以上来自亚太地区。[1] 盘踞美洲，虎视东亚，是美国长期经济发展战略；澳大利亚虽然是原英联邦国家，但其对外经济贸易重点正在逐渐转向亚太地区；中国作为亚太地区最大的发展中国家，对亚太地区的进出口贸易额占对外贸易总额的2/3以上，引进外资的绝大部分来自亚太地区，积极参加亚太区域经济合作也符合中国利益；亚洲“四小龙”和东盟是亚太地区重要的经济力量，也是东亚经济一体化的重要国家和地区，在区域经济合作方面具有较好的基础。

（三）APEC应运而生

在上述背景下，亚太国家和地区十分有必要加强经济合作以回应全球经济区域化的趋势，加强亚太地区在世界贸易谈判中的地位和作用，同时协调区域内部经济贸易问题和矛盾，因此，1989年1月澳大利亚总理霍克提议召开亚太地区部长级会议，商讨加强亚太地区相互间经济合作的倡议。该倡议得到加拿大、东盟、日本、美国的一致同意。1989年11月6日至7日，亚太经合组织第一届部长级会议在澳大利亚首都堪培拉举行，迄今为止世界上最大的区域性经济合作组织——亚太经合组织应运而生。

1991年11月，亚太经合组织第三届部长级会议在韩国首都汉城通过了《汉城宣言》，正式确立该组织的宗旨与目标是：相互依存，共同利益，坚持开放的多边贸易体制和减少区域贸易壁垒。

1992年4月，澳大利亚总理基廷首次提出以亚太经合组织为基础，举行一次亚太首脑会议。1993年，美国作为亚太经合组织会议的东道主，正式提出在亚太经合组织第五届部长级会议之后召开一次首脑会议。由于没有得到全体成员的赞同，美国建议召开的首脑会议被定名为“领导人非正式会议”。由此，亚太经合组织的性质也就定位为官方论坛，秘书处对其活动起辅助作用。亚太经合组织的合作集中于贸易投资自由化和经济技术合作等经济领域。

1993年11月19日至20日，首次领导人非正式会议在美国西雅图的布莱克岛举行。除马来西亚外，该组织其余14个成员的领导人或代表出席了这次会议。会议期

---

[1] 金瑞庭．举棋定向：中国对外经济合作新思路研究[M]．北京：经济科学出版社，2017：354．

间，所有领导人不着西服，而穿休闲装，为的是营造一种较为轻松的气氛。领导人的讲话内容需经本人同意才能公开。会议结束后通过一项领导人宣言。这种形式成为以后亚太经合组织领导人非正式会议的模式。

到目前为止，亚太经合组织共有21个成员：澳大利亚、文莱、加拿大、智利、中国、中国香港、印度尼西亚、日本、韩国、马来西亚、墨西哥、新西兰、巴布亚新几内亚、秘鲁、菲律宾、俄罗斯、新加坡、中国台北、泰国、美国和越南。APEC的21个经济实体拥有总人口达26亿人，占世界人口的45%；❶ APEC成员的国内生产总值（GDP）之和超过20万亿美元，占世界的57%；其内部贸易额占世界贸易总额的66%，其经济活动占世界经济活动的一半以上在世界经济体系中的地位举足轻重。1999年11月，中国以主权国家身份，台湾和香港是作为地区经济体分别以“中国台北”和“香港”的名称（香港1997年7月1日起改为“中国香港”）同时加入APEC。

在APEC成立之初就提出了区域内贸易和投资自由化的问题，1993年西雅图会议以后，贸易投资自由化成为APEC的重要目标，并与经济技术合作共同成为APEC的两大目标。❷ 1994年《茂物宣言》承诺的时间表明确提出：工业化成员实现自由和开放贸易投资的目标不晚于2010年，发展中成员不晚于2020年。

二、APEC方式的独特性

APEC方式（APEC approach）是APEC区别于其他区域经济组织的特殊运作机制。APEC方式在APEC发展中产生，适应了推动APEC发展的客观要求，并对APEC成员产生了巨大的聚合力。1996年，我国党和国家领导人在菲律宾苏比克第四次APEC领导人非正式会议上对APEC方式的特点做了如下概括：

（一）承认多样性，强调灵活性、渐进性和开放性

APEC成员经济发展的多样性包括：经济发展方式的多样性（如市场经济导向的发展模式和转型阶段的多种发展方式并存的模式），市场开放程度的多样性，产业结构不同决定的产品多样性，综合国力多样性，生活方式与文化及政治体制等方

❶ 吴森，张小云，郝韵，等．深化面向中亚农业合作的对策研究[J]．世界农业，2017（11）：27-33.

❷ 范旴阳．中国海外经济利益维护问题研究[D]．北京：中共中央党校，2017.

面的多样性，等等[1]。这些多样性决定了APEC方式的灵活性、渐进性和开放性，就是达到APEC目标时间表的灵活性（区分工业化国家成员和发展中国家成员实现开放性的时间表）和贸易投资自由化进程的灵活性（各成员可依据自己的实际情况采取渐进性的方式实现贸易投资自由化）。

（二）相互尊重、平等互利、协商一致、自主自愿

APEC成员经济发展的多样性和差距要求APEC的所有成员必须相互尊重，不应存在歧视行为。《大阪行动议程》指出："APEC成员在贸易投资自由化和便利化进程中将在成员间实施和努力实施非歧视性原则。"随后亚太经合组织还多次重申APEC成员间相互尊重的重要性。

在相互尊重基础上的合作原则是平等互利。这种合作模式改变了"南北"合作中带有援助性的、一定程度上体现歧视性的合作方式。[2] APEC的合作旨在使合作各方受益，建立平等互利的新型伙伴关系。

协商一致是平等的具体化，是APEC方式的创新，摒弃了谈判体制而采取协商方式。WTO和其他具有约束性区域经济组织的运作模式是在谈判基础上形成法律框架，在法律框架内实施谈判内容；APEC方式是在协商一致基础上，各成员为达到共同目标而采取自主行动。协商一致原则使APEC区别于其他区域经济合作，既不存在超国家决策，也不存在国家和民族权力的让渡。

自主自愿原则使APEC成员容易在协商中达成一致。[3] 这种一致性充分尊重了各国的多样性，承诺后的贸易投资自由化进程可以适时调整，在实现APEC的目标和行动路线时对各成员不要求一致性。

（三）单边行动计划和集体行动计划相结合

单边行动计划和集体行动计划的目标都是为了实现大阪行动议程所确立的目标。协商一致的具体体现是集体行动计划，自主自愿的具体体现是单边行动计划，因此，单边行动计划和集体行动计划相互促进补充是APEC方式的具体实施机制。

---

[1] Ronald Steenblik,Dominique Drouet,George Stubbs.Synergies Between Trade in Environmental Services and Trade in Environmental Goods[M].OECD Publishing，2005-07-19.

[2] Natasha Kuhrt.Russian Policy towards China and Japan[M].Taylor and Francis，2007-12-24.

[3] James（Dachao）Fan,Suzanne Gagnon.Clinical Trials in Taiwan[M].Elsevier Inc.，2011-06-15.

第二节　亚太经合组织贸易投资自由化和便利化

贸易自由化问题早在APEC成立之初的堪培拉第一届部长会议上就已经提出。1993年西雅图会议之后，贸易投资自由化便利化与亚太区域经济技术合作成为APEC的两大目标之一。1995年《大阪行动议程》第一部分的“自由化”方面详细规划了APEC贸易投资自由化主要内容框架，包括关税减让、非关税减少或消除、服务领域的市场准入、投资领域实行非歧视性原则四个方面，并把贸易便利化与自由化放在同等重要的地位。[1]

1994年《茂物宣言》确定了APEC实现贸易投资自由化的时间表，即发达工业成员不晚于2010年，发展中成员不晚于2020年实现贸易投资自由化。对于这一长远目标，《大阪行动议程》中关于APEC贸易投资自由化与便利化的基本框架内容包括贸易自由化与便利化的一般原则和内容框架两个方面。2001年6月《APEC贸易便利化原则》作为APEC贸易部长级会议的附件得到确认，它是对《大阪行动议程》基本原则的重要补充。

一、贸易投资自由化与便利化的一般原则

（一）贸易投资自由化原则[2]

（1）全面性，即以全面消除APEC贸易自由化和便利化的所有障碍为长期目标。

（2）与WTO一致性，行动议程的措施将与WTO保持一致。

（3）可比性，即在已经达到不同贸易自由化与便利化水平的成员之间努力保持总体可比性。

（4）非歧视性。

（5）透明度，即确保贸易法律法规和行政程序的透明度，建立和维持一个开放的和可预测的贸易环境。

---

[1] Oxford Business Group.The Report: Papua New Guinea 2019[M].Oxford Business Group,2019-10-11.

[2] 刘宏松.中国的国际组织外交:态度、行为与成效[J].国际观察，2009（6）:1-8.

（6）维持现状，即不使用有可能使保护主义升级的措施。

（7）同时启动、持续推进及不同时间框架。

（8）灵活性。

（二）贸易投资便利化原则

APEC曾存在重自由化，轻便利化的做法。《APEC贸易便利化原则》专门针对贸易投资便利化而提出，其内容深度超过自由化的一般原则，是对APEC贸易投资便利化活动和合作的行动指南，有助于在亚太地区形成低成本、高效率的商业环境，促进茂物目标的实现。《APEC贸易便利化原则》规定了9条基本准则及其范例。❶

（1）透明度，即应通过便捷和广泛使用的媒体，免费或以合理费用定期、及时向有关人士提供有关贸易的规则和程序等资料。

（2）沟通与协商，即应鼓励成立及推广与利益关系者沟通的有效机制，充分考虑利益关系者的意见。

（3）简便化、可行性和有效性，即应实际可行和有效地简化有关规则和程序。

（4）非歧视性，即对相似产品、服务和经济实体不应造成歧视。

（5）一致性和可预见性，即与贸易有关的规则和程序应以一致的、可预见的和统一的方式实施，从而避免商界和与商贸有关者的不确定性。

（6）协调、标准化和相互承认，即应按照适当的国际标准协调交易活动，鼓励建立标准和一致化评估结果的互相承认安排。

（7）现代化和新技术的使用，即对贸易规则和程序在必要时应审查和更新，考虑变化的环境因素，包括新的信息和新的商业惯例，使用现代技术和新科技。

（8）法定诉讼程序，即为利益关系者提供适当的申诉程序，使其可以对有关贸易规则和程序实施情况进行投诉。

（9）合作，即政府部门和工商组织，合作是逐步引入贸易便利化措施的最佳途径。

---

❶ 习近平.发挥亚太引领作用应对世界经济挑战[N].人民日报，2015-11-19（2）.

二、APEC贸易投资自由化和便利化的内容框架

APEC各成员并没有对自由化提出确切说法，但在《大阪行动议程》中就贸易投资自由化和便利化的具体目标达成了共识。

（一）贸易投资自由化的内容

1. 贸易自由化

贸易自由化目标包括关税减让、非关税措施减少或消除和服务领域的市场准入三个方面。关税减让是APEC实现贸易自由化的重要途径，目标包括逐步削减关税，确保APEC关税制度的透明度，削减过程中关税减让不被非正当措施的使用破坏等。非关税措施方面的目标是逐步削减非关税措施，确保APEC成员各种非关税措施的透明度。非关税措施主要包括数量性进出口限制或禁止、最低进出口限制、进出口许可证、自动出口限制、出口补贴（特别强调逐步取消削减以至最终取消出口补贴）等。[1] 服务领域的自由化目标是逐步减少服务贸易市场准入限制，逐步为服务贸易提供最惠国待遇和国民待遇。服务贸易主要包括电信、交通、能源、旅游四个方面。APEC提出了在这四个方面的集体行动计划。

2. 投资领域的自由化

在投资领域实现自由化的重要途径是：通过逐步提高最惠国待遇和国民待遇以及确保透明度，使APEC成员各自的投资制度和整个APEC投资环境自由化；通过技术援助和合作促进投资活动，以实现上述目标。APEC成员的行动准则是：利用WTO协议、APEC非歧视性投资原则、其他有关国际协议及任何在APEC内制定并一致同意的准则作为初步框架，逐步减少或消除实现上述目标的例外和限制；探讨APEC双边投资协议网络的扩大。[2] 该领域的集体行动包括：采取措施增加APEC投资制度的透明度；促进与投资环境有关的APEC商业团体间可持续的对话机制；短期内同经济合作发展组织（OECD）和其他参与全球及区域投资问题的国际论坛建立对话机制。

---

[1] 曾云，外贸外经　国际经济技术合作．京山年鉴，2017：343-344.

[2] 竺彩华．亚太区域国际经济合作新进展[J]．理论视野，2016（3）：58-62.

（二）贸易投资便利化的内容

贸易自由化是通过削减关税、非关税壁垒等手段实现国际贸易的自由和开放。贸易便利化是为了清除国际交易过程中的机制性和技术性障碍，减少交易成本和困难。APEC在1995年《大阪行动议程》中指出：“由于自由化和便利化在实现亚太地区自由、开放的贸易目标具有不可分割的性质，两者应该被一起看待”。目前，世界关税总体水平已经大幅度下降，这极大地促进了国际贸易发展。但是，跨境交易中涉及的卫生、健康、安全以及各种技术标准、专业资格认证和签证手续等问题构成了许多贸易障碍。[1]仅推动贸易自由化不足以带来贸易的扩大，需要将贸易自由化和便利化的措施结合起来，才能在亚太地区实现贸易自由化的长远目标。

《大阪行动议程》第一次将贸易投资便利化的内容具体化。2001年APEC领导人非正式会议达成的《上海共识》要求拓展和更新《大阪行动议程》，而《APEC贸易便利化原则》是对其基本原则的重要补充。便利化涉及的领域几乎包括了贸易投资过程的所有环节，但APEC的工作主要集中在11个领域，其中也包括一些自由化内容。[2]

（1）标准和一致化，即要求成员采用的标准和措施符合APEC要求以及WTO协议附属的技术贸易壁垒协议和卫生与动植物检疫措施协议的内容。

（2）海关程序，即要求成员统一关税术语，共享信息，提高海关程序电脑化程度，协调海关估价制度。

（3）知识产权，即要求对亚太地区知识产权充分有效的立法、管理和执行。

（4）竞争政策，即改善亚太地区竞争环境，加强生产者、贸易者之间的竞争以保证消费者的利益。

（5）政府采购，即实现亚太地区政府采购市场的自由化。

（6）放松管制，即要求每一个成员消除由于国内规章条例所引起的贸易扭曲。

（7）争端调节，即鼓励成员尽早通过合作方式处理争端问题，预防对抗和对抗升级。

（8）商业人员流动，即鼓励加强贸易人员的流动。

（9）乌拉圭回合结果的执行，即要求WTO中的APEC成员充分忠实地执行其在

---

[1] 钟昌标．区域协调发展中与市场的作用研究[M]．北京：北京大学出版社，2016：52.

[2] Financial Management of Flood Risks[M].IWA Publishing,2016-10-15.

乌拉圭回合中的承诺。

（10）信息收集与分析，即建立有关贸易数据库。[1]

APEC贸易投资自由化和便利化进程有一些特点是显著的。第一，APEC的目的是贸易投资自由化而不是建立贸易自由区。《茂物宣言》指出，APEC进程反对成立一个与全球贸易投资自由化背道而驰的、具有对外保护作用的内向型贸易集团，而是努力在促进全球贸易一体化方面发挥积极作用，这与欧盟和北美自由贸易区有所不同。第二，APEC贸易投资自由化和便利化以WTO规则为参照，争取在全球贸易自由化进程中起带头作用。第三，APEC贸易投资自由化和便利化进程中采用了灵活的新模式，注重实际效果。[2] 因此，APEC贸易投资自由化和便利化目标的实现，对于降低本地区商品服务贸易成本，加快本地区经济发展，以及促进全球贸易自由化都具有重要意义。

贸易投资的自由化与便利化是相互作用、相互促进的。一方面，自由化为便利化提供前提条件，便利化内容将随着自由化进程加深而深化；另一方面，便利化活动顺利开展有利于自由化成果的具体实现。另外，贸易自由化与便利化的目标、措施和手段并没有严格的区别，两者地位并重。

第三节　亚太经合组织所面临的挑战

亚太经济合作组织自成立以来，已走过了三十几年的历程。经过各成员方的共同努力，APEC取得较大发展，它在促进成员方贸易投资自由化和经济合作方面，尤其是实施单边行动计划方面取得了较大成绩，使得各成员方在区域内的贸易依存度日益增大。然而，一方面，由于亚太经济合作组织所固有的特点[3]：成员庞杂、

---

[1] Susan L.Robertson,Kris Olds,Roger Dale et al.Clobal Regionalisms and Higher Education[M].Edward Elgar Publishing,2016-08-26.

[2] 李建民．区域合作理论研究是中国参与国际经济规则制定的知识基础[J]．经济纵横，2017（3）：129.

[3] ONU.Executive summary: Disasters without borders – Regional resilence for sustainable development[M].United Nations,2016-02-29.

具有复合型结构特征、具有非机制性和非约束性的运行特征等，使得亚太经济合作组织作用的发挥受到了限制；另一方面，随着世界政治经济形势变化以及区域经济一体化和经济全球化相互交织和同时发展。APEC的方式和运行机制本身也暴露出一些不足和矛盾，这些都影响着APEC的未来发展。

一、APEC方式和运行机制的灵活性

APEC方式和运行机制是在特定历史背景条件下形成和发展起来的，其灵活性、渐进性、开放性和自主自愿的特点适应了APEC地区的多样化和差异性特征。因此，不少观察家和分析家认为，灵活性是APEC方式和运行机制赖以生存和发展的基础。

《大阪行动议程》指出了“自由化进程可以具有灵活性”的原则，即在自由化进程安排上，充分考虑各成员的承受能力，在计划的执行上不强求一致，允许有差别。可见，所谓灵活性包括尊重差别和变通处理两个方面。从APEC的现实进程来看，APEC成功的决策都具有灵活性，比如单边行动计划和集体行动计划的联合推进、对“9·11”事件以及“非典”等突发事件的应对等。而一些进展受阻的行动恰恰是由于不能兼顾成员的特殊情况，比如1996~1998年的部分自愿提前自由化行动（EVSL）就是一例。灵活性处理对加强合作、推动APEC进程是不可缺少的。

二、APEC体制缺陷

APEC方式和运行机制在推动贸易投资自由化和经济技术合作的同时，也暴露出一些缺陷和矛盾。主要原因是：首先，在迄今为止的世界区域经济一体化组织中，APEC可谓是成员最多的，但其成员的经济发展水平却存在极大差异。其次，APEC无固定的组织机构，自身的运行主要靠会议和协商，沿用世贸组织规则，缺乏制度基础；APEC强调非约束性，任何贸易投资自由化和经济技术合作计划的提出都来自各个成员方的自愿表示，这些计划的实施也依靠各个成员方的自愿行动。[1] 最后，APEC具有“大组织中有小组织”的复合型结构。一般而言，区域经济一体化组织都是单一的组织结构，在一个统一的组织下面就再没有次级组织。但

[1] Donald C.Helleman,Kenneth B.Pyle,Donald C.Hellman.From Apec to Xanadu: Creating a Viable Community in the Post-cold War Pacific[M].Taylor and Francis,2016-07-11.

由于文化、宗教、民族等的多样性，价值观或意识形态不同的政治制度的差别，APEC下面还存在由若干成员组成的“小集团”，即次区域经济一体化组织。❶主要有：东盟自由贸易区、北美自由贸易区和澳新自由贸易区等以及正在实现中的“10+1”（中国—东盟自由贸易区）、“10+3”（中、日、韩与东盟自由贸易区）和未来可能形成的东亚自由贸易区等。

APEC方式和运行机制的缺陷主要表现在以下三个方面。

（一）在一定程度上反应迟缓，行动不力

1997年的东亚金融危机给APEC不少成员带来冲击，甚至是重创。1997年和1998年的APEC领导人非正式会议仅是“关注”和“呼吁”了相关问题，却没有采取明确果断的行动措施，在其后的两年里仍然把主要精力放在贸易投资自由化上，使不少东亚成员对APEC感到失望之余，转而寻求东亚区域经济合作的其他方式。❷

对于APEC的能力和存在可能性，人们也缺乏足够的信心。APEC的自愿提前自由化行动（EVSL）失败增加了人们对APEC加强区域性经济合作能力的怀疑。公众更加担心的是APEC日益演化为WTO的实践组织。❸虽然APEC与WTO运行机制和组织形式并不一致，但APEC自成立以来，均强调APEC与WTO的一致性，以推动多边自由贸易体制的发展为己任，不遗余力地推动多边贸易谈判，巩固多边贸易的成果。正如WTO总干事穆尔先生所说，APEC在很多方面是世贸组织的一个实验场所。同时APEC的实践是对传统的区域经济一体化理论的一次挑战，它所推动的“开放的地区主义”与WTO非歧视原则是一致的，凸现了经济全球化对区域经济集团的一种积极影响，并对WTO多边贸易自由化谈判的顺利举行提供了基础和保证。❹一些成员担心APEC将其核心内容转移到WTO框架之内，其自身还是否有必要存在。

（二）运行机制缺乏法律约束力

APEC从性质上讲，还只是一个起引导作用的官方论坛，缺乏一般国际经济组

❶ 王俊．包容性发展与中国参与国际区域经济合作的战略走向[M]．苏州：苏州大学，2016：96.

❷ Schaper, Michael T.,Lee, Cassey.Competition Law, Regulation and SMEs in the Asia–Pacific[M]. ISEASYusof Ishak Institute,2016–06–15.

❸ 马学礼．东亚经济合作中的区域公共产品供给研究[D]．长春：吉林大学，2016.

❹ 金立群．亚投行：国际经济金融合作发展“推进器”[J]．中国财政，2016（3）：14–15.

织对外交往的法律资格和地位，具有运行机制上的“软性”。因此，APEC成员也不会对APEC让渡部分国家主权，领导人会议采取非正式的协商方式，领导人讲话仅是政治承诺，没有国际法意义上的约束力，只有道义上的约束性。

APEC的运转不靠谈判或规则，而是靠倡导和协商，这既是灵活性的表现，也有“弹性”过大的缺陷。由于协议通过的难度和对成员的约束力不足，因此存在对成员吸引力下降的可能性。

（三）缺乏争端解决机制

WTO和欧盟等国际经济组织由于具有正式的、有约束力的国际争端解决机制，因此取得了非凡的成就。但APEC在司法解决争端方面缺乏强制性安排，基本上是以WTO的争端解决机制作为成员内部争端解决的主要方式，这使APEC方式的运行效果不能尽如人意。

三、APEC体制面临的挑战

当前，APEC面临着来自外部和内部的巨大挑战。从内部看，其公开论坛的特点和首脑会议的非正式性使之不能把自己变成一个贸易集团，政策原则的非约束性使之不能用强制性措施和谈判手段来落实战略目标。同时由于APEC成员众多，幅员辽阔，成员在社会制度、经济体制、发展程度、文化背景、宗教信仰等许多方面存在着巨大差异，在亚洲金融危机的打击下，9个部门提前自由化计划遭到严重挫折，从1998年吉隆坡会议起，APEC非正式首脑会议的议题不再集中于贸易投资自由化，而是开始出现向克服金融危机、恢复增长等多个方向分散的趋势，导致各成员方单边计划始终无法有效保证集体行动计划目标的如期实现，APEC一直维持松散的非制度化状态。

目前，关于APEC方式的一些争论集中在以下三个方面。

（一）关于政策原则的约束性

虽然APEC有成功的制度创新实践，但基本原则仍然是与WTO保持一致，而没有自己系统的原则制度。APEC方式的核心是“自主自愿”，总体来说强调非约束性。这一原则是维持团结的基础，但也是产生争论分歧的根源之一。[1] APEC中经

---

[1] 林志强．亚太区域国际经济合作新进展[J]．中小企业管理与科技（中旬刊），2017（8）：58–59.

济发展水平低的成员强调非原则约束性和自由自愿原则，不赞成某些经济政策主权的让渡，中国也持有类似的观点。APEC中的经济发达的成员则赞成约束性，以此推动自由化进一步发展，从而使APEC制度化。

（二）关于自由化速度

为体现APEC发展的多样性，《茂物宣言》针对APEC实现贸易投资自由化进程，为发达成员和发展中成员分别提出了时间表。在此基础上，APEC成员分别制定了单边行动计划。但是一些发达成员打算更改时间表，取消自由化的时间差别。[1] 这一尝试未果之后，发达成员在加拿大温哥华会议上提出了“部门自愿提前自由化”（EVSL）行动建议，试图为发达成员创造有利条件，但以失败告终。这反映出APEC成员在自由化速度上的重重矛盾。

（三）关于经济技术合作定位

经济技术合作是APEC两大主要目标之一。经济技术合作定位问题在APEC进程中存在明显分歧。由于APEC中的一些发展中成员在通信、信息及其他一些基础手段不健全，将影响自由化的进程和便利化的事实，所以，发达成员倾向于利用经济技术合作服务于贸易投资自由化，以经济技术合作为贸易投资自由化创造物质基础。但是发展中成员则倾向于认为经济技术合作的目的是促进发展中成员经济发展，逐步实现贸易投资自由化，因此，经济技术合作应放在与贸易投资自由化同等重要的地位上。[2] 这样，APEC成员中，一部分成员热衷于贸易投资自由化，另一部分成员则热衷于经济技术合作。

从外部因素看，由于WTO多哈回合谈判遭遇挫折，地区主义浪潮在全球再度复兴，导致众多跨区域经济集团、次区域经济集团和双边自由贸易区的出现。[3] 1996年亚欧首脑会议第一次会议的召开，表明了欧盟不甘于被排斥于亚太地区贸易投资自由化进程之外的决心。1998年启动的美洲自由贸易区谈判不仅吸纳了APEC近四分之一成员参加，而且美国进一步降低了APEC贸易投资自由化便利化和经济技术合作的热情。按克林顿政府1993年提出的在亚太地区建立“新太平洋共同

---

[1] 赵龙跃．全球价值链时代国际规则重构与中国对策[J]．国际经济法学刊，2016，23（2）：17–57．

[2] 刘凤祥．增长效率视角下区域经济发展方式变革[M]．北京：企业管理出版社，2016：52．

[3] 宋姝瑶．浅谈国际经济法对我国对外经济服务的实益[J]．现代经济信息，2016（2）：316．

体”的构想，美国的本意是注重经济、保障社会安全、推广美式民主，将NAFTA模式在美洲推广的同时进一步复制到APEC，从而形成背靠美洲面向亚太的全球战略。小布什总统上任后更是把推动美洲自由贸易区（AFTA）谈判进程当作了首要任务。

在多重因素影响下，旧、韩、新等国目前正在积极开拓双边自由贸易。北美自由贸易区、东盟和澳新自由贸易区等三个已存在的次区域经济集团也在积极发展双边自由贸易和跨区域经济合作。东盟10国加中、日、韩组成的“10+3”体制也有向“东亚经济共同体”发展的可能性。APEC开放的地区主义的路线能否继续走下去，亚太地区的贸易投资自由化和经济技术合作能否取得更大进展，从目前的情况和趋势看，多数人还是比较乐观的，但不能排除悲观论调的影响。

第八章　东盟自由贸易区

第一节　东盟自由贸易区的发展和运行

1967年8月，印度尼西亚、新加坡、泰国、菲律宾四国外长和马来西亚副总理在泰国首都曼谷举行会议，发表了《东南亚国家联盟成立宣言》，即《曼谷宣言》，正式宣告东盟成立。除印度尼西亚、马来西亚、菲律宾、新加坡和泰国5个创始成员外，20世纪80年代后，文莱（1984年）、越南（1995年）、老挝（1997年）、缅甸（1997年）和柬埔寨（1999年）5国先后加入该组织，使东盟由最初成立时的5个成员发展到目前的10个成员。东盟10国的总面积有450万平方千米，人口约5.3亿（2010年统计数字），其宗旨是"为了增强东南亚国家繁荣与和平的社会基础，本着平等和伙伴关系的精神，通过共同努力和加速本地区和经济增长、社会进步和文化发展"，要在"经济、社会、文化、技术、科学和行政管理领域内，促进对共同有利事业的积极合作与互助"，随着国际形势的变化，东盟逐步转为以政治、经济合作为主的区域集团。成立几十年来，东盟已日益成为东南亚地区以经济合作为基础的政治、经济、安全一体化合作组织，并建立起一系列合作机制。

东盟自由贸易区（ASEAN Free Trade Area，AFTA）是在东南亚国家联盟（The Association of Southeast Asian Nations），简称东盟（ASENAN）的倡导下发展起来的。纵观其发展历程，大致经历了以下三个阶段。

一、1968~1992年：酝酿建立阶段

早在1968年，菲律宾就初步提出了在东盟建立自由贸易区的设想，但反应冷淡；1976年第一次东盟政府首脑会议提出了建立经济合作的范围和基本方式，1997年第二次东盟政府首脑会议批准了经济部长会议提交的东盟五个工业项目和东盟特

惠贸易安排协定以及东盟五国中央银行行长签订的有关建立备用贷款基金协定，为东盟区域经济合作注入了一些实际内容。1987年第三次东盟政府首脑会议签署了“关于改进和扩大东盟优惠贸易安排的议定书”“关于在东盟国家之间取消非关税壁垒的备忘录”“促进和保护投资协定”及“关于东盟联营企业基本协定的修正案”等，进一步加大了经济合作的力度，为东盟自由贸易区计划的出台奠定了较为坚实的基础。

1991年10月，东盟第23届经济部长会议对原有特惠贸易制度进行了改革，使东盟特惠关税优待的商品项目增加到近2万项，而且东盟内部特惠关税一致，低于世界特惠税率。会议讨论了各成员提出的关于区域经济合作形式的倡议和构想，同意了泰国提出的关于15年内相互消除一切关税和非关税壁垒、建立自由贸易区的倡议，并提交给政府首脑会议。至此酝酿了20多年的东盟自由贸易区计划终于出台。

二、1992~1996年：快速发展阶段

1992年1月，东盟第四次政府首脑会议批准了关于1993年起15年内建立东盟自由贸易区的计划，签署了“经济合作框架协定”和“共同有效优惠关税协定”，正式启动东盟自由贸易区的建设。年底的东盟自由贸易委员会第三次会议又制定出了不同速度削减关税计划——快速减税计划和一般减税计划。各成员也据此先后公布了各自减免关税的具体时间表。但是1993年世界经济的不景气和区域贸易保护主义抬头，使东盟各国在关税削减方面取得的进展不大，东盟自由贸易区建设一度陷入困境。

1995年11月，东盟第5次政府首脑会议正式批准了到2003年实现东盟自由贸易区计划的决定，各国承诺将尽最大努力，到2000年实现将关税税率降到0～5%的目标，在2003年前将关税税率降到0。新加入东盟的越南也如期提交了开放国内市场的详细计划和时间表，要在2006年达到东盟自由贸易区的目标要求。1996年7月召开的东盟常务委员会认为东盟经济合作主要是围绕推进自由贸易区进程展开的，东盟将继续推进市场自由化和维护开放的贸易体制。紧接着召开的东盟外长会议对东盟在建立自由贸易区、实施“有效普惠关税”方面取得的进展表示满意，再次就加速建立东盟自由贸易区达成共识，并呼吁东盟各国继续为减少东盟区域内的贸易和投资障碍而努力。会议认为，由于各国经济发展速度较快，1996年1月起开始顺利实施新的降低关税计划，因此已提前到2003年实现的自由贸易区计划可以再提前，

到2000年建成东盟自由贸易区。11月起，东盟开始实施产业合作计划，使境内特定企业间的贸易适用低于5%的优惠关税。[1] 同时，东盟还设立了共同商标局和专利局，以便在区域内更有效地保护知识产权和实现资源共享。11月底，东盟最高级会议以首次东盟首脑非正式会议的形式在印度尼西亚首都雅加达召开。各国领导人一致同意，加强在各领域的合作，加快建立“大东盟十国集团”的进程，并建立东盟基金，确保东盟自由贸易区快速、健康、顺利发展。

三、1997年至今：调整与改革阶段

1997年是东盟成立三十周年，就在东盟积极准备完成十国大东盟一体化计划、组织而立之年庆典活动的时候，东盟一些国家的经济运行开始出现不祥的征兆。1997年7月金融危机首先在泰国爆发，并很快席卷马来西亚、印度尼西亚和菲律宾，波及整个东南亚。长期居世界领先水平的东南亚经济增长速度迅速下降，全区国内生产总值从1996年的7.4%降至1997年的5%左右。1998年泰国、马来西亚、菲律宾、印度尼西亚等国家均出现不同程度的负增长。进入1999年，菲律宾、马来西亚等国家才出现了恢复性增长。同时，金融危机给东南亚带来了十分严重的通货膨胀和金融秩序的极大混乱。印度尼西亚甚至爆发了严重的政治危机。尽管东盟在1997年7月接纳了老挝和缅甸，1998年底接纳了柬埔寨为其成员，完成了大东盟的计划，并一再表示不准备延缓东盟自由贸易区的进程，但是其前进的步伐事实上已经减缓，被动地步入了痛苦的调整期。1999年东盟外长会议等除了表达坚持加快东盟自由贸易区建设步伐的共识之外，更多的是结构性调整等方面的考虑。东盟将在一个比较长的调整过程中深化改革，再图发展，积极迎来一个新的发展机遇和发展时期。

总体来说，东盟各国经济的高速发展和经济合作的日益加强等自身因素为东盟自由贸易区建设提供了比较雄厚的基础和必然要求。东盟自由贸易区计划在经过长期酝酿之后，一经出台即迅速发展，并取得了较高的成就。[2] 同时也应该看到，东盟自由贸易区计划的提出和建设速度的加快，也有对世界经济一体化和区域集团化

---

[1] 李仁方．从市场共享到产业融合：中国与太平洋联盟的经贸合作[J]．西南科技大学学报（哲学社会科学版），2016，33（3）：1-11．

[2] 李晓霞．东亚地区多边合作的核心问题与制度的未来建构[D]．长春：吉林大学，2018．

迅速发展的强大压力做出反应的因素。❶ 新加坡总理吴作栋就曾指出："西欧统一大市场和北美自由贸易区的建立对东盟国家的经济将产生巨大影响，作为一种应付手段，东盟也要建立自己的自由贸易区。"正因为如此，东盟自由贸易区在建设过程中难免急于求成，被动加速，产生了不少的问题，在金融危机的冲击下，基础不扎实等许多弊端都暴露出来。

第二节　东盟自由贸易区主要内容和效应

一、东盟自由贸易区的主要内容

现阶段东盟自由贸易区的内容还不是非常全面，其主要内容以《共同有效优惠关税计划》（CEPT）为主，下面就CEPT的相关内容及实施进程予以介绍。

1992年新加坡举行的东盟首脑会议上批准的《共同有效优惠关税计划》，该计划规定：到2008年把所有在区域内贸易的工业制成品的关税率减至0~5%；在5~8年内，把目前超过20%的关税率的工业制成品降低至20%以下；在另外7年内，把所有工业制成品的关税率降低至0 ~ 5%。在这个时期内，最低税率可保持在5%的幅度内；每个国家都应该制定一个关税减免计划，以便在15年内把目前低于20%的保护税率的那部分货品降低至5%的关税率；允许2个或更多的国家对其特殊的货品加速关税减免的进程，❷ 与此同时，非关税壁垒也被逐渐消除，CEPT计划下的出口货品的数量限制也应该相应取消；减免关税的范围包括工业品和加工农产品，共有98个产品部门；该计划从1993年1月1日起开始正式实施。

二、东盟自由贸易区的效应

东盟自由贸易区从1967年成立以来已走过了五十多年的历程，被视为是发展中国家间最成功的区域性组织之一，区域内国民收入有了很大的提高。

---

❶ 马学礼．东亚经济合作中的区域公共产品供给研究——以贸易投资合作为例[M]．北京：人民出版社，2018：163．

❷ 张幼文．世界经济学[M]．上海：立信会计出版社，2003：13．

虽然人们对20世纪90年代以前东盟经济合作的评价不一，但东盟各国的经济却取得了令人瞩目的成就。

（一）刺激了进出口贸易

《共同有效优惠关税计划》的实施刺激了东盟成员之间的相互进出口贸易，东盟区内贸易已经从1993年的824.4亿美元增长到2015年的3095.9亿美元；区内贸易流量由1992年的390亿美元增加到2015年的1870亿美元。2002年东盟区内的对外贸易总额为15580亿美元，与1992年的3870亿美元相比增加了3倍。[1]统计数据也显示，通常在经济形势较好的年份，东盟区内贸易往往比区外贸易有更快的增长；而在经济形势较差的年份，区内外贸易则呈等幅度下降。

应该指出的是，1997年前后是东盟自由贸易区创建的关键时期，而正是在这个时期内，接连发生了严重打击东盟国家经济的事件。先是1997年到1998年的东南亚金融危机，危机的危害程度几乎使东盟国家一蹶不振。2001年的“9·11”事件使美国经济迅速下滑，日本、欧洲甚至全世界的经济都受其影响而日渐低迷，对于经济高度依赖美、日、欧的东盟国家来说，更是雪上加霜。[2]然而，正是在如此差的经济环境下，东盟国家的区域内贸易总体上是得到了长足的发展。

从单个成员来看，东盟自由贸易区的影响则各不相同。马来西亚和文莱的区内贸易比重有所下降，虽然文莱的区内贸易比例居各东盟成员之首，但其区内贸易额与东盟区内贸易总额之比却很低，仅有0.74%。这主要是因为文莱的单一经济特征，另外也是由于其主要出口商品为石油和天然气，市场价格波动较大，贸易额相应有较大的起伏。印度尼西亚、菲律宾和泰国的区内贸易比重升幅较大，年均增幅分别为6.67%、7.92%和4.79%，这显示东盟自由贸易区的建设已使区内原先贸易保护程度较高的国家因贸易自由化而加强了与区内成员的贸易往来，这有助于扩大其经济规模，增强其出口产品的区域竞争力。

导致区内贸易流量增加的主要原因是，大量的以东盟成员为东道国的跨国公司，在从事公司内部以产业内贸易为特征的购销贸易时，客观上也积极推动了东盟内部贸易的发展，为东盟成员带来了一定的贸易创造效应。随着东盟自由贸易区的

---

[1] 徐松．世界经济概论[M]．北京：机械工业出版社，2007：54．

[2] 张姣．“对外依赖性”和“战略自主性”：中国国际能源合作探析[D]．北京：外交学院，2016．

建设，成员之间相互贸易壁垒逐步降低与拆除，区内成员之间的经济联系日益加强，相互依赖程度也与日俱增，东盟内部贸易在某种程度上产生了对外部贸易的贸易替代效应，这种替代改进了区域内成员的福利水平。❶ 但与此同时，也很可能使生产或投资从低成本和更有竞争力的区外生产者转向成本高昂而且缺乏效率的东盟内部生产者，从而对区外国家造成伤害，也使世界总体福利水平蒙受损失。

一般说来，金融危机以后东盟国家的货币贬值，东盟各国的购买力差，而其产品对于区域外的国家有价格优势，东盟对区域外的出口会迅速增加，而区域内贸易则会下降。实际情况是东盟区域内贸易额虽然在2008年后一两年和2012年分别有一些下降，但从总体上看，其区域内贸易额是明显增加的，2004~2013年几乎增长了一倍。再看区域内贸易占东盟国家对外贸易总额的比例，2004~2013年，这一指标是明显上升的，区域内贸易的总体水平由19.2%上升到22.3%。❷

（二）促进投资

1. 区域外投资大幅增长

自东盟成立以来，大量的外国直接投资流入东盟，并在东盟经济发展中起着不可替代的作用，尤其是20世纪80年代中后期东盟国家先后出现的外资投资高潮，不仅增强了东盟的出口导向型经济，也加快了区域内的经济合作。

尽管东盟吸引外资的增加是多种因素共同作用的结果，但是与东盟自由贸易区计划的实施不无关系。可以说，东盟自由贸易区计划的出台为外国直接投资营造了一个良好的区域投资环境，它的建立从不同方面促使外国直接投资流入。一方面，东盟自由贸易区区内保护水平的降低可以促使现存的进口竞争企业寻找更有效率、更具竞争力的合作伙伴；另一方面，成员间关税和非关税壁垒的逐步消除为投资者根据不同国家的比较优势重新安排生产布局提供了便利，促使进行垂直一体化生产的跨国公司增加对东盟的直接投资。❸ 同时，东盟成员地理上的临近和相对互补的经济结构为产业内专业化生产提供了发展空间。

当前，东盟还面临着其他发展中国家和地区的竞争压力。中国自90年代起成为

❶ 史红亮，陈凯．区域文化经济研究[M]．北京：经济科学出版社，2016：123．

❷ 陈慧坚，国际经济技术合作　境外投资服务平台建设．厦门年鉴，方志出版社，2015：213-214．

❸ 高须虎六．各国合作事业[M]．杨智，译．郑州：河南人民出版社，2016：58．

吸引外资最多的发展中国家之一，据联合国的预测，中国入世会刺激更多的资本流向中国。在新的竞争环境下，东盟自由贸易区和东盟投资区必须采取新的措施，进一步改善投资环境，组建区域大市场，提高区域整体竞争力。

促进区域外的资本流入东盟国家，主要有两种类型的外国直接投资：一类是伴随进口替代战略的关税逃避型外国直接投资，另一类是伴随跨国公司垂直一体化生产的垂直型外国直接投资。东盟老成员在早期实施进口替代战略，外国企业为了逃避关税、非关税壁垒而采取直接投资方式进入市场，此时，投资替代了贸易。

但是，东盟各国有限的国内市场限制了进口替代战略的实施。随着东盟从进口替代战略转向出口导向战略，这种关税逃避型的外国直接投资在东盟老成员中有所减少。而在新成员中，越南为了促进资本密集型产业和战略产业的发展，鼓励国有企业和外国企业建立合资企业，采取高保护的措施，因而吸引了很多与进口替代有关的关税逃避型的外国直接投资[1]。此外，与老成员相比，东盟新成员很容易吸引外国直接投资进入劳动密集型行业，老挝和柬埔寨服装业吸引了大量外资就是例证。

区域外的资本是东盟主要的外资来源。20世纪80年代下半期，日本与亚洲新兴工业化经济体是东盟的主要投资来源。进入90年代后，随着日本等国家和地区的资本向中国转移，欧美国家在东盟国家外资投资中所占的比例趋于回升，东盟接受投资的来源出现多元化。欧美国家对东盟的投资主要在石油与天然气开发、炼油、石化工业以及社会基础设施等产业部门。除了绿地投资外，欧美的跨国公司还在东盟采取了企业兼并的形式。2012~2017年，东盟接受的外国直接投资中，欧盟的投资最多，其次是美国，日本位居第三。

2. 区域内投资增长迅速

东盟自由贸易区的投资效应不仅表现为促进区域外的资本流入东盟，而且还带动了区域内的资本在各成员间流动。

东盟自由贸易区计划出台后，随着区内保护水平的降低和一体化带来的市场规模效应的逐步显现，东盟区域内的资本流动也在加强。

东盟区域内的直接投资的一半以上来自新加坡，其次是马来西亚、印度尼西亚

[1] 孟夏．亚太区域经济合作发展报告2016[M]．北京：高等教育出版社，2018：126．

和泰国。这是因为在东盟各国中，新加坡、马来西亚、泰国等属于经济领先的国家，它们国内面临着产业结构的调整和升级，所以将一些劳动密集型的产业转移到劳动力资源比较丰富的新成员，从而成为新成员的主要区内投资国。[1]新成员来自东盟的外资有一个共同的特点，即往往以一个国家为主，如泰国是老挝的主要投资者；在缅甸和越南，新加坡的投资则占主导地位。

东盟自由贸易区为新老成员增进了解提供了一个平台，成员间的相互投资政策更加开放。这样投资者就能比较容易地获得所需要的投资信息，减少投资风险和投资成本；随着新成员基础设施和投资环境的完善，从危机中逐渐恢复过来的一些老成员对区内的投资也会随之增加。

（三）知识溢出

一个经济体开放程度越高，越是向具有高知识存量的国家开放，对进口知识、技术消化吸收能力越强，则它从这种知识溢出中获得的收益就越多。这里以机械及运输设备的进口情况来衡量自由贸易区的成立对东盟的知识资本存量的影响。

就像在商品贸易中存在贸易创造效应和贸易转移效应一样，在知识技术的贸易中也会存在创造效应和转移效应。当一国对蕴含知识技术的产品取消关税时，可以改变对国内高成本技术产业的依赖，从低成本的贸易伙伴那里进口知识技术，即知识贸易创造；另一方面，区域外低成本、高知识存量的知识产品可能被区域内高成本、低知识存量的知识产品的进口替代，即知识贸易转移。[2]柬埔寨和老挝在加入东盟之前主要从东盟国家进口资本运输产品，所以市场开放后，知识贸易创造效应要大于知识贸易转移效应，新加坡在20世纪30年代以前主要从日本、美国、欧洲等发达国家进口资本运输设备，随着东盟自由贸易区的发展，它从东盟其他国家的进口显著增长，知识贸易的净效应是不确定的；对于越南来说，其知识贸易转移效应要大于创造效应。

（四）生产率提高

东盟自由贸易区的建立将使东亚各成员更注重比较利益的原则，对经济利益的追逐将促使低效率国家利用“后发优势”积极利用发达经济体的先进技术，努力提

[1] 商务部研究院．“走出去”全球拓展之路——中国对外投资与国际经济技术合作40年[M]．北京：中国商务出版社，2018：156．

[2] 王卫东，佘廉．区域协同创新风险预警[M]．北京：科学出版社，2016：12．

高自己的生产效率，力争改变自己的贸易劣势；而东亚经济技术发达国家如日本、韩国，为保持自己的优势地位，就需要不断进行技术创新，不断提高自己的生产效率。因此东盟自由贸易区的建立对各成员生产要素的工作效率都会产生一种提高效应，也就是说，经济一体化带来的竞争可以消除区域内的低效率。

（五）政府职能的转变

东亚经济一体化意味着各成员政府在制定各种政策和措施时，不能不更多地考虑国际市场规则和其他成员的利益。从这种意义上讲，东亚各国政府将更倾向于以市场力量、国际市场规则以及利用从其他国家学习到的先进管理经验来干预和促进本国经济的发展。从长期来看，东亚各成员政府职能的转变将更加趋同，也就意味着各成员的经济体制会朝着市场化的方向转型和发展。

从以上的分析可以看出，建立东盟自由贸易区，加快东亚经济一体化进程，对东亚各国都较为有利，只是在一体化进程中，经济发达国家获利较多，而发展中国家的贸易条件，国际收支将受到影响，而且其幼稚产业在短期内将受到较大的冲击。但是从长期来看，建立东亚自由贸易区，加快东亚经济一体化符合东亚整体的利益。

三、东盟独特的发展模式

在东盟战略地位得到提升以及不断发挥作用的同时，各大国在东南亚地区的投入增加和利益角逐也随之展开，东盟的发展受到内部和外部各种复杂因素的制约。

首先，东南亚堪称当今世界上民族、文化，宗教和意识形态最复杂的地区之一，由此导致了东盟各国在发展道路和政治经济体制等方面的不同选择。大东盟的形成没能改变其意识形态和社会性质的差异，也无法改变其内部复杂的民族、文化和宗教信仰状况。东南亚各国的决策机制和处理国内问题的方式依然各不相同，凌驾于国家政权之上的地区性能机构短时期难以形成，“不干涉内政”是在这一复杂状况下开展合作的基本原则，也是东盟自由贸易区发展模式的基础。[1]

其次，东盟各国的经济发展水平参差不齐，但没有一个国家具备充当领导的绝对综合实力。新加坡经济发展和工业化水平最高，有平定的号召力，但地小人寡，

[1] 王锋．国际贸易理论与政策措施[M]．北京：北京大学出版社，2015：76.

无法担当领头羊的重任；印度尼西亚国家面积最大，人口最多，两者均占整个东盟的将近一半，但经济发展水平不高，实力有限，而且国内问题较多，作为东盟的领袖心有余而力不足；马来西亚、泰国、菲律宾实力相当，也只是东盟的中坚力量；越南面积与人口位居东盟第二，发展速度很快，但加盟不久，经济基础薄，实力弱，跟东盟主要国家又有意识形态的差别，发言权有限。[1] 所以在东盟没有一个强有力的有权威的核心力量领导，很难形成像欧盟那样统一化程度很高的合作机制，只能以协商一致和松散合作机制的模式，加强协调团结，以维护本地区的利益，争取一个声音对外。

再次，东盟成员总面积450多万平方千米，人口不过5亿，市场狭窄，区域内贸易在其对外贸易中的比例、国内生产总值和对外贸易总额等各种经济指标在世界的份额有限。这就决定了东盟在组建统一市场以提高经济实力和国际地位的同时，必须与区域外加强经济合作，互相开放市场。[2] 由于东盟自身的先天不足和亚太经合组织地区开放主义的直接影响，为了换取外部市场的对等开放，东盟自由贸易区采取开放主义的统一市场模式显得更为必要和迫切。

最后，历经金融危机使东盟比较清醒地认识到，现有的东盟自由贸易区模式和协商一致的松散机制，对突发性危机反应迟钝，干预手段无力。因此，危机伊始，马来西亚就提出建立东盟货币体制以取代成员间用美元进行贸易往来的建议。[3] 随着危机的不断加深，东盟成员希望东盟更具凝聚力，在马来西亚总理马哈蒂尔的积极推动下以地区内货币为贸易结算的体系终于启动，希望能借此减少对美元的依赖，缓和外汇储备少的压力和外汇投机的不良影响，使东盟自由贸易区有更大的自主性、更深入的发展和更好的应付各种经济事件的能力。在解决金融危机的过程中，国际货币基金组织在资金援助的时候也同样要求东盟国家进一步开放市场、改善人权状况等。[4] 为了加强团结、共渡难关和应对外来的干预，保持经济自主和今后进一步加速发展，有限且有效的干预机制的逐步确立是东盟自由贸易区发展的方向。

---

[1] 商务部研究院．国际发展合作之路——中国对外援助40年[M]．北京：中国商务出版社，2018：325.

[2] 陈国辉．基于博弈论的中国与印尼海洋经济合作路径研究[D]．湛江：广东海洋大学，2016.

[3] 刘伟，张辉．全球治理：国际竞争与合作[M]．北京：北京大学出版社，2017：129.

[4] 鲁言．没有大开放就没有大发展[J]．理论学习，2016（7）：60–61.

第三节　东亚经济一体化的发展和展望

一、东亚经济一体化的发展模式

从世界范围看，东亚经济一体化实践总体上处于起步阶段，目前还主要是一个由东盟推动的对话合作机制，真正的区域合作组织还没有建立起来。自亚洲金融危机以来，中、日、韩三国和东盟都意识到了加速东亚经济一体化进程的客观必要性。尽管东亚经济合作处于初级阶段，尚无明确的东亚一体化规划，但各国已经在积极探索合作途径。就目前来看，东亚经济一体化模式主要有以下几种："10+3"模式，3个"10+1"模式，"3+10"模式以及多个"1+1"模式。

（一）"10+3"模式

"10+3"模式是指通过东盟与中、日、韩三国的整体合作，促进整个东亚范围的对话与合作，并实现东亚经济一体化。"10+3"模式建立在东盟10国与中、日、韩3国领导人非正式会议基础上。这种模式产生的背景是东亚同西欧、北美相比在经济一体化、国际竞争方面处于劣势，产生的直接动因源于1997年爆发的亚洲金融危机。"10+3"模式包含了东亚主要经济体，如果东盟和中、日、韩之间的多边合作能顺利开展，东亚经济一体化就可以直接实现，这一模式能为东亚经济合作进步发展和逐步实现区域经济一体化提供有效机制。

（二）3个"10+1"模式

3个"10+1"模式是指东盟分别与中、日、韩进行经济合作。"10+3"领导人会议分别安排了东盟与中、日、韩三国领导人的会议，即3个"10+1"领导人会议，从而形成了3个"10+1"模式。如果3个"10+1"能顺利发展，那么中、日、韩经济就能以东盟为纽带实现更高层次的融合，从而促进东亚经济一体化的实现。

（三）"3+10"模式

"3+10"模式即"东北亚+东盟"模式，指在东北亚经济一体化和东盟经济一体化的基础上实现东亚经济一体化。中、日、韩三国在东亚处于重要地位，加强三方之间的区域经济合作是实现东亚经济一体化的重要力量。如果中国与日本、韩国能在三国之间的贸易交往上提供更有利的条件，降低贸易成本，将会给三国带来更多的收益。就当前来看，东盟自由贸易区已进入正式建设阶段。这样“3+10”模式的关键是实现中、日、韩经济一体化。如果中、日、韩能及时实现经济一体化，那么“3+10”模式的前景就较为乐观。

（四）多个“1+1”模式

除了上述“10+3”、3个“10+1”和“3+10”模式外，东亚经济实现一体化还可采取一种更为基础的渐进发展模式，这就是在东亚13国（东盟10国+东北亚3国）之间积极开展双边经济一体化合作，签订各种双边经济合作协定或自由贸易协定，称为多个“1+1”模式。由于成员少，双边谈判能避免在敏感领域的争执，容易达成一致意见，可加快双方在其互补性的领域进行合作，因而理所当然成为东亚一种新的受欢迎的区域经济合作形式。如果东亚地区多个双边经济一体化能形成足够大的网络，那么在此基础上就可以将东亚经济联成整体并实现一体化。

东亚经济要实现一体化，最直接的办法就是将东亚13国（东盟10国+东北亚3国）一步到位组织到一起，在一个框架下直接进行多边对话。“10+3”模式在某种程度上体现了这种思想，因为它涵盖了东亚13个国家，如果这条途径可行，就可以直接实现东亚经济一体化。但由于东亚地区地域辽阔，涉及国家众多，经济发展水平差距很大，各国在经济联系日益紧密的同时，也面临着错综复杂的经济矛盾、政治矛盾、民族矛盾和历史关系，而且各国在东亚经济合作主导权问题上心态不一，这使得许多现实障碍难以在短时间内克服，因而一步到位实现整个区域的经济一体化要求较高，难度较大。[1] 这样。“10+3”模式只能作为东亚经济合作的总体框架和长远目标，并会有一个协调各方利益的艰辛历程。

“3+10”模式将东亚地区分为东北亚和东盟两个次区域，关键是实现东北亚经济的一体化，即建立东北亚自由贸易区。东北亚自由贸易区涉及的区域合作谈判主体少于“10+3”，但同样是多边自由贸易区，其中涉及的问题仍很多。[2] 近年来，中、日、韩经济依存度不断提高，但区域经济合作起步较晚、基础较差、水平较低，其中一个障碍是中、日、韩三国之间的经济发展水平、经济制度差异明显，东北亚经济一体化缺乏良好的经济基础。此外，中、日、韩日之间的政治

[1] 王鹏．外商直接投资知识溢出与区域创新产出[M]．北京：科学出版社，2016：331．

[2] 裘韵．国际经济合作背景下中国外商投资争端调解机制研究[J]．苏州教育学院学报，2016，33（6）：83-87．

互信度有待提高，相互猜疑、缺乏信任问题较为严重。日本、韩国在贸易保护方面，尤其是在农产品市场开放方面的强硬立场不利于东北亚经济的深入合作；因此，中、日、韩经济一体化尽管存在很大的潜在利益，但短期内建立自由贸易区有不小的难度。

"10+1"模式是以一个自由贸易区和一个国家为基础的双边自由贸易区模式。它是以具有一定规模的东盟自由贸易区（AFTA）作为一个主体，只涉及两个谈判主体，面临的阻力相对较小，具有较强的现实操作性。3个"10+1"模式同时推进，并在推进中相互沟通与融合，有利于创造中、日、韩经济合作机会及完善"10+3"模式，因此是可行的。"1+1"模式则是另一个层次的双边自由贸易区模式，它以独立的国家或特别行政区为基础。比较"10+1"模式和"1+1"模式，由于将东盟作为一个主体尚需协调东盟内部国家的政策，而独立的国家或特别行政区不存在这个问题。因此，"1+1"实施的难度比"10+1"更小，在实践中也更易于操作。而且，"1+1"模式顾及了"10+1"模式没有包含的中、日、韩之间的双边自由贸易以及中、日、韩与东盟内部成员之间的双边自由贸易，因此更加可行。[1]就当前东亚实际情况看，尽管"10+3"模式因确立了东亚经济一体化的大的框架而非常重要，但单靠"10+3"模式使东亚13国，即组成自由贸易区的时机尚不成熟，同时东北亚3国一步到位实现经济一体化也存在很多障碍，这样双边自由贸易协定就有了很大的用武之地。

因此，实现东亚经济一体化应以"10+3"模式为总体框架，以3个"10+1"和多个"1+1"这两个层次的双边自由贸易区为基石，在"10+3"框架下推进双边自由贸易区建设，并最终推进东亚整体经济一体化的发展。

二、东亚经济一体化的障碍

（一）外部原因

美国的亚太经济战略反对和阻挠东亚经济合作的深入发展。因此不管是"东亚经济集团"构想，还是"东亚经济圈""亚洲货币基金"构想，美国都表示反对。与此同时，美国又通过各种途径和方式强化了对东亚各国（地区）在经济、政治与

[1] 王志明，乔桂明．国际经济学[M]．上海：复旦大学出版社，2015：52．

安全等各方面对它的固有依赖。广泛、长期而又深刻地对美依赖，不但削弱了东亚各国（地区）之间的内部向心力，不利于东亚地区的经济一体化，而且使东亚各国（地区）不得不十分看重和屈从美国的态度和政策，加大了美国对东亚各国内部事务及地区事务的影响。

另外，美国亚太安全战略实施破坏了东亚经济合作所需要的良好的政治安全环境。美国在安全问题上十分看重亚洲，强化了它与日本、韩国等东亚国家之间的双边军事同盟。在东亚尚有诸多军事对峙和领土纠纷未得到彻底解决的情况下，美国这样做势必会加剧许多国家的不安全感，促使其增强自身的军事力量，从而引发东亚地区新一轮的军备竞赛，并且有可能导致军事危机和冲突。这必然会影响东亚地区的稳定和发展，不利于其经济合作。❶ 更为重要的是，美国这样的行动会增加原本就信任不足的东亚各国相互之间的疑惧和担心，减弱其相互信赖的程度和向心力，阻碍经济一体化的发展。

多年以来，美国的反对和阻挠一直是，并在相当长时期内仍然是阻碍东亚经济合作顺利深入发展的重要外部因素。

（二）内部原因

1．政治因素

（1）日本轴心国的缺失。东亚区内缺少欧盟内德国这样的轴心国及马克这样的强势货币。日本是八国集团中唯一的亚洲国家，经济大国，日元也是地区内国际化程度较高的货币，但由于历史和现实的原因，东亚各国对日本缺乏信任。此外，日本20世纪90年代成为“失去的十年”，至今还未完全脱离长期萧条，难以发挥东亚地区火车头的作用，加上日本对国内市场采取封闭性政策，无法树立负责任的大国形象。❷ 中国是东亚地区经济增长最快的国家之一和最大的发展中国家，但人民币国际化进程虽迅速推进，但尚未实现资本项目下自由兑换，中国目前要成为该地区的轴心国仍还有一定困难。所以，东亚地区轴心国的缺失不利于发展区域合作。

（2）韩国和东盟对中国崛起心存戒惧。中国、韩国和东盟都是东亚地区的重

---

❶ 李向阳．亚太区域经济合作发展方向与中国的选择[M]．北京：社会科学文献出版社，2016：77.

❷ 郝家龙．融资环境与区域经济发展研究[M]．长春：吉林出版集团有限责任公司，2016：29.

要成员，中韩、中东（盟）关系的发展对东亚经济合作的顺利推进具有重要意义。长期以来，韩国和东盟在处理对华关系时都是一种十分矛盾的心态。一方面，他们不想也不能放弃与中国合作的巨大利益；另一方面，他们又对这位与其国力相差悬殊并正在迅速崛起的近邻心存戒惧，担心中国强大后会对其构成威胁。这种矛盾心态反映在现实中，表现为在积极要求和开展对华合作的同时，借用美、欧等外部力量加强对华制衡。❶ 韩国为摆脱对美国的依赖而积极发展对华关系，但由于对中国存有戒心，又反过来寻求美国的保护。

韩国和东盟对中国这种矛盾心态和做法不但严重影响了他们与中国之间的双边合作深入发展，而且也为美、欧等外部因素介入东亚事务创造了机会和条件，使东亚地区事务复杂化，增加了东亚经济一体化的难度。

2. **经济因素**

（1）经济发展水平差距大。在构建一个自由贸易区的过程中，该区域内各经济体经济发展水平的趋同无疑是决定该经济一体化组织能否持续稳定发展、始终保持对其成员具有足够约束力以及能否使其成员（地区）充分享受到贸易自由化所带来的利益的重要因素。然而东亚国家和地区经济发展水平的差距很大，各国面临的主要问题也不一样，阻碍了东亚区域经济一体化的步伐。

东盟成员中，既有新兴的工业化国家如新加坡，又有越南、老挝、缅甸、柬埔寨等世界上不发达的国家，经济发展水平和阶段存在巨大差距。如新加坡的人均GDP目前已近3万美元，而越南、老挝、柬埔寨、缅甸四国还不到600美元，GDP相差非常大，东盟国家内部经济发展的不平衡不利于成员间经济政策的协调。

（2）东亚模式的缺陷和产业结构、出口结构的雷同。20世纪60年代以来，东亚的发展中国家一直实行的是出口导向型战略，发展劳动密集型产品出口。进入20世纪80年代后，东亚各国在出口结构上仍集中于劳动密集型产品、中低技术工业制成品上。这种相似度过高的情况导致这些国家在对外出口中长期处于相互竞争的关系，使得各国之间的经济联系显得较为松散，不利于区域经济一体化的发展进程。

---

❶ 黄克．打造沿边对外开放合作新高地[N]．广西日报，2015-06-09．

3. 社会文化因素

与欧美不同，东亚地区呈现较高的多元性，各国和地区在政治、经济、宗教及文化等方面存在巨大差别，这种地区差异在某种程度上也制约着东亚经济一体化的发展。从政体上看，东亚地区有实行人民代表制的国家，有实行君主制的国家，有实行总统制的国家，有实行议会共和制的国家，有军政府的国家。其次，从经济体制而言，日本、韩国、新加坡等国已经建立起较为成熟的市场经济体制，而中国、俄罗斯、蒙古、越南、泰国、马来西亚等仍在经济转型当中，朝鲜则尚未走上经济转型之路。[1] 最后，东亚国家的文化背景相差也很大，影响着不同国家的社会生活的方方面面。

三、东亚经济一体化的趋势

（一）东亚经济一体化的可行性

1. 美国霸权主义的缓和

美国意识到中国是亚太地区和世界范围内一支重要的和平和稳定力量，于是缓和了对东亚的态度，减少了对东亚事务的指手画脚，调整了对东亚尤其是对中国的战略。美国对东亚尤其是对华政策的这种调整就使中美两国重新找到了战略合作的平台，使东亚各国有了更大的自主空间，为东亚实现联合自强提供了很好的机遇，也为中国在该区域发挥更重要的作用提供了较大的空间。

2. 日本脱亚入欧思想的转变

战后日本在经济上再次崛起，并通过战争赔款、政府援助和输出资本技术等方式，对一些亚洲国家的经济发展起到了积极作用。在这种背景下，日本人的民族优越感油然而生，认为亚洲经济文化中心再次转移到日本，在自己自愿在政治经济上服从以欧美西方国家为主的国际管理的前提下，又企图作为西方的一员来对东亚其他国家行使领导和支配权。然而日本人所企求的这种中心和领导位置却没有得到中国等亚洲国家的认同，尤其是自进入21世纪以来，随着中国和韩国等经济的快速增长和市场的不断扩大，“雁行模式”宣告破产。同时，随着中国与东盟经济合作关系的加深，作为政治小国的日本开始对中国的日益强大感到不安。为实现政治大国

[1] 吴殿廷，吴昊. 区域发展产业规划[M]. 南京：东南大学出版社，2018：P45.

的夙愿，日本主动采取了不少措施改善与东亚各国的关系，也提出要由过去一直奉行的“脱亚入欧”转为“重返亚洲”，改变原来怀疑和排斥地区主义和双边主义的态度转而实行多边自由贸易、地区自由贸易和双边自由贸易同时推进的战略。日本在中国—东盟启动自由贸易区进程之后，也紧锣密鼓地加快了与东盟国家自由贸易区谈判的步伐。

3. **中国的崛起及对东亚国家的责任心**

中国是世界上为数不多的在经济、政治、军事等诸多领域具有综合实力的大国，在推进亚洲区域合作方面有着特殊的利益和举足轻重的地位。中国崛起后采取什么样的行动将可能直接影响到世界，特别是周边国家的安全，“中国威胁论”也因此成为一些国家担心的问题。但中国曾多次公开表态：中国现在不称霸，将来强大了依然不称霸；中国将做一个负责任的大国。[1] 中国在实际行动上也确实是这样做的，1997年的亚洲金融危机中，中国作为一个发展中大国承担了超强的国际责任和负担，受到了国际舆论的广泛赞誉，也赢得了一直对中国心存芥蒂的东盟各国的信任，树立了中国以及人民币在东亚地区的威信。

“9·11事件”发生后，政治上东盟国家意识到中国是维护东亚地区和平稳定的重要力量，经济上东盟国家逐渐看清楚，中国绝不仅是他们的竞争对手，更多的还是一种合作共荣的伙伴，在新的世界经济秩序中，搭上“中国经济的快车”，能够走出经济衰退的阴影。在这种大的背景下，东盟各国乃至东亚各国出于自身的经济利益，纷纷调整战略，把发展与中国的经贸合作放在举足轻重的位置。

4. **东亚地区基于经济合作的政治气候逐渐形成**

东亚地区基于经济合作的政治气候逐渐形成对这一区域各国经济合作政策的推行也很关键。亚洲金融危机过后，东亚各国从民间到政府的各个层面都认识到加强合作的迫切性，同时也有一些实质性的合作安排，出现了不同程度的合作形态和基于经济合作的政治谈判。一系列双边和多边自由贸易区协定已经达成或正在协商之中。

[1] 刘国胜．国际经济合作与地方经济发展研究[M]．北京：知识产权出版社，2016：68．

（二）东亚经济一体化的趋势

从发展趋势来看，东亚经济一体化是各国权衡利弊后的必然选择，但从现实来看，东亚地区走向真正意义上的一体化还存在着一个较为漫长的过程。主要是区域的重要国家在合作的长期目标和加快东亚经济一体化进程的迫切性方面，在寻求开放平等，共同发挥作用，不谋求特殊地位方面，在选择推动契机和合作平台方面以及在一些深层次问题上还没有形成全面共识，特别是中、日、韩等重要国家虽然不同程度地参与了区域经济合作机制，但主要是在进行单边性的独立行动，并没有形成一种推动整个区域合作发展的合力。这是东亚经济合作长期性的最关键的问题所在。

1. 从自由贸易区向经济共同体扩展

1994年5月，东南亚10个国家的代表在马尼拉召开会议，签署了《东南亚10国关于建立东南亚共同体设想的声明》。声明指出："我们认为东南亚应该成为一个共同体。这个共同体应该在21世纪世界舞台上成为一个重要的政治、经济、文化和精神实体。……地理位置使我们有着共同的命运，我们认为，这种共同命运意味着我们必须努力建立一个东南亚共同体"。该声明还阐述了建设共同体的四个基本原则：平等的合作模式、求真务实的原则、先易后难的原则、齐头并进的原则，[1]这个声明规定了东南亚共同体的性质和意义，成了东盟共同体的纲领性文件。

1997年12月，东盟制定了《东盟愿景2020》的纲领性文件。该文件明确规定，东盟将于2020年建成东盟共同体。在地区经济合作方面该文件明确写道，"我们将创造一个稳定、繁荣和具有高度竞争力的东盟经济地区，在这一地区，商品、服务和投资自由流动，资本流动将更加自由，经济发展将更为公平，并减少贫困以及社会经济差距"。

2000年11月，在新加坡召开的东盟非正式首脑会议上，各国就"东盟一体化倡议"（IAI）达成一致意见，并于2002年的东盟首脑会议上获得最终批准。IAI目标是通过加快东盟四个新成员的发展来减少它们与老成员之间的差距，以提高东盟一体化的总体水平，措施涉及人力资源开发，基础设施建设、信息和通信技术等方面。2003年8月，在第七届东盟财长会议上，各国就"东盟一体化路线图"达成

---

[1] 侯永志，张永生，刘培林．区域协同发展：机制与政策[M]．北京：中国发展出版社，2016：125．

识，表示要在2020年实现东盟市场的货物、服务以及投资自由流动，将东盟建成一个拥有5.3亿人口的单一市场。❶

2002年11月召开的第8届东盟首脑会议上，新加坡总理吴作栋正式提出了“东盟经济共同体”的倡议。2003年10月，东盟各国制定了《东盟协调一致宣言（二）》，“东盟经济共同体”的概念正式出现。该文件明确规定：“东盟经济共同体将以一个统一的市场和生产基地为基础，把地区的多样性特点转化为经济互补的机会，使东盟成为全球供应链中一个具有活力和更具竞争力的环节。东盟的战略将包括东盟的经济一体化和提高东盟的经济竞争力”。在该宣言中，东盟经济共同体与东盟安全共同体以及东盟社会与文化共同体一道构成东盟一体化的三大支柱。

从目标来看，东盟经济共同体主要有两大目标：建设共同市场和提高地区竞争力。对于前者，AFTA的关税减让计划将于2018年全部完成，将为经济共同体的顺利完成奠定重要基础；但对于后者，则难以有评判标准。如果按照巴拉萨关于一体化的5种形式来看，那时的东盟经济共同体，将超越自由贸易区和关税同盟的阶段而进入共同市场的阶段。

目前的东盟经济共同体还是一个宽泛和松散的概念。按照东盟的一贯做法，东盟经济共同体的建设有可能在保持这种特点的前提下加快建设步伐，以适应东盟各国的政治和经济需要。❷ 在这个过程中，以前的地区经济合作的原则和机制将基本得以维持。未来的东南亚经济一体化的发展，将不会完全按照欧洲一体化的模式来进行，现有的经济一体化理论也不足以完全解释东盟的实际情况。

2. 以AFTA为基础，维持“10+3”“10+1”模式

“10+3”“10+1”合作的开展都是以承认和遵守东盟地区合作的基本原则为基础的，从这个角度来说，东盟的地区合作经验将会自然地延伸到整个东亚范围的合作。

具体来说，东亚地区合作的框架将基本维持目前的“10+1”和“10+3”模式。东盟为保持地区合作的发起人和组织者的角色，中、日、韩三国只是被动地参与，虽然后者可以提出地区合作倡议，但具体的安排和实施，还得有赖于东盟机制。“10+1”与“10+3”有所不同，前者更多体现的是以东盟为一方，中、日、韩分别为另一方，由此构成3个“10+1”而后者多体现的是以东盟为一方，中、

❶ 邓绮文．大数据时代对国际经济合作的影响因素研究[J]．经贸实践，2017（14）：133.

❷ 徐琴．区域经济与国际贸易研究[M]．北京：北京理工大学出版社，2016：126.

日、韩三国一起构成另一方。从实际情况看，中、日、韩三国之间迄今为止并没有成型的、单独的地区合作机制，还没有形成单独的“地区”以“跨地区主义”的方式与东盟开展合作。可以说，在中、日、韩这三个国家的这种状况没有改变之前，整个东亚范围之内将基本保持以东盟为中心。

可以肯定的是，东盟乃至东亚的地区合作，将不会完全按照经典的一体化经济学所描述的路径来进行。东亚目前的情况是，在自由贸易区建设尚处于进行之中的时候，关于共同市场、金融货币方面的合作也已进入议程，随着自由化贸易的深入和关税水平的持续降低，关税同盟的意义已经不大。从目前来看，东亚未来的地区主义将以“事实的经济一体化”为基础，也将会朝向“法理的制度化合作”迈出探索性步伐。

3. **从东南亚向东扩展**

在实践上，东南亚地区主义向东亚的扩展还表现在以下几个方面：金融危机后兴起的东亚金融合作；中国、日本和韩国分别与东盟自由贸易区的建设或谈判；日本与新加坡、马来西亚、泰国和菲律宾等东盟成员的双边自由贸易区谈判；拟议中的中韩、日韩自由贸易区谈判等。

在2009东亚峰会中，我国党和国家领导人提出建立东亚共同体原则。构建东亚共同体是一个系统工程，既要立足现实，又要着眼长远。当前最重要的是各国应加强对话沟通，形成共识。[1]

东亚共同体（又称亚洲共同体），是地理邻近的东亚各国希望通过长期的相互合作和一体化进程而形成的一个紧密整体。它建立在共同利益和地区认同的基础上，并非一个排他性的集团，也不针对任何区域外国家。

---

[1] 中国民营经济国际合作商会．中国民营企业国际合作蓝皮书（2016—2017）[M]．北京：人民出版社，2018：263.

第九章　中国参与区域经济一体化实践

第一节　中国参与区域经济一体化进程

一、中国的区域经济一体化政策演变过程

自从20世纪70年代末中国开始对外开放以来，中国在国际贸易体系中的地位发生了重大改变。中国在世界贸易体系中的排名，从1978年的全球第32位上升到2017年的第2位。贸易结构也发生了重大改变，从以初级产品出口为主变成了以制成品出口为主，制成品出口已经超过90%，2017年高新技术产品出口比例达到39%。中国加入WTO后，实行了更加自由、更加开放的贸易体制，中国的贸易自由化程度也不断提高，2017年中国外贸依存度达到约70%。

（一）从“置身事外”到“作用其中”

如前所述，在经济全球化不断深入发展的今天，一方面，对有限世界资源的全球配置和对世界统一大市场的不懈追求不仅已成为全球化的目标，而且也成了世界经济发展的大趋势；另一方面，由于现存不合理的国际经济秩序以及资源占有的不平等，使得各国在力图抓住全球化机遇的同时，也在不同程度地感受着全球化带来的各种矛盾和冲突。在此背景下，国际区域一体化浪潮迅猛发展，世界主要经济体都在加紧行动，构筑有利于自身发展的地区依托，以期达到既能最大限度地获取全球化过程中的好处，又能尽量规避全球化对本国带来的伤害。[1]因此，可以说，国际区域一体化已经成为世界各国适应经济全球化的现实选择。面对全球化，中国从

---

[1] 梅冠群．金砖国家投资贸易机制研究[J]．国际经济合作，2017（11）：13-19．

对区域经济一体化“置身事外”到“作用其中”。

目前，中国几乎全部参加了亚洲的40多个区域和次区域合作机制，并在其中发挥着重要作用。不仅如此，中国还率先与东盟达成并积极筹建自由贸易区，第一个以非东盟成员身份加入了《东南亚友好合作条约》，首倡研究建立东亚自由贸易区。特别是中国与东盟达成的建立自由贸易区协议更是对东亚区域经济一体化起到了激活作用。美国、印度、俄罗斯、日本等国随后都加大了对东亚区域经济合作特别是自由贸易区建设的投入力度。日本经济产业省的一位高级官员强调：“自由贸易协定的意义在于建立经济同盟。作为国家战略，日本有必要加紧与东盟实现经济一体化，以免中国席卷东盟。”

1991年中国加入亚太经合组织（APEC），在随后的几十年中，中国官方关于区域合作的政策一直是提倡开放的地区主义（open regionalism），即在推进区域合作的同时，对区域组织外的国家实行非歧视的政策。曾经，中国对机制性较强的国际区域一体化还持怀疑、谨慎乃至排斥的态度，对其重要性无从认识并“置身事外”，到现在积极参与、大力推进和“作用其中”，乃至在许多方面发挥着引领作用，这是一个很大的转变，表明中国已经在参与国际区域经济一体化方面迈出了不小的一步。

（二）从“开放的地区主义”到“制度性区域贸易安排政策”

在积极参与多边贸易体系、融入世界经济的同时，中国日益重视区域经济合作。在相当长的一段时期内，中国在区域合作中一直坚持“开放的地区主义”原则。经过十几年艰苦的谈判，2001年中国加入了世界贸易组织。随即在当年的“10+3”峰会期间，我国党和国家领导人与ASEAN领导人共同宣布，中国与东盟将在十年内建立自由贸易区，随后各成员签署了框架协议，2004年完成了中国东盟自由贸易区货物贸易谈判。这一行动标志着中国的区域合作政策取得了重大发展，从以往只注重开放的地区转变为同时重视制度性的区域贸易安排。这是中国经济生活中的一件大事，中国的外经贸战略开始将重点转移到区域经济合作。

进入新世纪以后，中国在建立制度性区域贸易安排方面开始变得积极。2000年4月，中国加入《曼谷协定》，这是中国加入的第一个制度性区域安排。上海合作组织的成员同意将该组织的范围从政治与安全领域扩展到经济合作，使中国与俄罗斯及中亚四国在此基础上可能形成一个非开放的区域经济合作组织。[1] 在中国与东盟领导人的共同努力下，中国与东盟已经于2003年达成了关于自由贸易区的框架协议，2004年结束了关于建立自由贸易区的货物贸易谈判，并在2010年建立了中国—东盟自由贸易区。

在短短的几年中，中国制度性区域合作的重大举措不断出台，并取得了明显的进展。这一切表明，尽管中国仍然重视APEC这一开放的区域合作机制，但其区域合作政策的重点明显转向了制度性的区域合作机制。

二、中国区域主义策略演变的动因

（一）中国进一步深化改革开放事业、为自己创造良好的对外经贸环境之需

自从20世纪90年代以来，中国的外部经济环境发生了显著的变化。一般说来，加入国际区域一体化表明一国对外贸易自由化程度的提高，它在为成员提供更高水平市场开放的同时，也要求成员做出相应的主权让渡。这就要求成员必须进一步全方位开放市场，在较短的时间内对其他成员实施比WTO贸易自由化承诺更优惠的政策，从而对成员对外开放的范围、领域和层次提出了更大、更广和更高的要求，这不仅提升了其参与国际经济竞争与合作的级别，而且也进一步拓宽了成员在世界经济舞台上的发展空间，使之能够在日趋激烈的国际竞争中左右逢源。

1. 中美关系的不稳定性加剧

冷战结束后，美国对华实行以贸易为主的接触战略，美国政府试图通过实施接触战略，一方面将中国融入相关国际体系，成为“现状维持国”而非“现状挑战国”，另一方面接触政策将导致中国对美国及世界经济的高度依赖。然而自1993年以来，中美贸易在总体上保持不断增长的同时，长期顺差的趋势明显。按照中国商务部统计数据，2017年中美贸易顺差为2758亿美元。[2] 因此，中国成为美国贸易保护针对的主要对象。对美政治与贸易关系的不稳定，促使中国政府努力推行出口市

---

[1] 赵弘．区域蓝皮书：中国区域经济发展报告（2017—2018）[M]．北京：社会科学文献出版社，2018.

[2] 林珏．区域自由贸易协定中“负面清单”的国际比较研究[M]．北京：北京大学出版社，2016.

场多元化战略，但效果一直不显著。

2. 中国出口产品的海外市场环境日益严峻

中国入世以来，出口迅猛增长。据世界贸易组织（WTO）公布的2017年全球进出口统计，中国出口总额超越美国，成为世界第一大出口国。

随着中国经济贸易规模及地位的快速上升，针对中国的国际贸易保护主义也与日俱增，中国与主要贸易伙伴的摩擦有增无减。仅2016年，就有27个国家和地区对我国发起贸易救济调查119起，涉案金额约为143.4亿美元。此外，借助于国际区域经济一体化，改善中国的对外贸易环境成了当务之急。

（二）树立中国和平发展、负责任的大国形象之需

1. 消除国际社会流行的“中国威胁论”的需要

中国经济的崛起，受到国际社会越来越多的关注。近年来，“中国威胁论”愈演愈烈。一种是“中国经济崩溃论”，认为中国金融体系的脆弱、收入差距的扩大、失业压力、腐败等内部问题最终将导致中国经济的崩溃，从而殃及国际社会。另一种则认为中国的强大将挑战现有的国际秩序，挑战国际格局，中国被视为美国未来最大的竞争对手。一些发展中国家也将中国视为贸易与投资机会的竞争者。中国经济的持续繁荣，使前一种“中国威胁论”不攻自破，影响式微。但后一种“中国威胁论”仍然有很大的市场。国际社会存在的这种论调对于中国自身的发展及其国际关系具有广泛的负面影响，消除“中国威胁论”最好的办法就是让其他国家能够最大限度地分享中国经济增长带来的机会。借助于国际区域经济一体化，无疑是一条有效途径。

2. “周边外交”战略的形成

中国日益增强的经济实力在国际社会早已被视为“崛起”。而经过改革开放和快速增长，中国现在也并不否认自己所取得的成就，并将其定位于“和平发展”。所谓“和平发展”，是指自中国1978年底提出改革开放政策到21世纪中叶为止的这段时间中国要走的道路。冷战结束以后，国际局势发生了重大变化，两大阵营的国际格局被打破，美国成为唯一的超级大国。适应国际格局的变化，中国逐渐形成了以对美外交关系为重点的“大国外交”战略，为中国发展经济争取到了稳定的国际环境。

在实施大国外交战略时，中国也逐渐认识到其国际地位的不足，与其他大国相比，中国虽然是一个区域性的大国，但中国缺乏一个稳定良好的周边环境，这

一缺陷大大制约了中国在实施大国外交时的回旋余地。因此，中国逐渐形成了“大国外交”与“周边外交”并重的外交战略。“经济外交”应当是目前中国“和平发展”的主要手段，而积极参与国际区域一体化则可以成为中国“经济外交”的重要构成，因为通过与贸易伙伴开展区域性经济合作，可以促进彼此间的相互信任，消除对方的恐惧和疑虑，增加相互间关系的确定性，打消流行于国际社会的“中国威胁论”，最终为中国的发展创造一个和平的外部环境。[1] 同时，借助于缔结自由贸易协定，加强中国对地区事务的发言权。因此，加强与周边国家的经济贸易合作，特别是建立起制度性的区域合作机制，成为周边外交的重要内容。

（三）提高维护国家经济、能源安全能力之需

经济全球化在促进世界经济增长的同时，也进一步拉大了发达国家与发展中国家之间的贫富差距，从而带来了一定的风险。往往是一国经济越开放，其经济安全系数却可能随之变小，对于发展中国家来说尤其如此。因此，经济安全问题理应引起中国这样的发展中大国的特别关注。[2] 国际区域一体化因其能够从地缘经济学的角度为一国构筑起地区经济安全，故理应成为中国经济安全战略中的重要组成部分。

1. 经济安全

亚洲金融危机的爆发使中国进一步认识到了区域经济合作的重要性。1998年金融危机从泰国开始，并很快席卷了东亚大部分经济体。在亚洲金融危机期间，中国迅速向受害国提供了力所能及的支持，如无条件地提供贷款，大大提高了中国在区域中的声望与地位。但是，由于国际社会在援救方面的迟缓，导致金融危机向更大范围扩散。以IMF为首的国际社会向受害国提出了提供援救的苛刻条件，令东亚国家深感失望。在金融危机爆发前的繁荣岁月，由于东亚国家普遍以欧美为主要市场，因此对区域合作的重视不够。亚洲金融危机中国际社会令人失望的表现使包括中国在内的东亚各国认识到了加强区域合作的重要性与迫切性。

---

[1] 孙久文. 中国区域经济发展报告（2017）：新时代区域协调发展的理论与实践[M]. 北京：中国人民大学出版社，2018.

[2] 王明华. “一带一路”战略与国际区域经济合作[M]. 北京：法律出版社，2016：163.

2. **能源安全**

在全球化条件下，人们一般认为金融安全和科技安全是国家经济安全的两大重点。但是，具有战略意义的重要经济资源短缺也越来越成为对发展中国家经济安全构成潜在威胁的主要因素。甚至可以说，发展中国家在经济全球化时代对重要战略物资的控制能力在某种程度上就等同于其具有的维护国家经济安全的能力。

中国是一个经济资源不丰富的国家，很多重要的战略性资源需要从国外进口才能满足经济的持续发展。自1993年中国成为石油的净进口国后，从2000年起，中国每一桶新增加的石油需求几乎全部依赖进口。另据中国地质科学院2013年初发表的研究报告，我国主要油田都已接近生产结束期。近几年，中国每年都需要进口5亿吨原油和1000亿立方米天然气，分别占国内消费量的70%和50%。中国石油供应的对外依存度在日益增大。[1] 为此，中国政府提出建设节约型社会的发展新理念，这无疑有利于缓解进口外部资源的增长速度，尽管如此，随着中国经济的继续发展，中国需要进口的战略资源的种类和数量都将增加。[2] 与资源输出建立自由贸易安排，将有利于增强海外资源供应的稳定性。

（四）提高我国在国际分工中的地位、贯彻落实“走出去”战略之需

中国实施改革开放战略有两个层面：一个层面是向国外开放国内市场，另一个层面就是要进入国际市场。前几年对国际市场的开拓主要是通过商品贸易去体现，而现在出于产业梯度转移、开发和拓展国际市场空间、获取新技术以及资源的考虑，我国实施了“走出去”战略，鼓励和支持有条件的各种所有制企业对外投资和跨国经营，主动参与各种形式的国际经济技术合作，这是我国对外开放新阶段的重大举措。

鉴于几乎世界所有的国际区域经济一体化都是从贸易自由化开始起步的，而逐步向投资自由化方向发展这一现实，毫无疑问，国际区域经济一体化的实施可以优化中国企业开展跨国经营的环境，使我国企业在“走出去”时得到制度保障，从而加快我国“走出去”战略的实施步伐，提高企业成功的概率。

---

[1] 何喜有．从相互隔绝到战略合作：建交后中韩政治经济关系的演化[M]．上海：复旦大学出版社，2016．

[2] 王子文．东亚经济[M]．武汉：武汉大学出版社，2015．

第二节　中国参与区域经济一体化战略

一、中国参与区域主义的模式

20世纪90年代以来，东亚地区次区域经济合作组织像雨后春笋一样快速建立起来。中国也以积极的姿态参与和推动次区域经济合作组织的建立及快速发展。迄今为止中国已经参与积极推动的次区域经济合作组织大致可以分为三类。

（一）具有一定机制的区域经济合作

1. “10+3”区域合作

“10+3”区域合作是指东盟10国与中、日、韩三国的合作。“10+3”区域合作始于1997年，迄今已举行了五次会议。中国是“10+3”区域合作的重要成员，在“10+3”合作中举足轻重。中国在历次“10+3”会议上提出了许多建设性的倡议，有力地推动了“10+3”合作的发展。

2. 上海合作组织

上海合作组织（The Shanghai Co-operation Organization）是中国、俄罗斯、哈萨克斯坦、吉尔吉斯斯坦、塔吉克斯坦和乌兹别克斯坦六国于2001年6月15日在上海宣布成立的政府间国际组织。成员总面积3000多万平方公里，约占欧亚大陆面积的3/5；人口14.81亿，约占世界人口的1/4。

上海合作组织由最初是从中国与俄罗斯、哈萨克斯坦、吉尔吉斯斯坦、塔吉克斯坦四国加强边境地区的信任和裁军开始发展的。2001年6月15日，上海合作组织正式成立并吸收乌兹别克斯坦为成员。六国元首签署了《“上海合作组织”成立宣言》和《打击恐怖主义、分裂主义和极端主义的上海公约》。[1] 该组织是第一个中国作为创始国的区域性合作组织，其顺利发展和有效发挥职能不仅对维护中国周边环境的稳定、扩大中国对外经济活动的空间有重大的现实意义，而且对于中国加入经济全球化进程能够起到不容忽视的推动作用。

[1] 吴乔一康，吴兴南．区域经济发展的创新路径[M]．北京：社会科学文献出版社，2018．

除反恐外，加强成员的经贸关系也是上海合作组织的重要工作之一。上海合作组织成员地缘邻近，资源丰富，经济互补性强，利用这些条件推动区域经济合作将使成员普遍受益。苏联解体后，中亚各国经济陷入了长期的低迷状态，而实现有效的地区内跨国合作是带动中亚各国经济走出低谷的有效方式。

3. 图们江地区次区域合作

图们江流域具有极其重要的战略地位，在九百多年前，金朝皇帝就将图们江的发源地长白山定为“王兴之地”。到了近代，图们江地区由于地处中国、日本、俄罗斯、韩国交错之地，成为列强争夺的战略要地。日本的一名叫守田利远的地理学家在所制的《满洲地志》中说：“长白山实可称为东亚之爱尔伯斯山。主此山者，可以平定满韩，握东亚之实权。”由此可见，日本把延边地区看作控制中国东北地区，进而争夺东北亚霸权的一个重要的战略支点。

最初吉林省提出“国际河流”设想的主要目标是为本省寻找一条新的便捷出海口，但是这个课题很快引起国际社会的关注，联合国开发计划署（UNDP）很快表现出浓厚的兴趣。1991年7月，联合国开发计划署提出一个开发图们江三角洲的计划。10月，UNDP召开了“国际河流”会议，正式成立“国际河流”项目，并成立了项目管理委员会等机构，图们江地区开发正式启动。[1]

1995年12月，中国、朝鲜、韩国、俄罗斯、蒙古五国就建立图们江经济开发区和东北亚开发协商委员会等问题达成三个协议，次年各签署国政府正式批准该三项协议。由此，东北亚区域经济合作利益协调机制初步建立并开始投入运行。2004年7月，在长春结束的UNDP图们江区域开发项目第七次政府间协商协调会议上，UNDP的官员表示，UNDP将继续发挥牵头和协调作用，促进图们江区域各国实现互利和共同繁荣。

东北亚地区是大国势力交集的地区，我国在区域合作中不仅具备相应的经济实力，具有推动区域合作的积极态度和充足的动力，因此中国适时提出了自己有关区域合作的构想和方案，这对于推动东北亚区域合作发挥了积极作用。目前，我国在推动图们江区域合作开发中，先后提出了中俄朝珲春—哈桑—罗先边境经济合作区、中俄朝蒙图们江次区域经济技术贸易合作区、中俄朝自由路港区等

---

[1] 林木西．东北振兴与东北亚区域合作[M]．北京：经济科学出版社，2018.

设想和规划，表明了我国积极促进东北亚区域合作的积极姿态。目前，我国一方面积极展开中朝、中俄、中日、中韩、中蒙的双边合作，另一方面积极策划和推动多边合作，这样就可以把握区域合作的主动权，获得制订游戏规则的优先权和话语权。

4. 澜沧江—湄公河地区的次区域经济合作

澜沧江—湄公河地区开发，国际组织称大湄公河次区域合作开发（以下简称澜湄地区），与图们江地区国际合作开发一样，都是受联合国开发计划署（UNDP）、联合国工业发展组织（UNIDO）等国际组织广泛关注，我国政府积极参与和支持的区域性国际合作开发项目。澜沧江下—湄公河次区域是指以澜沧江—湄公河为纽带，由柬埔寨、老挝、缅甸、泰国、越南五个国家和中国云南省共同组成的地域范围，其总面积233.11万平方千米，总人口约2.55亿人。次区域周边与印度、孟加拉国、马来西亚等国接壤，柬埔寨、泰国、越南濒临太平洋，缅甸濒临印度洋。

澜沧江—湄公河次区域同是发展中国家，长期以来，由于受战乱等多种因素影响，经济和社会发展相对落后。其中，柬埔寨、老挝和缅甸被联合国列入最不发达国家之列。从总体上说，各国经济发展不平衡、差距较大、发展水平悬殊；泰国的经济发展水平要远远高于次区域内的其他国家。次区域呈现“五高五低”的态势，即发展不平衡程度高，总体发展水平低；贫困人口比例高，人均国民收入水平低；资源开发价值高，经济实力和开发水平低；参与区域合作的积极性高，对外开放程度低；对合作的期望值高，自谋发展能力低。

1992年，由亚行牵头，柬埔寨、中国、老挝、缅甸、泰国、越南六国召开了次区域经济合作会议，旨在改善次区域基础设施，扩大贸易与投资合作。合作范围涉及交通、通信、能源、旅游、人力资源开发、贸易和投资、农业、私营部门参与等九个领域。大湄公河次区域经济合作首次领导人会议2002年11月在柬埔寨首都金边举行。十几年来，这两个项目在国际组织的倡导和支持下，在我国政府和周边国家的积极推动下，都取得了实质性进展。

澜沧江—湄公河是我国通往东盟国家的重要通道，开发澜沧江—湄公河流域不仅是中国参与区域国际合作的重要内容之一，而且已经成为中国—东盟自由贸易区的试验区，促成了“早期收获计划”和“中泰水果蔬菜零关税”的诞生，对加快东盟自由贸易区的建设发挥了积极的示范和促进作用。

经过二十多年来的开发与合作，澜沧江—湄公河次区域不少项目已经初见成效，成为该区域乃至国际社会可以借鉴的解决人类良好发展前景问题的成功示范。其中，交通领域是关系到次区域合作进程的首要硬件基础。[1] 多年来，经过中国和次区域国家持续不懈的艰苦努力，具有标志性意义的澜沧江—湄公河中、老、缅、泰四国通航协定的签署及正式通航，为次区域国家的经贸发展提供了实实在在的运输条件和管理经验。随着次区域合作内容的不断丰富和深化，一批批对促进次区域合作起重要骨干作用的项目正在全面展开，如昆曼公路、泛亚铁路、老挝的钾盐矿项目、万荣水泥厂项目、第二水泥厂项目等，不胜枚举。[2] 这些项目的建成及其经济效益和辐射作用的发挥，有效地提高了澜沧江—湄公河地区的经济发展质量，提高了项目地区人民的生活水平，提高了双方发展科技、保护环境的意识，为国际多边、双边合作积累了制度建设上的经验。

（二）参与具有论坛性质的区域经合组织

1. **亚太经合组织**（Asia Pacific Economic Co-Operation，APEC）

亚太经济合作组织是亚太地区最重要的政府间经济合作组织。其目标是推动贸易投资自由化，促进亚太地区经济、贸易、投资、技术等领域的合作。中国于1991年10月加入该组织。作为重要成员，我国积极参与了APEC各类专业部长会议、高级官员会议、贸易投资委员会及其下属工作组、专家组会议。中国在APEC中扮演了越来越重要的角色，在推动贸易自由化和便利化方面做出了巨大贡献，例如用实际行动落实在降低进口关税方面的承诺和推动经济技术的合作等。

2. **亚欧会议**

亚欧会议是新加坡前总理吴作栋在1994年10月提出倡议后，得到了有关亚洲国家和欧盟各国的积极响应，于1996年3月1日至2日在泰国曼谷举行了首届亚欧首脑会议。这是为了加强亚欧之间的政治对话和经贸合作的会议，共有25个成员，即欧盟15国、东盟7国、中、日、韩。历届会议强调亚欧成员之间应共同为振兴亚欧经济做出努力，通过“主席声明”来确定未来亚欧关系的基本框架。

会议确定每两年召开一次首脑会议。各方领导人主要就亚欧两大洲如何加强联

---

[1] 邹璇．中国区域经济发展方式转变研究[M]．北京：科学出版社，2018.

[2] 中国人民大学中小企业国际合作案例中心．中国中小企业国际合作案例[M]．北京：中国人民大学出版社，2016.

系与合作进行了探讨。会议的主要议题包括亚欧会议的意义，亚欧在政治、经济、文化等领域的合作，亚欧会议的后续行动等。[1]根据首届亚欧会议通过的《主席声明》，亚欧会议的目标是在亚欧两大洲之间建立旨在促进增长的新型、全面的伙伴关系，加强相互间的对话、了解与合作，为经济和社会发展创造有利的条件，维护世界和平与稳定。

3. 博鳌亚洲论坛

博鳌亚洲论坛是一个非官方、非营利、定期、定址的开放性国际组织，它类似但又有别于瑞士“达沃斯世界经济论坛”。博鳌亚洲论坛最初是由菲律宾、澳大利亚、日本等亚太国家前政要共同发起倡议的。基于中国的国际地位、巨大的市场潜力和海南省独特的自然生态环境，倡议者建议将这一论坛总部设在中国海南琼海市博鳌镇。成立大会于2010年2月26~27日在中国海南博鳌举行，通过了《博鳌亚洲论坛宣言》《博鳌亚洲论坛章程指导原则》等纲领性文献。

其宗旨为：①立足亚洲，深化亚洲各国间的交流、协调与沟通；②为政府、企业及专家学者提供一个共商经济和社会等诸多方面问题的高层对话平台；③通过论坛与政界、商界及学术界建立的工作网络为会员与会员之间、会员与非会员之间日益扩大的经济合作提供服务。

根据《博鳌亚洲论坛宣言》和《章程》，论坛每年将举行一次年会。2002年4月，博鳌亚洲论坛首届年会在中国海南博鳌举行，与会48个国家的政府官员、专家学者和国际知名企业代表进行了广泛的交流和对话，尽管它是一个非官方、非营利、定期、定址的开放性国际组织，但对于推动亚洲各国经济发展和经济合作的作用不可低估。

（三）参与具有实质性优惠安排的区域经济合作

1. 《亚太贸易协定》（AFTA）

《亚太贸易协定》（AFTA）原名为《曼谷协定》，签订于1975年，全称为《亚太经济社会发展中成员贸易谈判第一协定》，其核心内容和目标是通过相互提供优惠关税和逐步拆除非关税壁垒，扩大成员相互间的贸易，促进其经济发展和社会繁荣。1994年4月在联合国亚太经社理事会第50届年会上，我国正式申请加入该

[1] 王光净．区域产业结构优化与发展模式探索：基于可持续发展的视角[M]．北京：经济管理出版社，2016.

协定。经过7年谈判，自2001年5月23日起，中国正式成为曼谷协定成员，并于2002年1月1日开始实施该协定。

《亚太贸易协定》是中国加入的第一个具有实质性优惠安排的区域贸易协议。通过提供贸易优惠待遇，进一步促进了我国与孟加拉国、印度、韩国、老挝和斯里兰卡等协定成员之间的贸易往来。同时，中国的加入也大大增强了该组织的活力，有利于其今后的健康发展，也有利于扩大该组织在世界的作用与影响。该协定已经成为中国与南亚国家进行区域合作的重要渠道。

2. "10+1"自由贸易区

在"10+3"领导人会议期间，还分别召开东盟与中、日、韩三国领导人的会议，即三个"10+1"领导人会议。2001年在第五次中国—东盟"10+1"会议上，中国与东盟达成建立中国—东盟自由贸易区的协议，这将是世界贸易体系中第一个东亚自由贸易区，它覆盖接近全球30%的人口，拥有大约世界40%的外汇储备，国内生产总值和对外商品贸易额分别占世界总额的10%左右。

3. 《内地与香港关于建立更紧密经贸关系的安排》（CEPA）

其总体目标是逐步在内地与香港之间实现货物贸易和服务贸易的优先自由化，减少或取消双方之间形式上和实质上所有限制性和歧视性措施，促进贸易投资便利化。内地与香港在经济结构上存在着明显的互补性，实施CEPA将对内地与香港的经贸合作创造巨大的发展机遇。[1] 它是我国经济一体化的重要一步，也是两岸四地之间构建我国经济圈的一个起点。

内地与香港、内地与澳门《关于建立更紧密经贸关系的安排》已分别于2003年6月和10月签署。这是由"一国两制"下的中央政府（中国内地）分别与其两个独立关税区（香港和澳门）签订的全面经贸合作协议，也是中国签署的最早两个区域经济一体化协定。其突出特点是，它们同为一国内部国家主体与其单独关税区之间，在"一国两制"的原则下，按照WTO规则建立起的区域经贸安排。作为一个主权国家内制度性经济合作方面的重要尝试，CEPA对国际社会地区性贸易安排的机制创新无疑将产生启迪作用。

内地与香港、内地与澳门的更紧密经贸关系安排已于2004年1月1日启动。此安

---

[1] 任光辉．专业市场主导的区域经济研究[M]．北京：社会科学文献出版社，2016.

排涵盖范畴为货物贸易、服务贸易和贸易投资便利化。[1] 通过相互取消货物贸易的关税和非关税措施、进一步开放服务贸易市场并促进贸易与投资便利化，使三地经济能够充分发挥各自的比较优势与竞争优势，拓展共同繁荣的发展空间，展示“一国两制”的优越性。

参与和推动这些不同性质的次区域经济合作，已经成为我国当前对外经济的重要组成部分。世界需要中国，中国需要世界，中国参与区域性国际经济合作将极大地推动经济全球化和区域经济一体化的进程。

二、中国参与区域主义的战略构想

在综合分析各种情况的前提下，中国参与区域主义总的原则与战略目标应该是，立足周边，突破地域限制、跨越洲际，本着由近及远、先易后难、循序渐进的方针，尽快构筑起以自由贸易区为起点的全方位、立体双边与地区多边的区域经济一体化网络。在与发达国家组成南北型自由贸易区时，必须以获取实实在在的经济利益为前提条件；在与发展中经济体组成南南型自由贸易区时，则应从长计议，短期内以政治收益为主、中长期则兼顾政治与经济两方面的利益。只要我们总体上保持务实、谨慎和协调的态度，制定出切实可行的战略规划和实施步骤，加强同各方的联系与沟通，增进共识，最终一定能够实现我们的既定目标。

（1）中国在推进区域经济一体化的同时，并不会放弃“开放的地区主义”。

（2）中国的区域合作将主要集中于周边地区。尽管近年来跨地区、远距离的经济体之间纷纷签署自由贸易区成为一种新趋势，但对中国而言，其区域合作政策的重点将是周边地区，这一方面是因为与周边地区的贸易关系在中国对外经济关系中居于重要地位，另一方面也与中国实行“周边外交战略”密切相关。当然也不排除中国与个别远距离国家建立自由贸易区的可能。

中国之所以选择智利作为双边自由贸易协定对象国，关键在于两国在经济上的互补。智利对华主要出口资源密集型产品，如铜矿、铜产品、硝石、农产品和磷产品等，它的这种出口结构符合中国倡导合理利用资源的原则。中国之所以选择智利

[1] 赵家章．社会资本视角下的我国区域协调发展战略研究[M]．北京：经济日报出版社，2016．

作为双边自由贸易协定对象国，还因为智利的特殊地位与经验。智利和墨西哥、以色列这三个国家是目前全球有最多的贸易协议在运行的国家，[1] 因此，中国选择与智利进行自由贸易谈判，“实际上是在拉美国家找到了一个抓手”，有利于中国进入拉美乃至更广泛的市场。

（3）中国的区域经济合作的形式将是多种多样的。合作形式取决于贸易伙伴间的经济贸易关系及各自的意愿，中国周边国家经济发展水平、经济结构及对华经济贸易关系存在很大的差别，因此在推进其区域经济合作政策时，中国并不拘泥于自由贸易区（FTA）这一形式，实际上内地与香港、澳门建立的就是“更紧密经贸关系安排”，在与中亚、南亚各国发展区域合作时，可能探讨更加灵活可行的方式。

（4）在中国推进区域经济合作进程中，东亚地区将快于其他周边地区。这一区域差异并不是源于中国政策上的主观安排，而是由一系列的客观因素决定的。其一，东亚地区各国间经济贸易关系更加密切，东亚各经济体在中国对外经济关系中地位也更加重要。其二，就整体而言，亚洲地区一体化远远滞后于其他各大洲，但在亚洲地区内部，相对而言东亚地区一体化进程比较快。

从经济学的角度来看，自由贸易区的规模越大、各成员之间的产业链条越长，则越能使其经济效应最大化。因此，在东亚“10+3”自由贸易区的框架下，我们应该把目光放得更远，把吸纳南亚、中亚和西亚各国、最终建成亚洲自由贸易区作为我们的长远战略目标，因为它可以使产业链条不断地得到延伸，使成员的政治经济利益达到最大化。

中国的出发点应该是，仿效欧盟，沿着国际区域经济一体化（自由贸易区）这样一条实用而又实际之路，将与其有地缘优势的亚洲各经济体的财富复杂地交织在一起，从而也将其命运编织在一起，最终达到增强其相互依赖、了解和信任，培育亚洲的地区认同感，增强其共同体感和同舟共济感，实现本区域的永久和平、和谐与繁荣之目的。

当然，由于亚洲一体化与生俱来的特殊性，意味着这将是一个相对漫长而艰苦的努力过程，绝非一蹴而就之事。而且，在全球化的条件下，世界及地区政治、经济、安全的未来尚存在着诸多的变数，对此，我们应有充分的思想准备。

---

[1] 国家发展和改革委员会国际合作中心．中国区域对外开放指数研究[M]．北京：人民出版社，2016.

参考文献

[1] 杨养锋. 生态集成制造系统：区域循环经济理论与实践. 北京：科学出版社，2018.

[2] 经济合作与发展组织. 打造区域竞争力战略与治理. 北京：科学出版社，2018.

[3] 林木西. 东北振兴与东北亚区域合作［M］. 北京：经济科学出版社，2018.

[4] 邹璇. 中国区域经济发展方式转变研究［M］. 北京：科学出版社，2018.

[5] 吴乔一康，吴兴南. 区域经济发展的创新路径［M］. 北京：社会科学文献出版社，2018.

[6] 吴维海. 新时代区域发展战略［M］. 北京：电子工业出版社，2018.

[7] 孟夏. 亚太区域经济合作发展报告2016［M］. 北京：高等教育出版社，2018.

[8] 孙久文. 中国区域经济发展报告（2017）：新时代区域协调发展的理论与实践［M］. 北京：中国人民大学出版社，2018.

[9] 马学礼. 东亚经济合作中的区域公共产品供给研究：以贸易投资合作为例［M］. 北京：人民出版社，2018.

[10] 范少言. 丝绸之路沿线区域合作研究［M］. 西安：陕西科学技术出版社，2018.

[11] 王艳红. 区域经济格局演变中的中国自由贸易区战略研究［M］. 天津：南开大学出版社，2018.

[12] 吴殿廷，吴昊. 区域发展产业规划［M］. 南京：东南大学出版社，2018.

[13] 张立. 全球经济治理中的新兴经济体合作［M］. 北京：时事出版社，2018.

[14] 鄢小兵. 产业集聚与区域经济增长的理论与实证研究［M］. 北京：中国纺织出版社，2018.

[15] 赵弘. 区域蓝皮书：中国区域经济发展报告（2017—2018）［M］. 北京：社会科学文献出版社，2018.

[16] 中国民营经济国际合作商会. 中国民营企业国际合作蓝皮书（2016—2017）［M］. 北

京：人民出版社，2018.
[17] 尚元．国际经济合作［M］．成都：西南财经大学出版社，2018.
[18] 商务部研究院．“走出去”全球拓展之路——中国对外投资与国际经济技术合作40年［M］. 北京：中国商务出版社，2018.
[19] 商务部研究院．国际发展合作之路——中国对外援助40年［M］．北京：中国商务出版社，2018.
[20] 喻常森．REGIONALISM IN SOUTH PACIFIC-南太平洋区域一体化和区域合作［M］．北京：社会科学文献出版社，2018.
[21] 王灵桂．亚太地区发展与合作-中外联合研究报告［M］．北京：社会科学文献出版社，2018.
[22] 刘光溪．互补性竞争论：多边贸易体制与区域集团［M］．北京：经济日报出版社，2017.
[23] 刘伟，张辉．全球治理：国际竞争与合作［M］．北京：北京大学出版社，2017.
[24] 杜奇华，卢进勇．国际经济合作理论与实务［M］．北京：北京师范大学出版社，2017.
[25] 金瑞庭．举棋定向：中国对外经济合作新思路研究［M］．北京：经济科学出版社，2017.
[26] 李向阳．亚太区域经济合作发展方向与中国的选择［M］．北京：社会科学文献出版社，2016.
[27] 王明华．“一带一路”战略与国际区域经济合作［M］．北京：法律出版社，2016.
[28] 陈勇．新区域主义与东亚经济一体化［M］．北京：社会科学文献出版社，2016.
[29] 赵儒煜，尹小平．国际经济理论问题探索［M］．长春：吉林大学出版社，2016.
[30] 国家发展和改革委员会国际合作中心．中国区域对外开放指数研究［M］．北京：人民出版社，2016.
[31] 王俊．包容性发展与中国参与国际区域经济合作的战略走向［M］．苏州：苏州大学，2016.
[32] 中国人民大学中小企业国际合作案例中心．中国中小企业国际合作案例［M］．北京：中国人民大学出版社，2016.
[33] 刘洋．区域协调发展论［M］．北京：中国市场出版社，2016.
[34] 任光辉．专业市场主导的区域经济研究［M］．北京：社会科学文献出版社，2016.
[35] 杜晓郁．经济全球化调整期的东亚区域经济合作研究［M］．北京：对外经贸大学出版社，2016.
[36] 王光净．区域产业结构优化与发展模式探索—基于可持续发展的视角［M］．北京：经济管理出版社，2016.

[37] 徐琴．区域经济与国际贸易研究［M］．北京：北京理工大学出版社，2016.
[38] 侯永志，张永生，刘培林．区域协同发展：机制与政策［M］．北京：中国发展出版社，2016.
[39] 赵家章．社会资本视角下的我国区域协调发展战略研究［M］．北京：经济日报出版社，2016.
[40] 史红亮，陈凯．区域文化经济研究［M］．北京：经济科学出版社，2016.
[41] 林珏．区域自由贸易协定中“负面清单”的国际比较研究［M］．北京：北京大学出版社，2016.
[42] 刘凤祥．增长效率视角下区域经济发展方式变革［M］．北京：企业管理出版社，2016.
[43] 聂雅，赵蕾．现代区域经济研究与应用分析［M］．北京：水利水电出版社，2016.
[44] 李琳．区域经济协同发展：动态评估、驱动机制及模式选择［M］．北京：社会科学文献出版社，2016.
[45] 王卫东，佘廉．区域协同创新风险预警［M］．北京：科学出版社，2016.
[46] 刘中伟．东亚区域服务贸易自由化合作发展机制研究［M］．北京：知识产权出版社，2016.
[47] 王鹏．外商直接投资知识溢出与区域创新产出［M］．北京：科学出版社，2016.
[48] 郝家龙．融资环境与区域经济发展研究［M］．长春：吉林出版集团有限责任公司，2016.
[49] 钟昌标．区域协调发展中与市场的作用研究［M］．北京：北京大学出版社，2016.
[50] 陆军．区域发展中的财政与金融政策工具［M］．长春：吉林出版集团有限责任公司，2016.
[51] 毛志锋．区域可持续发展的理论与对策［M］．长春：吉林出版集团有限责任公司，2016.
[52] 刘新智．开放型区域经济发展理论研究［M］．北京：科学出版社，2016.
[53] 林毅夫，王燕．发展援助：在一个多极世界中重构发展合作新理念［M］．北京：北京大学出版社，2016.
[54] 刘国胜．国际经济合作与地方经济发展研究［M］．北京：知识产权出版社，2016.
[55] 孙杰．合作与不对称合作：理解国际经济与国际关系［M］．北京：中国社会科学出版社，2016.
[56] 高须虎六，各国合作事业［M］．杨智，译．郑州：河南人民出版社，2016.
[57] 何喜有．从相互隔绝到战略合作：建交后中韩政治经济关系的演化［M］．上海：复旦大学出版社，2016.
[58] 王锋．国际贸易理论与政策措施［M］．北京：北京大学出版社，2015.

[59] 王志明，乔桂明．国际经济学［M］．上海：复旦大学出版社，2015.
[60] 南仲信．国际经济合作［M］．北京：经济科学出版社，2015.
[61] 陈泽明．区域合作通论［M］．上海：复旦大学出版社，2015.
[62] 王子文．东亚经济［M］．武汉：武汉大学出版社，2015.
[63] 樊莹．国际区域一体化的经济效应［M］．北京：中国经济出版社，2015.
[64] 冯宗宪．国际贸易理论、政策与实务［M］．西安：西安交通大学出版社，2014.
[65] 王松．国际区域经济合作探索［M］．北京：北京工业大学出版社，2013.
[66] 高建明．WTO的实践［M］．天津：天津科学技术出版社，2011.
[67] 陈岩．国际一体化经济学［M］．北京：商务印书馆，2011.
[68] 薛荣久．国际贸易［M］．成都：四川人民出版社，2010.
[69] 裘松春．区域经济一体化研究［M］．长春：吉林大学出版社，2008.
[70] 徐松．世界经济概论［M］．北京：机械工业出版社，2007.
[71] 张幼文．世界经济学［M］．上海：立信会计出版社，2003.
[72] 郭晓琼．国际经济新局势下上合组织国家经济发展与区域贸易合作［J］．欧亚经济，2018（5）：93-111，128.
[73] 胡振虎．G20应继续发挥国际经济合作重要平台作用［N］．中国经济时报，2018-12-06（5）.
[74] 高冉．浅论国家经济主权原则［J］．法制与社会，2018（28）：5-6.
[75] 唐海燕，李秀珍．加快转变我国对外经济发展方式的战略思考［J］．华东师范大学学报（哲学社会科学版），2018，50（4）：139-145，176.
[76] 曾云.国际经济技术合作．京山年鉴，2017：343-344.
[77] 黄艳．跨国公司环境责任国际法律规制［J］．合作经济与科技，2018（21）：188-189.
[78] 李巍．改革开放以来中国经济外交的逻辑［J］．当代世界，2018（6）：22-26.
[79] 财政部国际经济关系司.对外财经合作：推动全球经济治理体系变革和新型国际经济关系构建［J］．中国财政，2018（6）：32-34.
[80] 李倩．国际经济技术合作　对外直接投资．福建年鉴，海峡出版发行集团福建人民出版社，2017：261.
[81] 李倩．国际经济技术合作　承包工程和劳务合作．福建年鉴，海峡出版发行集团福建人民出版社，2017：261.
[82] 郑亚娜．中国国际经济合作能力的测度与国别比较研究［D］．海口：海南大学，2018.
[83] 岑树田．国际经济技术合作　对外承包工程和劳务合作．广西年鉴，广西年鉴社，

2017：160-161.

［84］穆沙江·努热吉．新疆边境口岸经济与地方经济协调发展研究［D］．乌鲁木齐：新疆大学，2018.

［85］刘智利．建构主义视角下的中国国际责任研究［D］．济南：山东大学，2018.

［86］崔琪涌．非同步经济周期下宏观经济政策的国际协调研究［D］．上海：上海外国语大学，2018.

［87］李晓霞．东亚地区多边合作的核心问题与制度的未来建构［D］．长春：吉林大学，2018.

［88］张笑梅．国际区域经济合作绩效评价体系构建研究［D］．长春：长春工业大学，2018.

［89］谷亚琴．不同协议形式下国际经济一体化的非传统收益研究［D］．厦门：华侨大学，2018.

［90］吴振宇．把握我国经济地位提升的机遇拓展国际发展新空间［J］．发展研究，2018（2）：38-41.

［91］朱萍．国际经济技术合作　国际工程承包．襄阳年鉴，长江出版传媒湖北科学技术出版社，2017：147-148.

［92］国际经济合作　对外劳务合作持续低迷．芜湖年鉴，时代出版传媒股份有限公司黄山书社，2017：132.

［93］国际经济合作　对外承包营业额同比下滑．芜湖年鉴，时代出版传媒股份有限公司黄山书社，2017：132.

［94］阎逸．培育国际经济合作和竞争新优势［J］．浙江经济，2018（1）：56.

［95］田红彬，张占东．国际经济与贸易学院　合作与交流，河南财经政法大学年鉴，中州古籍出版社，2016：72.

［96］陈友骏．"新常态"与中国经济外交［J］．太平洋学报，2017，25（12）：87-97.

［97］第二届中国—俄罗斯博览会暨第26届中国哈尔滨国际经济贸易洽谈会　合作新趋势．黑龙江商务年鉴，黑龙江人民出版社，2016：303.

［98］张玉刚，外经外贸　国际经济技术合作．锦州年鉴，辽宁民族出版社，2016：201.

［99］余国先．外资外贸　国际经济合作．兰州年鉴，甘肃民族出版社，2017：184.

［100］对外经济贸易　国际经济合作．西安年鉴，世界图书出版公司，2017：203.

［101］胡勇．南南合作视野下的中国-中东欧国家合作［J］．社会科学，2017（10）：3-14.

［102］吴淼，张小云，郝韵，等．深化面向中亚农业合作的对策研究［J］．世界农业，2017（11）：27-33.

［103］陆胜利．建设现代化经济体系　奠定现代化强国物质基础［J］．北方经贸，2017

（11）：6–8.

［104］梅冠群. 金砖国家投资贸易机制研究［J］. 国际经济合作，2017（11）：13–19.

［105］林志强. 亚太区域国际经济合作新进展［J］. 中小企业管理与科技（中旬刊），2017（8）：58–59.

［106］程长林，任爱胜，柳萌，等. “一带一路”背景下中国农业科技国际合作现状与模式研究［J］. 农业展望，2017，13（8）：107–111.

［107］乔雯，王雪.《国际经济合作》课程过程化考核方案设计与实践——基于科教融合的视角［J］. 黄冈师范学院学报，2017，37（4）：34–36.

［108］霍强，郭树华. 新时期我国加快沿边开放的总体战略研究［J］. 广西社会科学，2017（6）：66–71.

［109］范盱阳. 中国海外经济利益维护问题研究［D］. 北京：中共中央党校，2017.

［110］国防科技工业　国际经济技术合作. 陕西工业和信息化年鉴，西安出版社，2016：181–182.

［111］王琦. 国际经济合作适用边界的影响因素与表达模型［J］. 税务与经济，2017（3）：39–46.

［112］郭芳华. 国际经济合作对中国制造业聚集的影响研究［J］. 知识经济，2017（5）：54，56.

［113］李建民. 区域合作理论研究是中国参与国际经济规则制定的知识基础［J］. 经济纵横，2017（3）：129.

［114］涂舒. 以供给侧结构性改革促进新常态下的国际经济合作［J］. 国际经济合作，2017（3）：44–48.

［115］邓绮文. 大数据时代对国际经济合作的影响因素研究［J］. 经贸实践，2017（14）：133.

［116］蒋琴儿，徐晴. 融合式国际化人才培养体系建设的研究与实践［J］. 吉林省教育学院学报，2017，33（5）：110–113.

［117］姜峥睿. 合作与摩擦：中美贸易关系发展研究［D］. 长春：吉林大学，2017.

［118］张卜元. 基于SWOT分析的大图们江次区域经济合作研究［D］. 长春：吉林财经大学，2017.

［119］赵立军. 农业国际投资规则演进及中国的应对策略研究［D］. 北京：中国农业科学院，2016.

［120］王发龙. 国际制度视角下的中国海外利益维护路径研究［D］. 济南：山东大学，2016.

[121] 陈慧坚，国际经济技术合作　境外投资区域分布．厦门年鉴，方志出版社，2015：213.

[122] 孙晓琳．新形势下的国际发展援助及中国作用研究［D］．北京：外交学院，2016.

[123] 王钟杰． 丝绸之路经济带建设背景下中俄经济合作研究［D］．济南：山东师范大学，2016.

[124] 马学礼．东亚经济合作中的区域公共产品供给研究［D］．长春：吉林大学，2016.

[125] 包明齐．中蒙区域经济合作研究［D］．长春：吉林大学，2016.

[126] 赵龙跃．全球价值链时代国际规则重构与中国对策［J］．国际经济法学刊，2016，23（2）：17–57.

[127] 裘韵．国际经济合作背景下中国外商投资争端调解机制研究［J］．苏州教育学院学报，2016，33（6）：83–87.

[128] 南方日报评论员．为世界经济繁荣稳定把舵定向［N］． 南方日报，2016–09–05（F02）.

[129] 田慧芳．为全球经济治理注入中国智慧［N］． 人民日报海外版，2016–08–17（1）.

[130] 赵俐，王婧．跨边界次区域国际经济合作政府主导的法治思维重构［J］．新疆社会科学，2016（4）：90–95.

[131] 鲁言．没有大开放就没有大发展［J］．理论学习，2016（7）：60–61.

[132] 李仁方．从市场共享到产业融合：中国与太平洋联盟的经贸合作［J］．西南科技大学学报（哲学社会科学版），2016，33（3）：1–11.

[133] 连威．国际经济合作的国内制度分析［J］．财经界（学术版），2016（11）：48.

[134] 谢罗奇．国际游资流动的有效监管研究［D］．湘潭：湘潭大学，2016.

[135] 陈国辉．基于博弈论的中国与印尼海洋经济合作路径研究［D］．广东海洋大学，2016.

[136] 王明清．中国东北与俄罗斯远东地缘经济关系研究［D］．长春：东北师范大学，2016.

[137] 张姣． “对外依赖性”和“战略自主性”：中国国际能源合作探析［D］．北京：外交学院，2016.

[138] 开放发展是国家繁荣富强的必由之路［J］．中国经贸导刊，2016（6）：4–5，11.

[139] 竺彩华．亚太区域国际经济合作新进展［J］．理论视野，2016（3）：58–62.

[140] 齐国强．国际发展合作与中国战略对策分析［J］．国际经济合作，2016（3）：86–90.

[141] 王宝灿．国际经济合作与资本流动的相互作用机理研究［D］．长春：长春工业大学，2016.

[142] 宋姝瑶．浅谈国际经济法对我国对外经济服务的实益［J］．现代经济信息，2016（2）：316.

[143] 金立群. 亚投行：国际经济金融合作发展"推进器"[J]. 中国财政，2016（3）：14–15.

[144] 杨红利. 国际经济合作主体的能力结构研究[D]. 长春：长春工业大学，2016.

[145] 许健. 全球治理中的经合组织及中国与其合作的法律问题研究[D]. 武汉：武汉大学，2015.

[146] 熊晶. 对外经济贸易 国际经济技术合作. 武汉年鉴，武汉年鉴社，2013：251.

[147] 佟欣秋. 区域贸易协定演进研究[D]. 大连：大连海事大学，2015.

[148] 李巍，孙忆. 理解中国经济外交[J]. 外交评论（外交学院学报），2014，31（4）：1–24.

[149] 黄克. 打造沿边对外开放合作新高地[N]. 广西日报，2015–06–09（11）.

[150] 杨华. 依托博览会推进图们江区域合作[N]. 吉林日报，2015–08–11（2）.

[151] 朱雯溪. 国际经济合作思想及其对世界经济再平衡的启示[J]. 财经界（学术版），2015（17）：30，39.

[152] 杨红利，李萍，王海军. 国际经济合作系统的耗散结构特征分析[J]. 产业与科技论坛，2015，14（18）：113–115.

[153] 裴长洪. 经济新常态下的对外开放[N]. 经济日报，2015–01–22（13）.

[154] 陈慧坚. 国际经济技术合作 境外投资服务平台建设. 厦门年鉴，方志出版社，2015：213–214.

[155] 商务贸易 国际经济技术合作. 呼伦贝尔年鉴，内蒙古文化出版社，2012：212.